Can Dündar

Die rissige Brücke
über den Bosporus

Can Dündar

Die rissige Brücke über den Bosporus

Ein Jahrhundert
Türkische Republik
und der Westen

*Aus dem Türkischen
von Sabine Adatepe*

Galiani Berlin

1. Auflage 2023

© 2023 Can Dündar
All rights reserved
Aus dem Türkischen von Sabine Adatepe
Verlag Galiani Berlin
© 2023, Verlag Kiepenheuer & Witsch, Köln
Alle Rechte vorbehalten
Umschlagillustration: © Lisa Neuhalfen
Autorenfoto: © Esra Rotthoff
Lektorat: Wolfgang Hörner
Gesetzt aus der Minion und der Adelle Sans
Satz: Buch-Werkstatt GmbH, Bad Aibling
Druck und Bindung: GGP Media GmbH, Pößneck
ISBN 978-3-86971-290-1

Weitere Informationen zu unserem Programm finden Sie unter www.galiani.de

Inhalt

Einführung
Die Wahlnacht 7

Warum?
Die äußere Dynamik 14

Warum?
Die innere Dynamik 23

Die Gründung 38

Die Reaktion 56

Der Übergang 70

Die neue Türkei 83

Rechts-Links 94

Wieder ein Putsch 105

Zwischen zwei Putschen 116

Der Zwölfte September 126

Ein Anschlag, ein Tod, ein Unfall 139

Ein postmoderner Putsch 152

Krise und Chance 162

Honeymoon 175

Ein Mann, eine Partei 189

Der letzte Schlag 202

Fazit 215

Dank 226

Zeittafel zur Türkischen Republik 227

Namensregister 235

Einführung
Die Wahlnacht

Am Abend des 28. Mai 2023 versammelte sich in einer geräumigen Wohnung in Berlin-Charlottenburg eine Gruppe Personen aus der Türkei. Journalisten, Wissenschaftler, Musiker, Politiker, allesamt im Exil. Die meisten von uns waren relativ neu in Berlin. Wir hatten unser Land verlassen und waren hergekommen, als gegen uns laufende Verfahren, nicht enden wollende Drohungen, Polizei vor der Tür uns die Luft zum Atmen nahmen. Einige von uns hatten stets einen für die Rückkehr gepackten Koffer bereitstehen, andere hatten sich eingerichtet, als würden sie nie wieder zurückgehen.

An jenem Abend sollte sich entscheiden, ob der Mann, wegen dem wir im Exil waren, wiedergewählt werden würde, also ob der Alptraum andauern würde, und natürlich auch, in welche Richtung sich unser Leben entwickeln würde.

Eine Optimistin unter uns hatte gar ein Flugticket nach Istanbul für den auf diesen Sonntag folgenden Dienstag reserviert. Der Sieg schien sicher, wir würden mit rund 60 Prozent gewinnen und heimkehren. Andere, die in den letzten zwanzig Jahren bereits mehr als eine Wahlniederlage erlebt hatten, saßen in Erwartung einer weiteren in der Ecke und nippten melancholisch an ihren Drinks.

Wir glichen Angeklagten, die vor Gericht auf ihr Urteil warteten. Je nach Wahlausgang würden wir nach einem Ticket für den Rückflug in die Türkei schauen oder nach einer Grabstätte in Berlin, wie es ein befreundeter Journalist ausgedrückt hatte.

Unser 27-jähriger DJ hatte zwei unterschiedliche Playlists für den Abend vorbereitet, die eine mit fetzigen Songs, die unsere Siegeseuphorie begleiten sollten, die andere mit traurigen Stücken, um unserer Wehmut Ausdruck zu verleihen. Je nach Ergebnis würden wir tanzen oder wehklagen.

Jeder hatte etwas zu essen mitgebracht, aber niemand bediente sich am reichhaltigen Büfett in der Ecke. Vorerst beobachteten wir mit Neugier, Sorge und Hoffnung das »Menü«, das uns der Fernsehbildschirm bot, und hofften verhalten optimistisch, dass endlich die seit Jahren erwartete Stunde käme.

Wir waren optimistisch, weil nahezu sämtliche Meinungsumfragen die frohe Botschaft verkündeten, das Repressionsregime ginge zu Ende. Politische Parteien, deren Zusammenkommen zuvor schier undenkbar war, hatten sich unter dem Motto »Schluss mit der Autokratie« zum größten Bündnis der türkischen Geschichte vereint, und während des Wahlkampfes hatten Menschenmassen auf den Kundgebungsplätzen nach Freiheit gerufen.

Verhalten war unser Optimismus, weil dem fulminanten Bündnis ein Parteienstaat gegenüberstand, der Medien und Justiz lenkte und alle öffentlichen Ressourcen nutzte. Würde der »Sultan« den Palast überhaupt widerstandslos räumen, falls die Opposition dennoch gewann? Oder würde er wie Trump oder Bolsonaro seine Anhänger auf die Straße rufen und das Land in Brand setzen?

Auf dem großen Fernsehbildschirm im Wohnzimmer lief ein oppositioneller Sender, den Erdoğan noch nicht verboten hatte. Die Kommentatoren diskutierten vorsichtig und warteten auf die Schließung der Wahllokale. Um 17.00 Uhr Ortszeit war die Wahl zu Ende. Aufgrund der Regeln für den Wahltag wurden noch keine Ergebnisse genannt, doch die Mienen der Moderatoren und die ersten Zahlen, die es bald auf unsere Smartphones hagelte, deuteten auf ein spannendes Kopf-an-Kopf-Rennen hin. Aus Parteizentralen und Wahllokalen riefen Freunde mit ersten Teilinformationen an. »Wir liegen vorn«, sagten sie, »wir gewinnen!«

Im Wohnzimmer bei uns sprangen manche bei der ersten positiven Meldung auf, andere versuchten, ihre Freude zu dämpfen. Die Skeptiker waren in der Mehrheit. Wir wussten aus vorangegangenen Wahlen, dass die ersten Nachrichten irreführend sein konnten, ebenso, dass eine knapp ausgehende Wahl offen für Manipulation durch die Regierung war.

Um 19.00 Uhr Ortszeit endete das Sendeverbot, da waren wir alle auf den Beinen und warteten in einer großen Gruppe mit pochenden Herzen wie an einem Spieltisch, wo um unser Leben gewürfelt wurde, darauf, wie die Würfel gefallen sein, welche Zahlen sie zeigen würden.

Die ersten Resultate machten Hoffnung. Der Herausforderer lag mit 52 zu 48 Prozent vorn. Wir hielten den Atem an und den Blick starr auf die Ecke mit den Zahlen auf dem Bildschirm gerichtet. Dabei bemühten wir uns, unsere innere Stimme zu beruhigen, die flehte: »Bitte, lass es so ausgehen!«

Ab 20.00 Uhr fing der Taxameter auf dem Bildschirm an, gegen uns zu laufen. Die Differenz von vier Prozent schrumpfte zusehends zugunsten der Regierung. Erst waren es noch 51 zu 49 Prozent. Um 21.00 Uhr dann Gleichstand 50 zu 50 Prozent.

Da fühlten wir uns wie beim Tauziehen; an beiden Enden unseres in zwei gleich große Teile gespaltenen Landes wurde gezerrt. Auf der einen Seite herrschte tiefste Finsternis, auf der anderen helle Hoffnung. Und wir befanden uns im Zwielicht. Es konnte Morgengrauen daraus werden, aber auch Abenddämmerung. Doch es ging Richtung Nacht. Die Erfahrenen unter uns hatten es sogleich erkannt, schwiegen aber, um uns nicht die Hoffnung zu nehmen.

Gegen 21.30 Uhr hatten Gewinner und Verlierer die Plätze getauscht. Einmal mehr standen wir auf der Seite der Verlierer. Es war, als hätten wir keine Wahl verloren, sondern ein Land.

Da setzten die fünf Phasen der Trauer ein.

Zuerst das Leugnen: Wie kann das sein, es kann nicht sein. Noch sind nicht alle Urnen ausgezählt, das Ergebnis wird sich noch ändern. Zweifellos wurden Stimmen geklaut.

Dann der Zorn: Verdammt! Das Land ist erledigt. Das Volk liebt den Diktator. Er wurde sogar in der Erdbebenregion gewählt.

Schließlich das Verhandeln: Vielleicht erkennt er, dass die Hälfte der Bevölkerung gegen ihn ist, und wird milde. Jetzt macht Europa Druck zur Demokratisierung.

Gegen Mitternacht mutierte der Emotionscocktail zur Depression. Wehmut breitete sich vom Wohnzimmer in die anderen Räume aus, quoll sogar auf den Balkon hinaus. Ununterbrochen meldeten sich unsere Telefone. Einige von uns verloren sich in Grübelei, andere suchte nach Verantwortlichen, manche fluchten.

Meine Mutter, die seit sieben Jahren in Ankara auf mich wartete, weinte am Telefon: »Ich habe deine Lieblingsspeisen gekocht, dein Bett bezogen, was soll denn jetzt werden?« Ich tröstete sie, biss mir dabei auf die Lippen, um nicht die Frage zu stellen: »Werden wir uns jemals wiedersehen?«

Einige verfolgten mit leerem Blick die Kommentatoren auf dem Bildschirm, ein Freund, der jüngst die Diagnose für seine Erkrankung erhalten hatte, rechnete sich aus, ob er die nächsten Wahlen noch erleben würde. Würde Erdoğan sie wohl erleben?

In einem anderen Zimmer warnte jemand seinen Freund, der nicht wieder ins Parlament einziehen würde: »Deine Immunität ist aufgehoben. Geh noch heute Nacht außer Landes, es wird Verhaftungen geben. Womöglich steht eine Polizeirazzia bevor.«

Die befreundete Musikerin hatte ihr Kind zurückgelassen, weil sie nur zu einem Konzert ausgereist war. Sie überlegte, was aus dem Kind werde, falls man sie wegen ein paar Tweets bei der Rückkehr an der Grenze verhaftete.

Der kleine Sohn der Gastgeberin fragte neugierig, als erkundigte er sich nach dem Ausgang eines Fußballspiels: »Haben wir gewonnen, Mama?«

Dann fiel uns ein, dass unsere inhaftierten Freunde in einer kalten Zelle allein vor dem gleichen Bildschirm saßen. Sie hatten sich Hoffnungen gemacht, am nächsten Morgen freizukommen, jäh mussten sie erkannt haben, dass sie bis auf Weiteres in Einzelhaft bleiben würden. Wie sollten sie das ertragen?

Gegen Mitternacht trat Erdoğan auf den Balkon seines Palastes und verkündete seinen Sieg. Auf dem Platz davor eine Menschenmenge, die an die finstersten Zeiten der Geschichte des Despotismus gemahnte. Erdoğan leitete seine Show mit einem Liebeslied ein:

»*Ob ihr es hört oder nicht / Ob ihr danach fragt oder nicht, / Ich liebe sie / ich liebe sie sehr*«, sang er schief. Dann verkündete er, die, die er liebe, seien seine Anhänger, und unmittelbar nach dem Satz »Wir zürnen niemandem« kündigte er schärfere Repressionen an, wie um alle Lügen zu strafen, die Konzilianz von ihm erwartet hatten. Solange er an der Macht sei, würden seine inhaftierten Kontrahenten das Tageslicht nicht wiedersehen. Während er sprach, rissen Tausende zornig den Mund auf, skandierten: »Todesstrafe! Todesstrafe!«, und forderten den Galgen für die Verräter, die ihr »Führer« ins Visier genommen hatte.

Das in eine Messe der Anbetung verwandelte Mitternachtsmeeting beendete Erdoğan mit dem Gedicht »Gebet«:

»*Die auf einen Held wartenden Massen*
lass nicht ohne Held, Allah!
Wissen wir uns dem Feind entgegenzustellen,
lass uns nicht ohne Lebenskraft, Allah!«

Im Taumel über den erneuten Sieg des »erwarteten« Helden ging die Menschenmenge auseinander, nun ging es daran, die Verlierer der Nacht zu wecken. Autohupen und Gegröle, dann Schüsse. Mit Gewehren bewaffnete Banden waren unterwegs, schossen wie wild in die Luft, die Polizei schaute vom Rande aus zu.

Im Erdbebengebiet tanzten Anhänger seiner Partei den Kettentanz Halay vor den Trümmern, die erst drei Monate zuvor über fünfzigtausend Menschen verschüttet hatten.

Entsetzt beobachteten wir die Bilder und diskutierten dabei, ob Verzweiflung oder das Stockholm-Syndrom dahintersteckte.

Unser Land brannte, die Massen feierten, stolz darauf, Benzin in das Feuer gegossen zu haben, das sie selbst versengte. Und wir schauten aus der Ferne zu, verzweifelt, weil wir keinen Eimer Wasser reichen konnten, um das Feuer zu löschen, das auch unsere Liebsten verbrannte.

Der Lärm der Demonstrationen in der ganzen Türkei ertönte kurz darauf auch vor unserem Balkon in Berlin. Lärmende Autokorsos mit wehenden Flaggen, die sagen sollten: »Jenes Land gehört euch nicht mehr.« Seit ich in Deutschland bin, sah ich mehr türkische Fahnen als deutsche. Mittlerweile wusste ich, warum es so wenige deutsche und so viele türkische Fahnen gab.

Kurz darauf meldeten die Fernsehsender, der Bundeskanzler habe Erdoğan angerufen, zum Wahlsieg gratuliert und ihn nach Berlin eingeladen. Anders als bei vorangegangenen Gratulationen fehlte diesmal die Formulierung, Deutschland wolle Partner einer demokratischen Türkei sein. Man hielt es offenbar nicht für erwähnenswert, dass die Hälfte der Wählerinnen und Wähler für eine demokratische Türkei und gegen die Autokratie gestimmt hatten, dass 50 Prozent der Bevölkerung sich unter Lebensgefahr für Demokratie einsetzte. Die deutschen Politiker wussten genau, unter welch unfairen Bedingungen die Wahlen abgehalten worden waren, doch in offiziellen Texten schrieben sie das Gegenteil dessen, was sie in persönlichen Gesprächen sagten. Das Land, das uns, die wir gegen die Autokratie kämpften, Zuflucht gewährte, schickte sich an, dem Autokraten, der uns in diese Zuflucht getrieben hatte, den roten Teppich auszurollen.

Als das Hupen nachließ, gingen auch wir auseinander. Der Abend, von dem wir gehofft hatten, er würde lang werden und freudig enden, hatte schnell und traurig ein Ende gefunden. »Wenn wir ein Taxi rufen, ist der Chauffeur sicher ein AKP-Mann und es gibt Streit«, sagte jemand. Gingen wir gemeinsam zu Fuß, würde man uns erkennen und belästigen. Also nahm jeder, der ein Auto hatte, Freunde mit und wir suchten unseren Weg nach Hause durch die AKP-Autokorsos, die lärmend den Sieg feierten, hindurch. Beim Abschied verabredeten wir, genau wie unsere Vorgänger im Exil, im Sommer auf eine griechische Insel zu fahren und von ferne auf unser Land anzustoßen.

Jetzt war die Reihe an der fünften Phase der Trauer: Akzeptieren. Für ungewisse Zeit würden wir weiter im Exil bleiben müssen. Das Wort »haymatlos« war eines der ersten deutschen Wörter, die wir gelernt hatten, an jenem Abend wurde uns erst richtig klar, was es bedeutete. Als wir uns mit der schweren Bürde des Abends in eine Dunkelheit von ungewisser Dauer zurückzogen, klangen uns Samuel Becketts Zeilen im Ohr:

»Immer versucht. Immer gescheitert. Einerlei. Wieder versuchen. Wieder scheitern. Besser scheitern.«

Warum?
Die äußere Dynamik

Wie konnte Recep Tayyip Erdoğan wiedergewählt werden, nachdem er der Wirtschaft den größten Schaden ihrer Geschichte zugefügt hatte, obwohl er so krank war, dass er kaum noch laufen konnte, und obwohl das halbe Land gegen ihn war?

Die Antwort auf diese Frage hat aktuelle, politische, soziale, wirtschaftliche, historische und diplomatische Aspekte. Betrachten wir zunächst den aktuellen internationalen Aspekt, anschließend beleuchten wir verstärkt die nationalen und historischen Dimensionen.

Zunächst einmal ist der Fakt zu betonen, dass es sich beim Aufstieg von Nationalismus und Populismus um eine globale Epidemie handelt. Ihre Auswirkungen sind in der ganzen Welt zu spüren, von den USA bis Indien, von Israel bis Italien, in den Niederlanden, Frankreich, Spanien, Deutschland. Auch in der Türkei fand sie geeigneten Nährboden. Sie besitzt eine Reihe gemeinsamer Merkmale:

Regionale Reaktionen auf Globalisierung, Multikulturalität und die Traumata, die beide mit sich bringen; Schaffung einer starken Alternative gegen die festgefahrene Politik des Mainstreams und gegen elitäre Politiker; Bildung einer gesellschaftlichen Basis durch Schärfung der Gegensätze »wir« und »sie«; Eintreten für eine defensive, nach innen gerichtete Politik mit aggressiver Rhetorik; Anstacheln des Rufs nach einem starken Führer, indem Ängste genährt werden; Betreiben einer auf Polemik beruhenden Politik, die sich auf einer ausländer- und flüchtlingsfeindlichen, antielitären, homophoben Linie bewegt. Beim Populismus türkischer Spielart kommt noch eine streng islamistische Ausrichtung durch religiöse Erziehung hinzu, die sich parallel zum Zusammenbruch des laizistischen Bildungs-systems breitmacht, sowie die damit ansteigende Aversion gegen den Westen und das Christentum.

Erdoğan vereinte sämtliche Eigenschaften dieses giftigen politischen Cocktails in seiner Person und wurde damit zu einem Symbol des aufstrebenden Populismus. Er machte sich zu einem einflussreichen Akteur der Weltpolitik, indem er seine Meisterschaft nutzte, Krisen in Chancen zu verwandeln. Und etliche Spitzenpolitiker im Westen arbeiteten aus eigenen Interessen dem Erfolg dieses Akteurs freiwillig in die Hände.

Sie werden sich an das Foto von Bundeskanzlerin Angela Merkel auf dem vergoldeten Sessel im Palast von Staatspräsident Erdoğan erinnern. Es wurde im Oktober 2015 aufgenommen. Vier Monate vor ihrem damaligen Türkei-Besuch hatte Erdoğans AKP bei den Juni-Wahlen erstmals die absolute Mehrheit im Parlament verloren. Jäh setzten Anschläge, Bombardierungen, Morde ein und verwandelten das Land in ein Meer aus Blut. Die Bevölkerung war entsetzt.

In jenen Tagen des Entsetzens fiel ein Detail auf: Die Veröffentlichung des jährlichen EU-Fortschrittsberichts zum Beitritt der Türkei war mehrfach verschoben worden. Neun Tage nach der Neuwahl wurde er dann publiziert und beinhaltete harsche Kritik an Erdoğans Regime.

In ebendieser kritischen Phase reiste Kanzlerin Merkel in die Türkei und bot Erdoğan zehn Tage vor der Wahl den rettenden »Lebenskuss«. Der Kanzlerin ging es darum, den Ansturm von Flüchtlingen in der Türkei aufzuhalten, bevor er Europa erreichte. Das Fundament des berühmten Flüchtlingsabkommens wurde bei diesem Treffen gelegt. Wir wissen zwar nicht, was auf den vergoldeten Sesseln besprochen wurde, haben aber konkrete Kenntnis von den Verhandlungen mit EU-Vertretern hinter verschlossenen Türen. Dabei zeigt sich deutlich, wie

Erdoğan Erpressung als diplomatisches Instrument einsetzte und den Westen mit Einschüchterung in die Tasche steckte:

16. November 2015. Zwei Wochen nach seinem Wahlsieg traf Erdoğan den damaligen Präsidenten der Europäischen Kommission Jean-Claude Juncker und den damaligen EU-Ratspräsidenten Donald Tusk in Antalya. Die griechische Website *Euro-2day.gr* bekam die Protokolle des Dreiergipfels in die Hand und veröffentlichte sie. Die nicht dementierten Unterlagen beinhalten sämtliche schmutzigen Geheimnisse des Türkei-EU-Deals.

Auf der Tagesordnung des Gipfels stand die Verhandlung über die Flüchtlinge. Als Gegenleistung dafür, die Flüchtlinge nicht nach Europa durchzulassen, versprach die EU der türkischen Regierung Geld und den Bürgern der Türkei Freizügigkeit. Allerdings war man sich über die Summe uneins. Zur Eröffnung sagte Tusk zu Erdoğan: »Wir haben uns auf drei Milliarden Euro in zwei Jahren verständigt. Aber Sie fordern drei Milliarden pro Jahr.« Erdoğan reagierte barsch:

»Wenn Sie drei Milliarden für zwei Jahre zahlen, brauchen wir gar nicht zu reden. Wir brauchen das Geld der EU nicht. Wir öffnen die Grenzen zu Griechenland und Bulgarien und setzen die Flüchtlinge in Busse. Das werden zehn- bis fünfzehntausend. Wie wollen Sie damit fertigwerden? Wie wollen Sie die Flüchtlinge aufhalten, wenn das Abkommen nicht zustande kommt? Wollen Sie sie umbringen? Das sind ungebildete Leute, sie werden in Europa weiter als Terroristen agieren.«

Und was tat Juncker angesichts dieser Drohung, die die in die Türkei geflüchteten Menschen zum Faustpfand machte? Er enthüllte, warum der EU-Bericht verschoben worden war. Lesen wir die Protokolle:

Juncker: »Ich erinnere daran, dass wir den Fortschrittsbericht auf nach den Wahlen in der Türkei verschoben. Wir wurden dafür kritisiert.«

Erdoğan: »Das Verschieben hat dem Wahlsieg der AKP nicht gedient. Der Bericht ist ohnehin eine Beleidigung. Wie können Sie solche Dinge schreiben?«

Juncker: »Wir haben den Bericht verschoben, weil Sie es wollten. Wir dachten, Sie wollen sich mit Europa verständigen. Jetzt fühle ich mich betrogen.«

So stand es also um das »betrogene« Europa gegenüber Erdoğan: Man hatte den Bericht, der schwere Menschenrechtsverletzungen in der Türkei aufführte, auf Erdoğans Verlangen hin auf nach den Wahlen verschoben, und doch hatte es nichts genützt.

Mit dem Trumpf Flüchtlinge in der Hand ging die neue Regierung zu noch massiveren Angriffen auf Pressefreiheit und Menschenrechte über. Genau zehn Tage nach dem Tusk-Juncker-Erdoğan-Gipfel wurde ich von der Staatsanwaltschaft vorgeladen und verhaftet – wegen meines Berichts, der belegte, dass Erdoğan über seinen Geheimdienst die Dschihadisten in Syrien mit Waffen belieferte. Der Staatsanwalt sagte nicht, der Bericht sei falsch, vielmehr erklärte er, er hätte nicht veröffentlicht werden dürfen, weil es sich um ein Staatsgeheimnis handelte. Wie hätte ich das wissen sollen? War es nicht meine Pflicht als Journalist und dazu im öffentlichen Interesse, das Volk zu unterrichten, wenn der Staat in einer geheimen, illegalen Operation die Dschihadisten in Syrien aufrüstete?

Meine Argumente wurden als unwirksam betrachtet, am Donnerstag, den 26. November 2016, kam ich ins Gefängnis. Für Sonntag, den 29. November, stand ein Treffen der EU-Staatschefs mit dem türkischen Premier in Brüssel an. Ich beschloss, allen EU-Gipfelteilnehmern einen Brief zu schreiben. Auf dem Notizzettel eines Abgeordneten, der mich am Freitag im Gefängnis besuchte, notierte ich handschriftlich:

»Wir schreiben Ihnen aus der Haftanstalt Silivri als Journalisten, die davon überzeugt sind, dass die Türkei zur europäischen Familie gehört, und an das Ziel der Vollmitgliedschaft glauben. Die Freiheit der Meinung und der Rede ist ein unverzichtbarer Wert der Zivilisation, der wir angehören. Wir sind angeklagt und inhaftiert, weil wir Gebrauch von dieser Freiheit machten und für das Recht der Öffentlichkeit auf Information eintraten. Der türkische Premierminister, den Sie an diesem Wochenende treffen, und das Regime, das er repräsentiert, sind für ihre Menschenrechte und Pressefreiheit missachtende Politik und Praktiken bekannt. Wegen der Flüchtlingskrise, die unser aller Herz rührt, verhandeln Ihre Regierungen mit der Regierung in Ankara. Wir wünschen aufrichtig, dass bei Ihrem Treffen eine dauerhafte Lösung für das Problem gefunden wird. Wir möchten hoffen, dass Ihr Wunsch nach Lösung Ihrer Sensibilität in Sachen Menschenrechte, Meinungs- und Pressefreiheit, die zu den Grundwerten der westlichen Welt gehören, nicht im Weg stehen wird. Wir erinnern daran, dass unsere gemeinsamen Werte nur durch gemeinsames Handeln und Solidarität bewahrt werden können, und möchten zum Ausdruck bringen, wie wichtig und dringend geboten diese Solidarität ist.«

Dieser Brief gelangte in der Innentasche des Jacketts eines Abgeordneten aus dem Gefängnis hinaus und wurde noch am selben Tag an die Büros der EU-Staatchef gesandt, allen voran an Kanzlerin Merkel. Am Sonntag verfolgte ich in meiner Einzelzelle live die Übertragung der zum Gipfel in Brüssel angereisten Staatschefs. Ich hörte den italienischen Premier Renzi sagen: »Ich habe einen Brief von einem Journalisten in der Tasche, der in der Türkei inhaftiert ist.« Die Nachricht war also angekommen.

Europa war aber nicht gewillt, sich mit der Unterdrückung der Pressefreiheit in der Türkei und den dort inhaftierten Journalisten zu beschäftigen, es ging ja um ein weit wichtigeres Thema. In der nach dem Gipfel veröffentlichten gemeinsamen Erklärung war lediglich von der Verhinderung des Weiterzugs der Flüchtlinge, der Bekämpfung des Terrorismus und der gemeinsamen Sicherheitspolitik die Rede. Es hieß, der Beitrittsprozess der Türkei zur EU sollte wiederaufgenommen werden, türkischen Staatsbürgern wurde – unter der Bedingung, dass die Kriterien erfüllt wären – versprochen, ab Juni 2016 ohne Visum nach Europa reisen zu können. Unhaltbare Versprechen alle beide. Mit dem im hinausgezögerten Bericht aufgeführten Sündenregister war die Wiederaufnahme des EU-Beitrittsprozesses der Türkei unmöglich. Das wussten beide Seiten genau. Doch Erdoğan, der sich bereiterklärte, Millionen in die Türkei Flüchtende aufzunehmen, brauchte angesichts der schweren Last, die er der Gesellschaft aufbürdete, einen Trumpf, der ihn so dastehen ließ, als hätte er einen Vorteil herausgeschlagen. Dieser Trumpf war das falsche Versprechen der Freizügigkeit. Acht Jahre nach dem Abkommen kam der EU-Beitrittsprozess komplett zum Erliegen. Und das EU-Versprechen auf Freizügigkeit war längst vergessen. Im Gegenteil, nach der Wahl wurde die Bearbeitung von Visa sogar gestoppt. Brüssel hielt seine Versprechen nicht und die Türkei stand mit den schweren politischen, ökonomischen und sozialen Problemen infolge des Zustroms von über vier Millionen Geflüchteten sowie der zusehends steigenden Fremdenfeindlichkeit allein da.

Ein weiteres Beispiel für Erdoğans Talent, Krisen in Chancen zu verwandeln, das ich persönlich miterlebt habe:

Sieben Jahre nach der »Flüchtlingskrise«, wieder im Vorfeld einer Wahl und wieder in einer Phase, als die AKP im Sinkflug war, kam Erdoğan eine andere Krise zu Hilfe. Diesmal befand er sich in der Rolle des Vermittlers im Ukraine-Krieg. Mit

Selenskij stand er ohnehin in Verbindung. Dass er gleichzeitig mit Putin kooperierte, bot ihm plötzlich ein diplomatisches Manövrierfeld.

Aus reinem Zufall hatte ich vor Kriegsausbruch Kontakt zu einer Nachrichtenquelle von enormer Bedeutung in der Ukraine. Für den Bericht über die Waffenlieferung des türkischen Geheimdienstes nach Syrien, der zu meiner Verhaftung geführt hatte, hatte ich den wichtigsten Zeugen aufgespürt. Nuri Gökhan Bozkır war der Waffenhändler, der für den türkischen Geheimdienst die nach Syrien gelieferten Rüstungsgüter beschafft hatte. Als ihm in der Türkei ein Mord zur Last gelegt wurde, flüchtete er in die Ukraine. Er war bereit zu erzählen, wie er die Waffen beschafft und an wen er sie wie geliefert hatte. In der Furcht, ihre schmutzigen Geheimnisse kämen ans Licht, hatte die türkische Regierung von der Ukraine Bozkırs Auslieferung gefordert, um sein Geständnis zu verhindern, doch das Gericht lehnte das Ersuchen aus Mangel an glaubhaften Beweisen mehrfach ab.

Als Russland im Herbst 2021 begann, an der ukrainischen Grenze verstärkt Militär zu stationieren, änderte sich die Sache. Selenskij wollte zwecks Verteidigung ein drohnenbasiertes Abwehrsystem von der Türkei erwerben. Anfang Dezember schrieb Bloomberg, die Türkei habe der Ukraine eine beträchtliche Anzahl Drohnen verkauft. Ein paar Wochen später verkündete Erdoğan, Nuri Gökhan Bozkır sei »in einer Geheimdienstoperation« in die Türkei gebracht worden. Das war aber keine solche Operation, sondern eine Auslieferung als Verhandlungsergebnis. Bozkır wurde mit schwerer Folter gedroht, damit war der Zeuge des großen Geheimnisses zum Schweigen gebracht.

Die Ukraine-Krise bot Erdoğan auch die Chance, den NATO-Beitritt Schwedens und Finnlands für Verhandlungen zu nutzen. Als beide Länder aus Angst vor Russland schleunigst der Allianz beitreten wollten, spielte Erdoğan die Veto-Karte aus. Für die Zustimmung der Türkei machte er die Auslieferung von 120 Dissidenten zur Bedingung, die in den beiden Ländern Asyl erhalten hatten. Bei einer Person auf der Liste handelte es sich um eine ehemalige Abgeordnete des schwedischen Parlaments. Nun steckte Schweden in der Klemme zwischen der Achtung der Menschenrechte und seinem dringenden Sicherheitsbedürfnis. Putin beobachtete vergnügt, wie Erdoğan zeigte, dass er, wenn er wollte, die NATO blockieren konnte. Der schwedische Ministerpräsident Ulf Kristersson reiste zu Erdoğan in die Türkei, um die Krise zu lösen, und versprach, man werde alle der Türkei gemachten Zusagen einhalten. Schließlich nahm Stockholm auf Druck Ankaras eine Verfassungsänderung vor, die die Einschränkung der Versammlungsfreiheit von Vereinigungen ermöglichte, die etwas mit Terrorismus zu tun haben. Das reichte Erdoğan aber noch nicht. »Die kennen die Türkei nicht. Die nehmen uns auf den Arm«, murrte er.

Diese beiden Beispiele sollen zeigen, wie der Westen gegenüber Erdoğans Erpressungen einknickte. Der türkische Präsident nutzte während des Wahlkampfs sein Image eines Staatschefs, der dem Westen Paroli bietet, ihn nach seiner Pfeife tanzen lässt und die Premiers herbeizitieren kann, und wandelte es in Stimmen um.

Folgende Worte von Erdoğans ultranationalistischem Verbündeten Devlet Bahçeli auf einer Wahlkampfkundgebung zeigen deutlich die in der Regierung herrschende Stimmung:

»Kinder Amerikas, Hans, Sam … Kinder Deutschlands, Tonis und Connys, Franks und Henrys, ich wende mich an euch alle: Was ihr auch sagt, wir lassen nicht zu, dass ihr den Helden Anatoliens Recep Tayyip Erdoğan niedermacht.«

Dabei ist, wie ich an den Beispielen verdeutlicht habe, das Streben des Westens keineswegs darauf gerichtet, Erdoğan niederzumachen, sondern vielmehr darauf, ihn an der Macht zu halten. Der britische *Telegraph* titelte nach der Wahl, als es in Ankara Gratulationsanrufe aus den europäischen Hauptstädten hagelte, denn auch mit: »Europe breathes sigh of relief as Erdoğan remains in power in Turkey« [Aufatmen in Europa, weil Erdoğan in der Türkei an der Macht bleibt]. In dem Artikel hieß es u. a. wie folgt:

»Herr Erdoğan hat den Beitritt der Türkei zur EU längst aufgegeben. (…) Das passt Brüssel und den Mitgliedsstaaten gut. (…) Vielleicht ist es unmöglich, Herrn Erdoğan zu mögen. Aber er hat sich sehr nützlich gemacht.«

Seit ich in Deutschland bin, wurde mir immer wieder eine Frage gestellt: »Warum unterstützen Migranten aus der Türkei, die hier in einem demokratischen Land wie Deutschland leben und von seinen Vorteilen profitieren, in der Türkei die Autokratie?«

Selbst noch auf der Suche nach den Gründen dafür reagiere ich meist mit einer Gegenfrage:

»Vielleicht lautet die Frage, die wir eigentlich stellen sollten: Warum unterstützen demokratische Länder wie Deutschland in der Türkei einen Autokraten?«

Vielleicht weil er sehr »nützlich« ist?

Schauen wir uns nun die inneren Dynamiken an, die Erdoğan zum Wahlsieg führten:

Warum?
Die innere Dynamik

Die Politik der Türkei der letzten zwanzig Jahre erinnert an die letzten zehn Jahre Fußballliga in Deutschland: Viele Mannschaften spielen, es gewinnt aber immer dieselbe.

In den einundzwanzig Jahren seit seinem Regierungsantritt gewann Recep Tayyip Erdoğan sieben Parlamentswahlen, vier Kommunalwahlen, drei Referenden und drei Präsidentschaftswahlen. Er regiert die Türkei inzwischen sogar länger als Staatsgründer Atatürk. Die globale Dimension dieses Erfolgs haben wir beleuchtet, doch es gibt natürlich auch persönliche, historische, soziale, politische und ökonomische Gründe dafür.

An die Spitze der inneren Dynamiken müssen wir den Begriff »Parteienstaat« stellen. Bedienen wir uns erneut der Fußballmetapher: Die AKP kaufte den Schiedsrichter, dann lief sie auf und foulte die besten Spieler der gegnerischen Mannschaft und fesselte ihren Torwart am Pfosten.

Selahattin Demirtaş, der ehemalige Ko-Vorsitzende der HDP, der zweitgrößten Partei im Parlament, einer der stärksten Kontrahenten Erdoğans, und die zweite Ko-Vorsitzende Figen Yüksekdağ sind seit sieben Jahren inhaftiert. Der wichtigste Herausforderer im Rennen um die Präsidentschaft, Ekrem İmamoğlu, wurde unmittelbar vor Verkündung der Kandidaten mit einem drohenden Verfahren ausgebootet, das ihm ein Politikverbot einbringen kann. Auf diese Weise hatte Erdoğan zum Zeitpunkt der Ankündigung seiner eigenen Kandidatur auch bestimmt, wer gegen ihn antreten konnte.

Am Beispiel Türkei wird deutlich, wie leicht es für eine Regierung wird, Wahlen zu gewinnen, wenn sie die Justiz kontrolliert.

Die Aushebelung der Unabhängigkeit der Justiz war einer der Wendepunkte der AKP-Regierung. 2010 heckte Erdoğan einen raffinierten Plan aus. Die für ihre Sensibilität in Sachen Laizismus bekannte republikanische Justiz, vor allem die obersten Gerichte, stellte ein Hindernis für seine Souveränität dar. 2008 war ein Verbotsverfahren gegen die AKP eingeleitet worden, 71 führende Kader einschließlich Erdoğan sollten mit Politikverbot belegt werden. Der Vorwurf lautete, die Partei sei zum Hort von Aktivitäten geworden, die mit dem Laizismus unvereinbar seien. Von elf Richtern votierten schließlich sechs für das Verbot, fünf dagegen. Da die nötige qualifizierte Mehrheit nicht erreicht war, wurde die Partei nicht verboten, ihr wurde lediglich die Hälfte der Unterstützung aus der Staatskasse gestrichen.

Erdoğan war klar, dass er keine absolute Herrschaft errichten konnte, solange er das Rechtswesen nicht in der Hand hatte. Er beschloss, mit aller Kraft gegen die Justiz vorzugehen. Zwei Jahre nach dem Verbotsverfahren legte er einen Entwurf für eine umfassende Verfassungsreform vor. Die Anzahl der Richter am Verfassungsgericht, das das Verbotsverfahren gegen seine Partei angestrengt hatte, sollte erhöht werden, Parteienverbote sollten erschwert, der Zuständigkeitsbereich von Militärgerichten eingeschränkt, wichtiger noch, mit der Umstrukturierung des Hohen Rates der Richter und Staatsanwälte, der für die Ernennung von Richtern und Staatsanwälten zuständig ist, dafür gesorgt werden, dass die Regierung die Kontrolle über die Justiz in die Hand bekam. Das Raffinierte an dem Plan war, dass sich unter den Paragraphen, über die per Referendum entschieden werden sollte, auch einer befand, der die Verfassungsbestimmung außer Kraft setzte, die verhindert hatte, dass die Verantwortlichen für den Militärputsch vom 12. September 1980 vor Gericht gestellt wurden. Damit erweckte Erdoğan den

Eindruck, einen demokratischen Schritt in Richtung Befreiung des Landes vom Kuratel des Militärs gesetzt zu haben, dahinter aber verbarg er seine eigentliche Absicht. Er wollte zwei Fliegen mit einer Klappe schlagen: sich der Vormundschaft des Militärs entziehen, die ihm das größte Hindernis für seine Pläne zu sein schien, sowie die Barriere der laizistischen Justiz überwinden. Die Liberalen in der Türkei wie auch der Westen unterstützten begeistert den »Demokratisierungsschub«, der erklärtermaßen durchgeführt wurde, um den »Panzer der Immunität der Putschisten« abzuschaffen und erneute Coups zu verhindern. Nötig war dafür ein Volksentscheid. Die Verfassungsänderung wurde ausgerechnet am 12. September, dem Jahrestag des Putsches, zur Abstimmung gestellt und mit 58 Prozent angenommen.

Das Europäische Parlament gratulierte unverzüglich. Die Türkei-Berichterstatterin des Parlaments, Ria Oomen-Ruijten, stufte das Referendum als »ersten Schritt der Türkei zur Demokratisierung« ein. Jene, die wie wir gegen das Referendum protestierten, weil es eine Falle sei, und mit Nein stimmten, kritisierte sie mit den Worten: »Sie verpassen die Chance zur Demokratisierung.«

Zwei Jahre nach dem Volksentscheid, als die beiden letzten noch lebenden Mitglieder der Militärjunta zu lebenslanger Haft verurteilt wurden, waren auch diese dann aber bereits verstorben, die Richter aber kuschten mittlerweile vor Erdoğan.

Nach Legislative und Exekutive hatte er nun auch die Judikative in der Hand. Kaum hatte er unter dem Vorwand, Verbote abzuschaffen, die Justiz unter seine Fuchtel gebracht, beeilte er sich, mittels Justiz seine Gegner mit Verboten zu überziehen. Es hagelte Beleidigungsverfahren gegen Kritiker des Präsidenten. Binnen kürzester Frist wurde wegen Beleidigung gegen 200 000 Personen ermittelt, 5000 kamen hinter Gitter. Mit Hilfe der Justiz wurde Erdoğan eine Art Immunität gesichert, während bestraft wurde, wer das zu durchbrechen versuchte.

Ein kleines Beispiel: Stunden, bevor ich vor dem Richter stand, las ich in der regierungstreuen Presse, dass Haftbefehl gegen mich ergehen würde. Die Urteile wurden nun im Palast gefällt, Staatsanwälte und Richter führten sie aus. Als Europa seinen Fehler einsah, war es zu spät. Erdoğan setzte nicht einmal die Urteile des Europäischen Gerichtshofes für Menschenrechte um, und als der Europarat ein Vertragsverletzungsverfahren gegen die Türkei einleitete, lachte er nur.

Nicht von ungefähr setze ich die Justiz an die Spitze der Binnendynamiken, die Erdoğan den Sieg brachten, bei den jüngsten Wahlen handelten Richter in jedem Stadium wie Parteileute, sei es, dass sie seine Kontrahenten inhaftierten oder mit Politikverbot bedrohten, sei es, dass sie Kundgebungen verboten oder Beschwerden wegen Wahlbetrug nicht annahmen. Ergänzen wir die »Regierungsjustiz« noch um Parteikader, Gouverneure, Landräte, Polizeichefs, Kommandanten, Imame und Rektoren, wird verständlich, dass die Opposition letztlich zu einer unmöglich zu gewinnenden Wahl gegen den Staat antrat.

Addieren wir auch die Medien zu der Liste hinzu. Neben Legislative, Exekutive und Judikative arbeitete bei den jüngsten Wahlen auch »die vierte Gewalt« mit voller Kraft für Erdoğan. Das staatliche Fernsehen TRT räumte Erdoğan im Wahlkampf 48 Stunden Sendezeit ein, dem Kandidaten der Opposition Kılıçdaroğlu aber nur 32 Minuten. Ebenso war die große Mehrheit der Privatsender für die Regierung im Einsatz.

Auch zuvor waren die Medien in der Türkei nicht frei gewesen, oppositionelle Medien bekamen zu allen Zeiten Druck von der Regierung zu spüren. Erdoğan beschritt aber einen anderen Weg als seine Vorgänger: Statt sich mit Zensur abzugeben, kaufte er die Presse. Loyale Unternehmer nötigte er als

Gegenleistung für Vorteile bei großen öffentlichen Ausschreibungen, die größten Zeitungen und Fernsehkanäle der Türkei zu übernehmen, und wurde auf diese Weise zum »neuen Medienzar«. Inzwischen unterstanden ihm 90 Prozent der Medien. Unversehens war eine Propagandamaschinerie entstanden, die sich aus ein und derselben Nachrichtenquelle speiste, die gleichen Schlagzeilen und Fotos brachte und hinter der Regierung stand, auf Oppositionelle aber einprügelte. Im Wahlkampf diente diese Maschinerie Erdoğan und überzog die Opposition mit Lügen.

Ein Beispiel dafür, wie die Intervention in die Medien funktionierte:

2014. Ein Nachrichtensender überträgt live die Rede eines Oppositionsführers in seiner Parlamentsfraktion. Erdoğan sitzt vor dem Bildschirm, ärgert sich und ruft den Zuständigen beim Sender an. Im Zuge polizeilicher Ermittlungen wurde das Telefonat abgehört und gelangte in die sozialen Medien. Hier ist der Dialog:

»Fatih, siehst du gerade die Presseerklärung?«

»Ich bin zu Hause, mein Herr.«

»Ihr wisst ja nicht, was ihr tut, Mann! Der Mann verliest da ein Manifest, als wäre die Türkei erledigt, am Ende, total verloren, und ihr sendet das live!«

»Ich lass das sofort abbrechen, mein Herr.«

»Was ist das denn für eine Sache, Mann! Hat auch nicht gerade angefangen, das läuft schon seit 25 Minuten.«

»Ich sage sofort Bescheid, mein Herr, alles klar.«

»Das geht doch nicht, Mann! Was für eine Schmach. Der Mann beschimpft uns von Anfang an.«

»Die Erklärungen von Parteien mit Fraktionen im Parlament sollten doch gesendet werden ...«

»Auf keinen Fall! Müsst ihr denn so was bringen?«

»Verstanden. Ich lass das sofort abbrechen, mein Herr. Entschuldigen Sie.«

Es geht noch weiter:

Nach dem Telefonat ruft der Leiter des Senders den Nachrichtenchef an:

»›Jemand hat angerufen und gesagt, dass er sich grämt. Bring das bitte nicht, okay?«

Anschließend ruft er Erdoğans Sohn an und versucht sich zu entschuldigen:

»Mein Boss hat angerufen, er hat die Rede bei uns erwischt, ich hab sofort abbrechen lassen. Hauptsache, er grämt sich nicht … Wenn er sich grämt, bin ich auch traurig. Vergib mir. Tut mir wirklich leid …«

So stand es im Wahlkampf um die regierungsnahen Medien, die als »Poolmedien« bezeichnet werden, weil sie von dem Geld gekauft wurden, das loyale Unternehmer zu einer Art Pool zusammengetragen hatten. Diese Kanäle machen 90 Prozent der Mainstreammedien aus. Die wenigen oppositionellen Sender außerhalb des Pools wurden mit Geldbußen abgeschreckt. Die staatliche Regulierungsbehörde für Radio und Fernsehen, deren Aufgabe es ist, die Sendungen zu kontrollieren, und die auch ihrerseits dem Befehl der Regierung untersteht, sanktionierte allein im Jahr 2022 fünf um neutrale Berichterstattung bemühte Sender 54 Mal mit harten Strafen und verhängte auch immer wieder Verbote.

Die Haftanstalt Silivri, in der auch ich eine Zeitlang einsaß, wurde zum größten Journalistengefängnis der Welt. Unter Journalisten ist ein beliebter Scherz, sich vor einen Reporter, der gerade einen Bericht schreibt, zu stellen und zu sagen: »Es ist ziemlich kalt in Silivri.« Berichterstatter, die fürchten müssen, morgens von Polizei aus dem Haus geholt und ins Gefängnis gebracht zu werden, sind gezwungen, jedes Wort, das sie in der Zeitung schreiben oder auf dem Bildschirm sagen, sorgsam abzuwägen. Über Erdoğans Korruptionsakten oder illegale Operationen des türkischen Geheimdienstes kann nicht mehr berichtet werden. Ein paar Monate vor den Wahlen stieg der Druck dermaßen, dass etwa behauptet wurde, eine bekannte Moderatorin habe »mimisch Terrorismus gepriesen«, wofür der Talkshowserie ein dreimaliges Sendeverbot erteilt wurde. In der darauffolgenden Sendung trat der Gast dann mit Maske auf, um seine Mimik zu verbergen. Die Folge davon war, dass der Sender auch für diesen Protest abgestraft wurde.

Die Propaganda der loyalen Medien und die Bestrafung oppositioneller Medien, um sie mundtot zu machen, trieben die Menschen auf der Suche nach Nachrichten in die sozialen Medien. Dort aber patrouillierte die Trollarmee des Palastes. Nach den Gezi-Protesten 2013, die sich vor allem über die sozialen Medien organisiert hatten, erklärte ein AKP-Funktionär dem Wall Street Journal gegenüber, man habe 6000 Personen eingestellt, die in den sozialen Medien tätig werden sollten. Dieses Heer machte im Wahlkampf mobil, um Erdoğan in den Vordergrund zu stellen, Dissidenten anzugreifen und Fake News zu verbreiten. Der Parteisprecher der Oppositionsführerin erklärte, das Trollnetz sei unmittelbar vom Innenministerium gesteuert, dafür habe man Beweise. Laut dieser Beweise wurden sogar die offiziellen Accounts von Polizeipräsidium und Gendarmeriekommandantur von Regierungshand benutzt, um die Opposition niederzumachen.

Vier Tage vor der ersten Wahlrunde ging durch die sozialen Medien die Meldung, ein Video sexuellen Inhalts des Erdoğan-Herausforderers Muharrem İnce würde veröffentlicht werden. Anschließend wurde ein Schlafzimmerfoto mit einem Mann in Umlauf gebracht, der İnce ähnlich sah. Kurz darauf stellte sich heraus, dass die Aufnahme von einer israelischen Porno-Website stammte. İnce aber gab infolge der Schmutzkampagne auf. Daraufhin kam vom Kandidaten Kemal Kılıçdaroğlu ein unerwarteter Vorstoß, er twitterte:

»Liebe russische Freunde. Ihr steckt hinter den Videomontagen, Verschwörungen, Deep-Fakes, Kassetten, die gestern in diesem Land verbreitet wurden. Lasst die Finger vom Staat des Türken, wenn ihr wollt, dass unsere Freundschaft auch nach dem 15. Mai Bestand hat.«

Diese harsche Botschaft rief Moskaus Einmischung in den US-Wahlkampf in Erinnerung. Als ein russischer Sprecher die Anschuldigung klar zurückwies, nahm Kılıçdaroğlu die Medienzentrale des Präsidentenpalastes aufs Korn:

»Die Welt des Dark Web stößt euch in die Hände ausländischer Geheimdienste. Cambridge Analytica zu spielen übersteigt eure Kapazität, Jungs.«

Dieses »Spiel« endete mit einem Coup, der das Wahlergebnis beeinflussen sollte. Als Erdoğan und Kılıçdaroğlu in den Umfragen gleichauf lagen, zog das Propagandateam des Palastes seine effektivste Lügen-Waffe und warf sie auf den Markt. Ein zusammengeschnittenes Video »zeigte« hinter Kılıçdaroğlu einen der Guerilla-Anführer der bewaffneten kurdischen Organisation PKK, gegen die das türkische Militär seit vierzig Jahren kämpft, wie er dem Kandidaten applaudiert. Das Video war auf den ersten Blick als Montage zu erkennen, dennoch führte Erdoğan es kurz vor den Wahlen zunächst auf einer Kundgebung in Istanbul vor und anschließend noch einmal bei einer Begegnung mit jungen Leuten in einer Fernsehsendung. »Schaut euch den an«, sagte er, »Kılıçdaroğlu lässt sich von dem Mann aus der Führung der Terrororganisation unterstützen, ›Los!‹ sagt er, und der sagt auch: ›Los!‹«

Gleichzeitig wurden auf den Plätzen der Metropolen gefälschte Plakate aufgehängt, die angeblich von der Oppositionspartei stammten. Darauf wurden Autonomie für Kurden und Legalisierung gleichgeschlechtlicher Ehen versprochen.

Bis die Opposition allseits aufklären konnte, dass es sich bei Video und Plakaten um Fakes handelte, war die Wahl bereits gelaufen. Nach der Wahl danach befragt, verteidigte Erdoğan seine Lüge noch: »Ob Montage, ob dies, ob das ... Die PKK-ler haben die unterstützt.« Einmal mehr wurde deutlich, wie schwer es ist, in einer Atmosphäre, in der Lügen staatlicherseits in Umlauf gebracht werden, Fake News nicht überprüfbar und vertrauenswürdige Medien außer Kraft gesetzt sind, einen Informationskrieg gegen regierungstreue Medien zu gewinnen.

Mehrere Umfragen nach den Wahlen belegten, dass dieses ganz offensichtlich gefälschte Video vor allem bei unentschlossenen Wählern höchst effizient war. Hier müssen wir auf die stärkste Waffe populistischer Staatschefs eingehen:

Angst und Schrecken verbreiten ...

Aufgrund der Erschütterung des ökonomischen und sozialen Fundaments und der Zunahme von Flüchtlingsströmen im Zeitalter der Post-Globalisierung spüren Millionen Menschen überall auf der Welt, dass ihre gewohnte Ordnung bedroht ist, sie verlieren ihre Arbeit, ihren Lebensstandard, ihren familiären Rückhalt oder fürchten, sie zu verlieren. Veränderte Arbeitsbedingungen, wachsende Konkurrenz, sinkende Löhne, steigende Mieten, Sicherheitsbedenken, Niedergang des Gesundheitswesens, Umbau der Bildung in ein Bezahlsystem sorgen in einer Atmosphäre schrumpfender sozialer Absicherung für enorme Unsicherheit. Die Welt erscheint zusehends wie ein gefährlicher, nicht mehr kalkulierbarer Ort.

Diese Bedrohung des Alltags befördert die Suche nach Stabilität. Autoritäre Staatsmänner signalisieren den nach Schutz suchenden Massen, nur sie könnten sie vor dem Sturm schützen, den sie allerdings selbst mit ausgelöst haben. Und die verzweifelten Massen schlüpfen aus Angst vor Chaos unter die Fittiche starker Anführer. Die Tendenz, gehorsam zu sein, wächst. Ausländerfeindlichkeit, Ablehnung derer, die anders sind, nehmen zu. Die Sorge um die Sicherheit erstickt die Rufe nach Freiheit. Schlimmer noch, die blauäugigen Massen verstehen die Forderung nach Freiheit nun als Bedrohung der Sicherheit. Das bietet den starken Anführern die einmalige Chance, die Opposition zu unterdrücken und die Gesellschaft vollständig in den Griff zu bekommen.

Auch bei den jüngsten Wahlen in der Türkei spielten Ängste die Hauptrolle. Nicht allein Erdoğan, auch seine Minister, seine Medien, seine Trollarmee unkten wie aus einem Mund: »Winter is coming!« Im Lärm dieses Panikchors blieb das Lied »Der Frühling kommt, versprochen«, das die Opposition zu ihrem Wahlkampfsong gemacht hatte, ein frommer Wunsch.

Um die jahrhundertealte Angst der Gesellschaft vor Spaltung zu schüren, zog Erdoğan das Argument heran, das oppositionelle Bündnis werde von Terroristen unterstützt. Bei jeder Gelegenheit betonte er, Stimmen für die Opposition wären Stimmen für den Terror. Sein ultranationalistischer Partner Devlet Bahçeli behauptete: »Jede Stimme, die der Kandidat der Opposition bekommt, kommt einer auf einen türkischen Soldaten abgeschossenen Kugel gleich.«

Von der Dämonisierungskampagne im Wahlkampf bekam auch ich meinen Anteil ab. Fünf Monate vor den Wahlen sah ich im türkischen Fernsehen plötzlich mein Bild auf dem Bildschirm. Die Flash-News meldeten, auf meinen Kopf sei eine Belohnung ausgesetzt worden. Zugegeben, das war ein komisches Gefühl. Auf der offiziellen Website des türkischen Innenministeriums war mein Name auf die Liste der meistgesuchten Terroristen gesetzt worden. Ich rief die Seite auf. Ich stand auf der »grauen Liste«, mit 1300 anderen, die bewaffnet in den Bergen kämpfen, einen Putschversuch vorbereiten, sich als Selbstmordattentäter in die Luft sprengen wollen und so weiter. Mein »terroristisches Verbrechen« war, einen Bericht geschrieben zu haben. Nicht die Waffenlieferung des Geheimdienstes an die grausamen Dschihadisten hatte das Ministerium als Terrorakt eingestuft, sondern den Zeitungsbericht darüber, und es versprach für sachdienliche Hinweise zu meiner Ergreifung eine Belohnung von 25 000 Euro.

Wenn ein Journalist wegen seiner Berichterstattung als Terrorist gebrandmarkt und ein Kopfgeld auf ihn ausgesetzt wird, wagen andere Journalisten es dann noch, Berichte zu bringen, die der Regierung unliebsam sein könnten? Fühlen Menschen sich in einem Land sicher, in dem die Fotos von 1300 »Terroristen« wie Steckbriefe im Wilden Westen mit einem Belohnungsversprechen darunter ausgehängt werden?

Die Kampagne nach dem Motto »Die Terroristen sind überall« verbreitete in der Wählerschaft die Sorge, die Sicherheit sei in Gefahr. Und die Auffassung setzte sich durch, mit einer Bedrohung dieser Größenordnung würde keine schwache, uneinige Koalitionsregierung fertigwerden, sondern nur das Regime eines starken Alleinherrschers. Eine Umfrage brachte zutage, dass einer von drei AKP-Wählern der Meinung war, die Sicherheit des Staates gehe den Rechten der Bürger vor. Unter dem Eindruck dieser Negativkampagne gaben schließlich auch zuvor noch unentschlossene Wähler ihre Stimme ab. Selbst Menschen, deren Städte und Häuser beim Erdbeben zerstört worden waren, die Angehörige verloren hatten, weil die Regierung nicht angemessen helfen konnte, stimmten für die Regierung, weil sie glaubten, Instabilität würde ihre Hoffnung, je wieder ein Dach über dem Kopf zu bekommen, vollständig begraben.

Hatte den Wähler in der Geisterbahn, in die er während des Wahlkampfs geschickt worden war, nicht das Gespenst der Spaltung gepackt, wurde er von der Panik erschreckt, die Religion komme abhanden. Als der oppositionelle Präsidentschaftskandidat Kılıçdaroğlu bei einer Versammlung unbewusst mit Schuhen auf einen Gebetsteppich trat, hatte Erdoğan die gesuchte Gelegenheit zum Erschrecken gefunden. Auf Kundgebungen trat er mit Gebetsteppich auf und ließ seinen Widersacher ausbuhen. Auf einem Meeting ging er so weit zu behaupten: »Wir erhalten unseren Befehl von Allah. Jene, die keine Religion, keine Fahne, keinen Gebetsruf kennen, unterstützen Herrn Kemal.« Ununterbrochen hielt er die Religionszugehörigkeit Kılıçdaroğlus auf der Agenda, der zur alevitischen Minderheit gehört. Vor Jahren hatte Erdoğan ein Gedicht zitiert, in dem es heißt: »Moscheen sind unsere Kaserne, die Gläubigen Soldaten«, wofür er damals ins Gefängnis musste. Er scheute sich nicht, in jener »Kaserne« mit dem Applaus seiner »Soldaten« Politik zu machen.

Wie Donald Trump einst, als er arg in der Klemme steckte, zur Bibel griff und vor einer Kirche posierte, hielt Erdoğan eine Kundgebung im Hof der Sultan-Ahmet-Moschee in Istanbul ab. Und den Schlusspunkt unter seinen Wahlkampf setzte er in der Hagia Sophia, die er nach 86 Jahren als Museum erneut für das Gebet geöffnet hatte. Leider gab es in der Türkei keinen religiösen Führer wie in den USA, der sich darüber empört hätte, dass ein heiliger Ort für Politik missbraucht wurde. Die das hätten tun müssen, standen neben Erdoğan und lauschten seiner Wahlkampfrede. Ein Imam in Istanbul forderte in der Freitagspredigt gar: »Haltet am Wahlabend eure Waffen bereit. Meine beiden Pistolen sind geladen.« Waffen und Religion: Auch dieser Cocktail von großer Zerstörungskraft war im Wahlkampf im Einsatz.

Den Worten des Justizministers zufolge würde die Wahl zwischen jenen stattfinden, die Champagnerkorken knallen lassen,

und jenen, die ihrem Gott danken. Es ist unschwer, sich vorzu-
stellen, welches Echo diese Worte in einer Gesellschaft fanden,
die seit Jahrzehnten reaktionärer Propaganda ausgesetzt ist.

Zu den Elementen der die Wahlen prägenden Angstkam-
pagne gehörte auch die LGBT-Community. Die Regierung
machte die besonders vulnerable Minderheit der queeren Menschen zur Zielscheibe. Der Innenminister strapazierte die Fan-
tasie mit den Worten: »Ich will nicht, dass in meinem Land
Männer Männer und Frauen Frauen heiraten. Bei LGBT gibt es
auch Ehen zwischen Mensch und Tier.« Erdoğan, der Homo-
sexualität als »der menschlichen Natur widersprechendes Virus der Perversität« bezeichnet hatte, versprach zu verhindern,
dass dieses Virus die nationale Existenz vergiftete und die Institution Familie vernichtete. In der ersten Rede, mit der er seinen
Wahlsieg feierte, diffamierte er seinen Widersacher dann gleich
wieder als »LGBT-Anhänger«. Er stand dem ungarischen Ministerpräsidenten Viktor Orbán in Sachen Homophobie in
nichts nach, als er sagte: »Bei uns kann LGBT nicht eindringen.
Bei uns ist die Familie heilig.«

Im Laufe des Wahlkampfes wiederholte er seine Lügen so
oft, dass Kılıçdaroğlu schließlich an Goebbels' Worte erinnern
musste: »Wenn man eine große Lüge erzählt und sie oft genug
wiederholt, dann werden die Leute sie am Ende glauben.« Dennoch konnte die Opposition, die sich nach Kräften bemühte, der
negativen Kampagne eine positive entgegenzusetzen, letztend-
lich nicht überzeugen. Die Ungewissheit, die eine mutmaßliche
Koalition bringen würde, unterlag der Stabilität versprechen-
den Autorität. Die Alarmglocken übertönten die Botschaften der Hoffnung. Kılıçdaroğlu, der in den Wahlkampfvideos,
die er in seiner schlichten Küche aufnahm, die Botschaft ver-
mittelte: »Ich bin einer von euch«, unterlag Erdoğan, der auf
dem Thron in seinem Prunkpalast den Sultan gab. Die Hälfte

der Wählerschaft stimmte nicht für einen von ihnen, sondern für den, der versprach: »Ich lenke euch.« Erdoğans Hassrhetorik war effektiver als das Herz, das die Führer der Opposition bei ihren Kundgebungen mit den Händen formten. Angesichts des Gefühls drohender Gefahr stellten die Massen sich nicht neben den Politiker, der zum Wandel rief, sondern versteckten sich hinter dem, der Schutz versprach. Auch wenn sie arbeitslos geworden waren, kein Brot mehr auf den Tisch bringen konnten und persönlich erlebten, wie teuer das Leben geworden war, sagten sich die Leute: »Ich leide Not, aber mein Land, meine Familie sind bedroht, die sind jetzt wichtiger«, und wählten dementsprechend.

Vergessen wir nicht, dass die Zustimmung zur Amtsführung von US-Präsident George W. Bush unmittelbar nach den Anschlägen vom 11. September auf einen Schlag von 52 auf 90 Prozent sprang. Panik, Sorge, Ungewissheit, chaotische Zustände, die Sorge ums Überleben konsolidieren den Status quo und die Hoffnung auf einen starken Führer. Im Orkan gibt das Versprechen auf Wandel keine Hoffnung, sondern wirkt bedrohlich.

Zwar wird Bangemachen in einer unsicheren Welt zu einer immer effektiveren Herrschaftstaktik, es sei aber erwähnt, dass die Ängste, die Erdoğan erfolgreich ins Feld führte, nicht neu sind, sondern auf historische Wurzeln zurückgehen. Zu sehen, dass diese jahrhundertealten Ängste im Jahr des 100. Jubiläums der Republikgründung nach wie vor gültige Währung sind, ist so erschreckend wie diese Ängste selbst.

Wie ein Psychologe eine Person mit psychischen Problemen in der Therapie seine Kindheit, Jugend und Familie erzählen lässt, ist es vielleicht hilfreich, die Gemütsverfassung der Menschen, die sich bei den letzten Wahlen von Ängsten leiten ließen, in ihrer Vergangenheit zu suchen. Wenn wir das in der Truhe auf dem Dachboden unter Verschluss gehaltene Familienalbum der Gesellschaft der Türkei aufschlagen, finden wir die Spuren der Verwerfungen, die der unfassbare Wandel im Laufe der letzten hundert Jahre aufriss, wie auch der inneren Konflikte, zu denen diese Verwerfungen führten, und der von ihnen genährten Ängste.

Die Gründung

Vergleichen wir die Bosporusbrücke mit einem über das Gewässer gespannten Tau, ist Istanbul das Zentrum eines Tauziehens zwischen Europa und Asien.

Mit einem Bein in Asien und dem anderen in Europa ist Istanbul die Stadt, die zwei Kontinente sowohl trennt wie auch verbindet.

Bevor ich notgedrungen nach Berlin ging, lebte ich in Istanbul. Mein Haus lag auf der asiatischen Seite, mein Arbeitsplatz, die Zeitung *Cumhuriyet,* auf der europäischen. So fuhr ich jeden Morgen über die Bosporusbrücke von einem Kontinent zum anderen. Und sah jeden Morgen am Ende der Brücke dasselbe Schild: »Willkommen auf dem europäischen Kontinent«.

Auf dem Heimweg begrüßte mich abends das Schild mit der Aufschrift: »Willkommen auf dem asiatischen Kontinent«.

Diese tägliche interkontinentale Reise kam mir vor, als symbolisiere sie die hundertjährige Reise der Türkei. Die Türkei ist eine gigantische Schaukel, die zwischen zwei Kontinenten hängt und zwischen Europa und Asien hin- und herschaukelt. Sie ist im Dazwischen und pendelt permanent. Die mitunter blutigen Konflikte zwischen Ost und West, Asien und Europa, Tradition und Moderne, Glaube und Verstand, Frömmigkeit und Laizismus, Religionsgemeinschaft und Nation haben das Land in die heutige Spaltung geführt.

Stochern wir ein wenig in der hundertjährigen Geschichte der türkischen Republik, in den 21 Regierungsjahren Erdoğans und in der bei den letzten Wahlen mitten entzweigespaltenen Gesellschaft, kommen das seit einem Jahrhundert währende Tauziehen und die beiden immer noch nachwirkenden großen Traumata zum Vorschein:

Zum einen die Paranoia vor der Spaltung, zum anderen der Religionsstreit.

Mit anderen Worten: die Kurdenfrage und die Laizismus-Debatte.

Diesen beiden Konfliktbereichen, die die ethnische beziehungsweise religiöse Identität betreffen, ist noch der Nationalismus hinzuzufügen, der die Gründungsideologie prägte, uns an jeder kritischen Schwelle begegnet und sich auf die Gleichgewichte auswirkt. Die Wurzeln aller liegen in der jüngeren Geschichte des Landes.

***

Ich recherchierte eine Zeitlang in der Bibliothek Atatürks, des Gründers und ersten Präsidenten der Republik, im Präsidentenpalast in Çankaya/Ankara. Dort sichtete ich die Bücher, die er las, die Zeilen, die er darin unterstrich, seine Notizen auf den Seitenrändern. Anfang der 1920er-Jahre, während des Kampfes gegen die Besatzungskräfte, las Mustafa Kemal, der damals Oberbefehlshaber und Parlamentspräsident in Ankara war, Bücher über die Französische Revolution. Sein Favorit war Jean-Jacques Rousseaus »Gesellschaftsvertrag«. Das Schlüsselwerk der Französischen Revolution war erst 150 Jahre nach seinem Erscheinen ins Osmanische übersetzt worden. Nun, mit einiger Verspätung, war die Reihe an der Türkei, auf den Ruinen des untergegangenen Osmanischen Reichs eine Republik zu errichten und einen brandneuen Gesellschaftsvertrag zu schließen. In dem Buch »Verfassungsrecht« notierte Mustafa Kemal handschriftlich am Seitenrand:

1923
−1789
−−−−−
134

Nach der Französischen Revolution hatte die Türkei volle 134 Jahre verloren. Ein enormer Zeitverlust auf dem Weg zur Zivilisierung, den es schnellstens wettzumachen galt.

Am 29. Oktober 1923 empfing er in seinem kleinen Amtszimmer im Parlamentsgebäude, das später Museum wurde, den Korrespondenten der Zeitschrift *Revue des Deux Mondes,* Maurice Pernot. Im Kopf barg er ein Geheimnis, von dem noch niemand wusste: Am Nachmittag dieses Tages würde er im Parlament erklären, dass die neue Regierungsform der Türkei die Republik sein sollte. Er bat Pernot, in einem der beiden Sessel in dem Raum Platz zu nehmen, bot ihm eine Zigarre an, dann sagte er, die Franzosen seien mit ihrem heldenhaften Kampf für die Freiheit ein Beispiel für die ganze Welt. Dabei war Frankreich eine der ausländischen Mächte, die anatolischen Boden besetzt hatten. Der französische Korrespondent fragte, ob die türkischen Nationalisten Ausländern gegenüber feindlich gesinnt seien. Mustafa Kemal nahm die Astrachan-Mütze ab, wie um anzudeuten, dass der Krieg vorbei sei, legte sie auf den Tisch und erklärte: »Wir hegen Ausländern gegenüber keine feindlichen Gefühle, vielmehr wünschen wir, freundschaftliche Beziehungen zu ihnen anzuknüpfen.«

Der Wunsch nach freundschaftlichen Beziehungen zu den Besatzern, die er besiegt hatte, während der Krieg noch andauerte, gibt, denke ich, einen Eindruck von Atatürks Persönlichkeit.

Seine weiteren Worte lesen wir in Pernots Artikel:

»Der Niedergang des Osmanischen Reichs setzte an dem Tag ein, an dem es, hochmütig aufgrund der gegen den Westen errungenen Siege, die Verbindungen kappte, die es mit den europäischen Völkern verbanden. Das war ein Fehler. Diesen Fehler werden wir nicht wiederholen. Wir sind stets von Osten nach Westen gegangen. Wenn wir in den letzten Jahren den Weg zurück beschritten, so war das nicht unser Fehler, Sie zwangen uns dazu. Der Rückschritt war nicht unser Wunsch. Doch sosehr unser Körper im Osten stehen mag, unser Denken ist im Westen. Wir wollen unser Land unbedingt modernisieren. All unser Streben ist darauf gerichtet, die Türkei zu einem modernen, also westlichen Staat zu machen. Gibt es eine Nation, die den Schritt in die Zivilisation gewollt, sich dafür aber nicht nach Westen gewandt hätte?«

In Atatürks Gedankenwelt bedeutete »Zivilisation« Westen. Selbst als er an der Front tagsüber gegen die Besatzungskräfte des »imperialistischen Westens« kämpfte, las er abends die Autoren des »zivilisierten Westens«.

In diesem Verständnis wurde die Republik am Nachmittag jenes 29. Oktober gegründet. Und Mustafa Kemal Pascha wurde ihr erster Staatspräsident.

***

Das Streben nach Westen hatte natürlich nicht erst 1923 und mit Mustafa Kemal eingesetzt. Die Samen der »Europäisierung« waren in der letzten Phase des Osmanischen Reichs gesät worden.

Wenn Ihr Weg Sie einmal ins Rahmi-Koç-Museum in Istanbul führen sollte, versäumen Sie nicht, den Sultanswagen des osmanischen Sultans Abdülaziz zu besichtigen. Dieser prunkvolle Waggon war in Birmingham gebaut worden, in ihm reiste Sultan Abdülaziz 1867 durch Europa. Als erster osmanischer Herrscher besuchte er Europa. Er trat die Reise auf Einladung des französischen Kaisers Napoleon III. an, besuchte der Reihe nach Frankreich, England, Belgien, Preußen und Österreich-Ungarn und traf die englische Königin, den belgischen König, den preußischen König und den Kaiser von Österreich-Ungarn.

Zutiefst beeindruckt von dem, was er auf der 47-tägigen Reise in Europa gesehen hatte, setzte er anschließend Reformen in Gang. Unmittelbar nach der Reise wurden der Staatsrat und der Kassationsgerichtshof gegründet und fremdsprachliche Schulen eröffnet. Bald darauf wurde das Osmanische Reich 1876 zur konstitutionellen Monarchie.

Die Reformen waren nicht zuletzt den Umständen geschuldet. Unter dem Eindruck der Französischen Revolution waren freiheitliche Ideen entstanden, nationalistische Aufstände hatten zu erheblichen Territorialverlusten geführt. Ende des 17. Jahrhunderts reichten die osmanischen Grenzen von Gibraltar im Westen bis zum Kaspischen Meer im Osten, von der heutigen Ukraine im Norden bis zum Jemen im Süden. Seit Ende des 18. Jahrhunderts aber schrumpfte das Reich von Jahr zu Jahr. Parallel dazu war das Staatsdefizit gewachsen und die Notwendigkeit, finanzielle Unterstützung von Europa zu erhalten, machte Garantien für das Kapital unabdingbar. Diese Umstände zwangen den Palast, Konzepte wie Rechtsstaat, Steuergerechtigkeit und Sicherheit für Leib und Leben sowie für Eigentum einzuführen, den unterschiedlichen Religionsgemeinschaften im Reich gleiche Bürgerrechte zuzugestehen und den nichtmuslimischen Minderheiten Privilegien einzuräumen.

Die zum Teil im Exil lebenden Jungtürken übersetzten westliche Klassiker und empfahlen, die religiöse Bildung der Medressen durch Schulen mit zeitgenössischem Unterricht sowie das arabisch-osmanische Alphabet durch das lateinische zu ersetzen. Sie waren der Auffassung, der Schleierzwang gehöre aufgehoben und Frauen sollten ins gesellschaftliche Leben integriert werden. Die damaligen Positivisten erkannten religiösen Fanatismus als Fortschrittshemmnis und traten dafür ein, sich wissenschaftlichem Denken zuzuwenden.

Diese fortschrittliche Bewegung löste sogleich reaktionäre

Proteste aus, damit begann der Konflikt zwischen den beiden Hauptströmungen, die Anspruch auf die Macht erhoben.

Kreise, denen der modernistische Wandel nicht passte, unternahmen einige Zeit nach Proklamation der Konstitution aus Angst vor Verlust ihrer Privilegien einen größeren Aufstand. 1908 wurde das Parlament wiedereröffnet und die Jungtürken bekamen darin die Oberhand. Die von Scharia-Rufen und Provokationen in der Presse begleitete Rebellion von 1909 war der erste einer ganzen Reihe reaktionärer Aufstände, die wir im Laufe der hundert Jahre Republik erleben sollten. Sie wurde, wie wir es wiederum häufig erleben sollten, durch Ausrufung des Kriegsrechts und Intervention der Armee aus dem damals unter osmanischer Herrschaft stehenden Saloniki niedergeschlagen.

Mustafa Kemal, aus Saloniki gebürtig, war einer der Offiziere der Armee, die zur Niederschlagung des Aufstands nach Istanbul kam. Als ich im Rahmen der Arbeiten an einem Dokumentarfilm in seinem persönlichen Archiv war, las ich die Notizen, die er während des Einsatzes damals in einem kleinen Heft festhielt. Dort stand u. a.:

»Ziel der Armee ist es, zu beweisen, dass keine Kraft über der Verfassung steht, und den Vaterlandsverrätern eine deutliche Lehre zu erteilen. Wer Unruhe stiften will, indem er sich in den Mantel der Religion hüllt und die ehrbare islamische Religion zum Gespött macht, wird der Behandlung nach Gesetzesvorschriften nicht entgehen.«

Die als »Vorfall vom 31. März« in die Geschichte eingegangene Erhebung wurde blutig niedergeschlagen.

Vierzehn Jahre später äußerte sich derselbe Mustafa Kemal am 29. Oktober 1923 unmittelbar vor der Ausrufung der Republik Pernot gegenüber mutiger:

»Unsere Religion beinhaltet nichts, was dem Verstand widersprechen oder den Fortschritt behindern würde. Allerdings gibt es in dieser asiatischen Nation, die der Türkei ihre Unabhängigkeit gibt, noch eine weitere, aus Aberglaube bestehende Religion. Jene Ungebildeten werden aber beizeiten Aufklärung erfahren. Können sie sich dem Licht nicht zuwenden, heißt das, sie haben sich zugrunde gerichtet. Wir werden sie retten.«

***

Doch wie?

»Auf einen Schlag, mit einem Coup …«

Wie viele ähnliche Persönlichkeiten in der Geschichte war Mustafa Kemal ein Revolutionär, der es zu eilig hatte, als dass er auf Reformen hätte warten können, die längere Zeit brauchten, um Wurzeln zu schlagen. Nach langen Jahren an der Front war er in den letzten Monaten des Ersten Weltkriegs zur Behandlung seines Nierenleidens nach Karlsbad gereist, das heute an der tschechisch-deutschen Grenze liegt. Dort hatte er etwas Zeit zum Ausruhen gefunden. Damals war er nicht mehr als ein General, der an unterschiedlichen Fronten gekämpft hatte und wegen seines Fronteinsatzes den Machtkämpfen im osmanischen Palast ferngeblieben war. Während seiner Kur in Karlsbad nahm er eines Abends an einem Bankett im Hotel Imperial teil und beobachtete die dort fröhlich tanzenden Männer und Frauen. Im Gespräch mit einem türkischen Ehepaar beim Essen erwähnte er, dass auch er gern tanze und in seiner Zeit als Militärattaché in Sofia häufig getanzt habe. Als die Frau sagte: »Wie schwierig ist es, dass ein solches Leben bei uns entsteht«, brach ihm das lange verborgen gehaltene Feuer über die Lippen:

»Wenn ich große Macht und Kompetenz in die Hände bekomme, werde ich die in unserem Gesellschaftsleben gewünschte Revolution wohl auf einen Schlag mit einem Coup umsetzen, denke ich.«

Die Idee einer Revolution oder eines Coups war an jenem Abend in jenem Tanzsaal, fünf Jahre vor Ausrufung der Republik, vielleicht zum ersten Mal ausgesprochen worden. Ich fuhr nach Karlsbad und besichtigte das Zimmer, in dem er damals gewohnt hatte, um diese Gemütsverfassung, deren Wirkung hundert Jahre lang anhalten sollte, aus der Nähe zu spüren. In dem bescheidenen Raum, in dem er nach den Schlammanwendungen auch Deutschunterricht erhielt, hielt er am Morgen nach der Tanznacht in seinem kleinen Notizbuch seine Gefühle fest:

»Ich kann nicht, wie manche, akzeptieren, dass diese Sache [der Wandel] durch allmähliche Anpassung der Gedanken des Volkes und der Religionsgelehrten an mein Denken geschehen soll. Mein Geist rebelliert dagegen. Warum soll ich, nachdem ich so viele Jahre lang trefflich ausgebildet wurde und das soziale Leben studiert habe, mich auf das Niveau des Volkes hinabbegeben? Ich ziehe sie auf mein Niveau herauf. Ich werde nicht wie sie, sie sollen wie ich werden.«

Bei der ersten Gelegenheit zur Erholung nach vier Jahren Krieg, in denen er von einer Front zur anderen geeilt war, erwachte der Robespierre in ihm, kamen die jakobinischen Gedanken in seinem Geist zum Vorschein: Die »Revolution« sollte durchgeführt werden, ohne Zustimmung abzuwarten; die »Gegenrevolution« sollte erbarmungslos niedergeschlagen werden. Solche Gedanken zu äußern, war zu jenem Zeitpunkt gefährlich. Deshalb notierte er auf der letzten Seite seines Notizbüchleins, dass er diesem einige geheime Ideen nicht anvertrauen könne und es vorziehe, sie gar nicht erst aufzuschreiben, statt sie später zu vernichten.

Diese Ideen hielt er bis zum 29. Oktober 1923 geheim, dann aber setzte er sie um. Nun hatte er »große Macht und Kompetenz« in die Hände bekommen. Die erträumte Revolution des gesellschaftlichen Lebens würde er jetzt durchführen, wie vorhergesagt, ohne die Zustimmung des Volkes und der Religionsgelehrten abzuwarten, mitunter auch gegen sie.

***

Ich bin in der türkischen Hauptstadt Ankara geboren und aufgewachsen. Dort verbrachte ich einen Großteil meines Lebens. Istanbul und Ankara stehen in der Türkei symbolisch für das Alte und das Neue. Istanbul war die Hauptstadt des Osmanischen Reichs, Ankara ist die Hauptstadt der Republik. Als jemand, der in beiden Metropolen gelebt hat, kann ich sagen, dass zwischen den Istanbulern und den Ankaranern noch immer eine Erzkonkurrenz und gegenseitige Abneigung herrschen. Die Geschichte der beiden Städte verdeutlicht uns die beiden unterschiedlichen Geschichtsverläufe der Türkei.

Um das erträumte neue Land zu gründen, errichtete Mustafa Kemal unterhalb einer historischen Festung eine ganz neue Stadt. Die zentralanatolische Kleinstadt, die mehr Spuren von Hethitern, Phrygern, Lydern, Persern, Hellenen, Kelten, Römern und Byzantinern trug als von den Osmanen, machte er zunächst zum Hauptquartier der geplanten Umwälzung, um sie anschließend von Grund auf neu zu erschaffen. In Ankara mit seinen hunderttausend Einwohnern mitten in der Steppe gründete er eine alternative Hauptstadt zu Istanbul, ein alternatives Parlament zu Istanbul, eine alternative Regierung zu Istanbul und schließlich einen alternativen Staat zu Istanbul.

Auf einem britischen Kriegsschiff hatte der Sultan das Land bereits verlassen, das Sultanat war abgeschafft. Und vier Monate nach Ausrufung der Republik wurde auch das Kalifat abgeschafft, das dem osmanischen Sultan seit dem 16. Jahrhundert erlaubt hatte, über die gesamte islamische Welt zu herrschen. Damit legte die neue Republik den abgetragenen Kaftan mit seinem Putz des alten Reichs ab. Nun sollte ein neuer, zeitgemäßer Anzug geschneidert werden. Aus der Glaubensgemeinschaft, die bis dahin aus Untertanen des islamischen Kalifats bestanden hatte, sollte eine Nation gebildet, auf den Überresten des Osmanischen Reichs ein Nationalstaat gegründet werden.

Doch wie? Zwar hatte das Regime gewechselt, doch die Gesellschaft stand weiter unter dem Einfluss des religiösen Fanatismus, der sich jahrhundertelang gegen die Einführung des Buchdrucks, die Modernisierung der Armee, die Emanzipation der Frau, die Entwicklung der Kunst und gegen die Westausrichtung des Landes gewehrt hatte. Dieser Fanatismus war zum Haupthemmnis für den Wandel geworden. Nach den ausländischen Besatzern musste Mustafa Kemal nun die einheimischen Reaktionäre bekämpfen. Und das zudem mit einem Parlament, das glaubte, der Befreiungskrieg sei zur Rettung des Kalifats geführt worden, dem die Idee der Republik fremd war.

Gleich nach Republikgründung setzte er einen außerordentlichen Reformprozess in Gang. Als Erstes kümmerte er sich um die Bildung. Keine drei Prozent der zwölf Millionen Einwohner im Land gingen zur Schule. Die religiöse Erziehung an den Medressen stand im Widerspruch zur wissenschaftsbasierten Bildung an den Schulen. Mit dem Gesetz zur Vereinheitlichung der Bildung wurden die Medressen dem Bildungsministerium unterstellt. Das war das Aus für die religiöse Erziehung.

Anschließend machte er sich daran, das auf der arabischen Schrift basierende osmanische Alphabet durch das in lateinischer Schrift geschriebene türkische Alphabet zu ersetzen. Damit sollte er nicht bloß die Republik von den Osmanen und der arabischen Kultur ablösen und Europa annähern, sondern auch die Bildung erleichtern.

Einer seit Jahrhunderten an eine Sprache und eine Schrift gewöhnten Gesellschaft auf einen Schlag ein neues Alphabet vorzusetzen, war ein ambitioniertes Vorhaben. Bei einem geschätzten Schriftsteller holte Mustafa Kemal sich für das geplante Projekt Rat, die Antwort lautete: »Die Annahme der neuen Schrift dauert fünf bis zehn Jahre.« Der Revolutionär, der fünf Jahre zuvor in Karlsbad in seinem Notizbuch festgehalten hatte: »Diese Dinge funktionieren nicht durch allmähliche Gewöhnung«, entgegnete mit der Macht der nun erlangten Kompetenzen: »Wir machen das entweder in drei Monaten oder nie.«

Er gab die neuen Buchstaben bekannt und hörte nicht auf die Kritiker, die sagten, damit kappe er das sprachliche und kulturelle Band zur Vergangenheit der Türkei. Um das Erlernen zu erleichtern, gab er einen »Buchstabenmarsch« in Auftrag. Er selbst stellte sich an die Spitze der Kampagne und reiste mit ihr durch Anatolien. Mit dieser Mobilisierung sollte sich die Alphabetisierungsrate von 2,5 Prozent innerhalb von zehn Jahren auf 20 Prozent erhöhen.

Gleichzeitig wurde Religionsunterricht zum Wahlfach gemacht und später ganz abgeschafft. Arabisch- und Persisch-Unterricht wurde durch die Lehre von Latein und Griechisch ersetzt. Die Koedukation wurde eingeführt. In Frankreich konnte die laizistische Bildung erst 93 Jahre nach der Revolution etabliert werden, in der Türkei wurde sie in vier Monaten umgesetzt. Mustafa Kemal strebte mit aller Kraft danach, den Verzug von 134 Jahren aufzuholen.

Der Feldzug wirkte sich auf sämtliche Bereiche des Alltagslebens aus, vom europäischen Uhrzeitsystem bis zum gregorianischen Kalender, von Maßen und Gewichten bis hin zu internationalen Ziffern.

Als er 1910 zur Beobachtung eines Manövers nach Frankreich geschickt worden war, hatte Mustafa Kemal erstmals einen Hut getragen. Nun machte er ihn zu einem der Symbole des Wandels. Das sogenannte Hutgesetz, das allen außer Geistlichen Kaftan und Turban verbot und den Fez, das Symbol der Osmanen, abschaffte, nötigte sämtliche Staatsbeamten, fortan Hut zu tragen. Auf die Verwestlichung der Kleidung folgte die Europäisierung der Musik. In den Konservatorien sollte fortan statt Alaturka-Musik die europäische gelehrt werden, der Rundfunk statt der melancholischen osmanischen Melodien klassische Musik spielen, die »den Enthusiasmus der Revolution« ausdrückte.

Per Gesetz, das dem Vorbild des Schweizer Zivilgesetzbuches folgte, wurde Monogamie eingeführt und die Imam-Ehe durch standesamtliche Trauung ersetzt. In der Familie wurden Frau und Mann gleichgestellt. Als im Verlauf dieses Prozesses die Frauen das Wahlrecht erhielten, durften selbst in Frankreich Frauen noch nicht wählen. Atatürk hatte in Sachen Gleichstellung den Rückstand nicht nur aufgeholt, er war sogar vorgeprescht.

Damit seine Reformen in Europa bekannt wurden, ergriff er eine interessante Maßnahme: Schönheitswettbewerbe! Nur sechs Jahre nach Ausrufung der Republik wurde, organisiert von der Zeitung *Cumhuriyet,* die erste Schönheitskönigin der Türkei gewählt. Als ich etliche Jahre später den Posten des Chefredakteurs dieser Zeitung übernahm, ging ich ins Archiv und schaute mir die Fotos der Kandidatinnen an. Die jungen Frauen, die noch kurz zuvor nicht unverschleiert aus dem Haus durften, standen Schlange, um das neue Gesicht der Republik der ganzen Welt zu zeigen, kletterten in der Redaktion auf die Tische und konkurrierten um die Gunst der Jury aus Schriftstellern und Journalisten. Nur drei Jahre später wurde »Miss Türkei« in

Brüssel zur »Miss Universe« gekürt. Als ich Keriman Halis, die erste türkische Miss Universe, für einen Dokumentarfilm traf, berichtete sie, wie sie den bei dem Wettbewerb gedrehten Film damals stolz mit Atatürk gemeinsam angeschaut habe. Nach diesem Triumph erklärte Atatürk: »Wir haben bekommen, was wir wollten. Die internationalen Preisrichter haben beglaubigt, dass die türkische Ethnie die schönste der Welt ist. Werdet nun Erste in der wirklich hohen Kultur und Tugend«, und schaffte die Schönheitswettbewerbe wieder ab.

Er bemühte sich, einerseits der Welt das moderne, nach Westen ausgerichtete Gesicht der Türkei zu zeigen, und andererseits die Religion, die er als Hindernis dafür betrachtete, aus dem politischen und gesellschaftlichen Leben hinauszudrängen und auf ihren Platz im Gewissen zu verweisen. Bisher war der Islam die Leitidentität gewesen, die das Land zusammenhielt. Das neue Regime musste den Bürgern eine stärkere Identität bieten und sie zum Fundament des neuen Staates machen. Für Mustafa Kemal hieß diese Identität »Türkentum«. In seinen Schriften und Reden erinnerte er die Türken an ihre vorislamischen Wurzeln und stellte die nationale Identität vor die religiöse. Er war überzeugt davon, nur auf diese Weise die beabsichtigte moderne, laizistische Republik aufbauen zu können.

Fortan sollten die Kinder in der Schule mit folgendem Eid in den Tag starten: »Ich bin Türke, ehrlich und fleißig. Mein Dasein soll der türkischen Existenz ein Geschenk sein. Wie glücklich, wer sagen kann, ich bin Türke.«

Im Lehrbuch *Kulturwissen*, das er für den Unterricht selbst verfasst hatte, standen folgende prätentiöse Zeilen:

»Die Türken waren bereits eine große Nation, bevor sie die Religion der Araber annahmen. Nachdem sie die Religion der Araber annahmen, wirkte sich diese Religion nicht dahingehend aus, dass die Araber (...) sich mit den Türken vereint und eine Nation gebildet hätten. Vielmehr lockerte sie die nationalen Bande der türkischen Nation und betäubte ihre Nationalgefühle und Nationalbegeisterung. (…) Vom Koranbüffeln über Jahrhunderte, obwohl sie den Sinn der Worte nicht verstanden, wurden die Türken zu Auswendigkennern des Korans mit verwässertem Hirn. (…) Sie haben die türkische Nation in die Wiege von Mattigkeit und Sorglosigkeit gebettet, die sie um Allahs und seines Propheten willen ihr Territorium, ihre Interessen, ihr Wesen vergessen und auf Gott vertrauen lässt. (…) Das ist das Andenken, das Religion und religiöses Gefühl der türkischen Nation hinterlassen haben …«

Diese Gedanken waren nicht nur für die damalige Türkei radikal, sondern für die gesamten letzten einhundert Jahre der Türkei. So radikal, dass diese Zeilen, die Mustafa Kemal für den Schulunterricht geschrieben hatte, nicht in die Lehrbücher aufgenommen, sondern ins Archiv verbannt und verdrängt wurden. Als ich 2006 in einem Artikel auf diese Zeilen verwies, lud die Staatsanwaltschaft mich zur Aussage vor, weil ich Atatürk beleidigt hätte. Im Laufe eines Jahrhunderts hatte die Türkei sich so weit zurückentwickelt, dass es verboten war, die Gedanken ihres Gründers zu publizieren.

Interessant sind die Eindrücke des deutschen Journalisten Emil Ludwig von Ankara, der 1929 zu einem Interview mit Mustafa Kemal dorthin gereist war. Ludwig beschrieb Ankara als »Zentrum der Revolution«, dort hätten Frauen den Schleier abgelegt und nähmen am Gesellschaftsleben teil, Kamele seien durch Traktoren ersetzt, anstelle der alten Stadt werde eine neue aufgebaut, Schulen, Krankenhäuser, Operationssäle würden eingerichtet. Er schrieb, Menschen über vierzig strömten in die Schulen, um das neue Alphabet zu erlernen.

Bei dem dreistündigen Interview sprach Ludwig mit Mustafa Kemal auch über die geplante »Musikrevolution«. Auf die Frage, warum das neue Regime nicht die Alaturka-Musik reformieren, sondern lieber europäische Musik einführen wolle, stellte dieser die Gegenfrage: »Wie lange hat die Musik des Abendlandes gebraucht, um auf ihre Höhe zu kommen?« Ludwig antwortete: »Etwa vierhundert Jahre.« Darauf Kemal: »So viel Zeit haben wir nicht. Deshalb führen wir bei uns die Musik des Westens ein.«

Leider gab es in der neuen Hauptstadt nicht die Kader, die die Vielzahl großer Reformen hätten stemmen und die Zeitlücke zum Westen hätten schließen können. Doch während der Vorbereitungen der Universitätsreform fiel Mustafa Kemal unversehens eine Ressource in die Hände: die jüdischen Wissenschaftler, die beim Aufstieg des Nationalsozialismus in Deutschland ihre Arbeit verloren. So wurden Emigranten aus Deutschland, die rund um die Welt nach einer neuen Heimat suchten, eingeladen. Auf diesem Weg kamen mehr als 500 Wissenschaftler in die Türkei. Unverzüglich machten sie sich daran, das Aufklärungsbestreben der jungen Republik zu unterstützen: Der Pädiater Albert Eckstein fuhr durch die Dörfer Anatoliens und behandelte dort die Kinder, der Finanzberater Max von Porten arbeitete Programme für den Aufbau der Industrie aus, der Chemiker Otto Gerngross von der Technischen Universität Berlin forschte am Agrarinstitut zu Getreide und Obstgärten, der Botaniker Kurt Krause gründete mit Pflanzenmustern, die er in Anatolien gesammelt hatte, das Botanische Institut. Damals waren die Lehrstühle für Mathematik, Physik, Astronomie, Biologie und Chemie an der Naturwissenschaftlichen Fakultät mit deutschen Professoren besetzt. Der Komponist Paul Hindemith arbeitete Empfehlungen für die Gründung eines staatlichen Konservatoriums in Ankara und die Erneuerung des präsidialen Symphonieorchesters aus, der Schauspieler Carl Ebert bildete am Konservatorium Schauspieler aus, Eduard Zuckmayer leitete das Orchester.

Ernst Reuter, dessen Namen ich während meines Studiums an der Fakultät der Politikwissenschaft in Ankara auf einer Gedenkplakette las, die an einer Tür auf der Etage des Lehrpersonals angebracht war, lehrte Stadtplanung an der Hochschule und beriet zugleich das Verkehrsministerium. Nach seiner Rückkehr aus der Türkei wurde Reuter erster Regierender Bürgermeister von Berlin. Jahre später, als ich ins Exil nach Deutschland ging, hatte ich das Glück, seinen in Ankara geborenen und aufgewachsenen Sohn Edzard als Freund zu gewinnen. Aus unseren ausführlichen Gesprächen über die Ähnlichkeiten und Unterschiede des Daseins als deutscher Emigrant in der Türkei in den 1930er-Jahren und als türkischer Emigrant im Deutschland der 2000er-Jahre entstand ein Dokumentarfilm für das ZDF.

Im Laufe der Jahre erfuhr ich mehr und mehr, welch bedeutende Rolle die deutschen Wissenschaftler bei der städtischen und verkehrstechnischen Planung der Stadt, in der ich geboren und aufgewachsen war, in Wissenschaft, Kunst und Gesundheitswesen spielten und wie groß ihr Beitrag zu den Reformen der Republik gewesen war. Wie außerordentlich natürlich auch die einzigartige Chance war, die Atatürk ihnen mit seiner Einladung bot.

Laut Emil Ludwig, der Biographien zahlreicher historischer Persönlichkeiten verfasste, von Napoleon bis Bismarck, von Roosevelt bis Goethe, betrachtete das Volk in der Gründungsphase Mustafa Kemal Pascha, der das Land wieder auf die Beine brachte, als Halbgott. In seinem Interview mit ihm änderte sich der Gesichtsausdruck des Paschas, als die Rede auf »kader« (Schicksal) und »kısmet« (glückliche Fügung) kam. »Er erklärte gleich beide Wörte für arabisch, so dass sie die Türken überhaupt nichts angingen.« In Bezug auf die Religion formulierte er folgende interessante Sätze:

»Sie wundern sich, dass die Moscheen sich so schnell leeren, obwohl sie niemand schließt? Der Türke war von Hause aus kein Mohammedaner, die Hirten kennen nur die Sonne, Wolken und Sterne; das verstehen die Bauern auf der ganzen Erde gleich, denn die Ernte hängt vom Wetter ab. Der Türke verehrt nichts als die Natur. (…) Ich lasse jetzt auch den Koran zum ersten Mal auf Türkisch erscheinen, ferner ein Leben Muhammads übersetzen. Das Volk soll wissen, dass überall ziemlich das Gleiche steht und dass es den Pfaffen nur darauf ankommt zu essen.«

Eine ähnliche Aussage wiederholte Mustafa Kemal später in seiner letzten Rede vor dem Parlament: »Unsere Prinzipien dürfen auf keinen Fall mit den Dogmen der Bücher gleichgesetzt werden, die angeblich vom Himmel kommen. Wir beziehen unsere Inspiration nicht vom Himmel und aus dem Jenseits, sondern unmittelbar aus dem Leben.«

Dies waren die Worte eines Revolutionärs, der sich gegen die jahrhundertealten Dogmen auflehnte und die Revolution, die er im Kopf hatte, kompromisslos von oben nach unten durchsetzte. Was aber war mit jenen, die sich gegen seine Worte stellten, die gegen die unvermutet auf sie niederprasselnden Reformen und gegen die komplette Neuordnung des sozialen Lebens waren? Wie sollten sie zur Akzeptanz des Wandels gebracht werden? Durch Einschüchterung?

Als Ludwig danach fragte, deutete Mustafa Kemal auf den Wächter an der Tür: »Fragen Sie einmal hier draußen den Pförtner; nicht einmal der hat Furcht vor mir. Auf Furcht kann man keine Macht aufbauen; auch die auf Kanonen begründete Macht wird immer provisorisch bleiben. Im Laufe einer Revolution braucht man sie, da braucht man zeitweise auch Diktatur.«

Ludwigs Interview erschien unter dem Titel *Besuch bei Mustafa Kemal. Die neue Türkei* in der *Neuen Freien Presse*. Es wurde in keiner türkischen Zeitung zitiert. Wahrscheinlich, weil es in einer politisch heiklen Situation erschien. Während in Ankara Reformen angegangen wurden, regte sich in Anatolien Widerstand gegen den laizistischen Wandel, gegen die Verwestlichung und gegen die Politik der »Türkisierung«, und die als »im Falle einer Revolution vorübergehend« als nötig erachtete Staatsgewalt schritt mit Bajonetten ein.

An dieser Stelle ergibt es Sinn, die Medaille einmal umzudrehen und die strenge Seite der Revolution darzustellen, die einigen der heutigen Konflikte zugrunde liegt.

Die Reaktion

Mit der Verfassung von 1924 wurde Ankara Hauptstadt der neuen Republik. Es dauerte eine Weile, bis diese Veränderung im Westen akzeptiert wurde. Die ausländischen Gesandten beobachteten zunächst das Gerangel zwischen Ankara und Istanbul; bevor es nicht entschieden war, wollten sie ihre Missionen nicht verlegen. Britische Diplomaten schrieben 1923 in einem Bericht nach London, es sei fraglich, ob Ankara sich lange als Zentrum der Administration halten würde, womöglich werde die Hauptstadt erneut nach Istanbul verlegt. Die Engländer weigerten sich bis 1930, mit ihren Botschaften nach Ankara umzuziehen. Demgegenüber reichte der deutsche Botschafter Rudolf Nadolny seine Akkreditierung bei Mustafa Kemal in Ankara bereits zwei Monate nach der Verfassungsänderung ein. Bei der Zeremonie sagte er: »Ich komme aus einem neuen Deutschland in eine neue Türkei.« In der Sendung *Radiozeit* aus Ankara schilderte Botschafter Nadolny die Türkei wie folgt:

»Unter den Ländern, die aufgrund der Auswirkungen des Weltkrieges und seiner Folgen sogenannte ›neue‹ Initiativen ergriffen, war die Türkei das Land, das am besten auf diese Beschreibung passende Erfolge erzielte. Nirgendwo auf der Welt war ein Wandel je so radikal wie der in der Türkei.«

Allerdings standen nicht bloß einige westliche Hauptstädte diesem radikalen Wandel verhalten gegenüber. Protest entwickelte sich vor allem im Inland. Die Wurzeln der Probleme, Krisen und Konflikte, unter denen die Türkei heute leidet, reichen bis in jene Gründerjahre, zum Teil auch noch davor, zurück.

Letztlich war die Republik auf einem gewaltigen Friedhof errichtet worden. Im Balkankrieg 1912–1913 hatte das Osmanische Reich 83 Prozent seines europäischen Territoriums und beinahe 70 Prozent seiner Bevölkerung in Europa eingebüßt. Unter den verlorenen Gebieten befand sich auch Mustafa Kemals Geburtsort Saloniki. Das Trauma war noch nicht überwunden, da brach der Weltkrieg aus. In den vier Kriegsjahren verloren die Osmanen nahezu 800 000 Soldaten, das machte rund 14 Prozent der Bevölkerung aus. Während des Krieges waren 1915 Hunderttausende Armenier deportiert und auf einem »Todesmarsch« umgebracht worden. Nicht genug damit, auf dem Boden des Osmanischen Reichs, das zu den Verlierern des Krieges gehörte, hatte der Nationale Widerstand eingesetzt, im Befreiungskrieg gegen die Besatzungsmächte und ihre Verbündeten kamen rund vierzigtausend Menschen um.

Als die Republik gegründet wurde, war die Bevölkerung durch zehn Jahre im Kriegszustand geschwächt. In Izmir, der letzten Station des Befreiungskriegs, lernte Mustafa Kemal Latife Hanım kennen, die für ihn dolmetschte, und heiratete sie. Diese Ehe sollte der Welt auch »die neue türkische Frau« vorführen und sie der Türkei als Vorbild hinstellen. Damals sagte Latife Hanım zu Mustafa Kemal: »Ruhen Sie sich aus, sobald Sie Izmir befreit haben. Sie sind sehr erschöpft.« Seine Antwort lautete: »Ausruhen? Nach den Griechen bekämpfen wir jetzt einander.«

Der »Bürgerkrieg« hatte quasi bereits während des Befreiungskriegs begonnen. Damals hatte man nicht bloß gegen die Besatzungskräfte gekämpft, sondern auch gegen ihre einheimischen Kollaborateure, gegen Aufständische im Inneren und gegen die Istanbuler Regierung. So hatte beispielsweise der Innenminister der osmanischen Palastregierung, der Englandfreund Ali Kemal, bei der Verteidigung von Kalifat und Sultanat angeordnet, nicht gegen die Besatzer zu kämpfen, und Mustafa Kemal, der den Widerstand organisierte, zur Zielscheibe gemacht. Unmittelbar nach der Befreiung von Izmir wurde dafür gesorgt,

dass das Volk ihn lynchte. Rund 100 Jahre später, als sein Ur-
enkel Boris Johnson Premierminister in England wurde, sollte
die alte Akte wieder aufgeschlagen werden und die ein Jahrhundert alte Debatte über das Sultanat erneut aufleben.

Nach der Ausrufung der Republik verlagerten sich die De-
batten ins Parlament. Eine Gruppe, darunter Weggefährten
Mustafa Kemals, gründete, als die Republik gerade ein Jahr bestand, eine neue Partei, um sich gegen die Abschaffung des Kalifats, die Verwestlichungsmaßnahmen, die territorialen Zugeständnisse im als Gründungsakte der Republik geltenden
Lausanner Vertrag, letztlich aber gegen Mustafa Kemals Art der
Regierungsführung zu wehren. Die »Fortschrittliche Republikanische Partei« war das erste Aufkeimen einer Tradition, die
mit der Republik einhundert Jahre bestehen sollte. Die beiden
Strömungen, die einander 100 Jahre lang bekämpfen sollten,
standen sich bereits im Gründungsjahr gegenüber.

Ihrer Gründungserklärung zufolge achtete die Partei religiösen Glauben und war gegen die Diktatur. Das zielte natürlich
auf Mustafa Kemal, der das Land mit absoluten Vollmachten
regierte. Abgeordnete, die von der Republikanischen Volkspartei, der Gründerpartei des Regimes, zur neuen Gegenpar-
tei wechselten, erklärten, die Reformen bestünden aus Trink-,
Tanz- und Strandvergnügen, steigerten Prostitution und Sitten-
losigkeit und verletzten religiöse Gefühle. Sie traten mit dem
Versprechen an, die Religion zu retten.

Die sich gegen den Wandel wehrende reaktionäre Strömung
hatte den Widerstand aufgenommen, für die Revolution war es
an der Zeit, ihre Kinder zu fressen.

Als der *Times*-Korrespondent Maxwell McCartney Mustafa
Kemal am 21. November 1924 nach den »Fortschrittlichen«
fragte, erhielt er folgende harsche Antwort:

»Sie sind nicht ehrlich in ihrem Republikanismus. Ihr Programm ist ein Muster an Falschheit. Es sind schlicht Reaktionäre.«

Interna des Termins standen in einer Notiz, die der damalige britische Botschafter Ronald Charles Lindsay an seine Zentrale schickte:

»Der Gazi (Mustafa Kemal) zählte der Reihe nach die Mitglieder der Opposition auf und warf ihnen Undankbarkeit gegen ihn, dem sie alles verdanken, und Vaterlandsverrat vor, dabei wurde er knallrot. So schlimm, dass der Abgeordnete, der das Interview dolmetschte, ein paarmal eingriff und sagte: ›Beruhigen Sie sich, Gazi Pascha‹, doch er war außerstande, sich zu beherrschen.«

Drei Monate nach dem Gespräch wurde das Gesetz über Vaterlandsverrat ergänzt, die neue Bestimmung nahm »Personen, die zu dem Zweck, die Religion und religiöse Werte für politische Ziele zur Grundlage und zum Instrument zu machen, Vereinigungen gründen und zu diesem Zweck im Volk Unruhe stiften«, in den Rahmen des Vorwurfs Vaterlandsverrat auf und verfügte ihre Bestrafung mit dem Tod. Dieses Gesetz sollte bis 1991 fortleben und stets wie ein Damoklesschwert über den Köpfen der Oppositionellen schweben. Die Oppositionspartei, die angeblich Religion für Politik instrumentalisierte, war nicht der einzige Grund für die Ergänzung des Gesetzes. In jenen Tagen sagte der geistliche Führer Scheich Said in einer Freitagspredigt in Diyarbakır:

»Die Medressen wurden geschlossen. Das Religionsministerium ist abgeschafft. Die Religionsschulen wurden dem Erziehungsministerium unterstellt. Eine Reihe gottloser Schreiber wagen es in den Zeitungen, die Religion und unseren Propheten zu schmähen. Wäre es mir heute möglich, würde ich persönlich den Kampf aufnehmen und mich um die Stärkung der Religion bemühen.«

Scheich Said, gebildeter Sohn eines vermögenden kurdischen Scheichs, führte einen religiösen Orden. Er wollte das abgeschaffte Kalifat wiedereinführen und rief das Volk zum Aufstand im Namen des Islams. Mit Unterstützung weiterer Stämme in der Region war die Erhebung rasch organisiert und breitete sich auf vierzehn Provinzen aus. Die Aufständischen, geschätzt rund zehntausend Mann, belagerten Diyarbakır.

Mit der Diagnose, dass der Aufstand nicht bloß die Scharia forderte, sondern auch kurdisch-nationalistische Züge trug und mutmaßlich von den Engländern geschürt war, reagierte Ankara sofort. Über die Region wurde Kriegsrecht verhängt. Per Gesetzesänderung wurde die Instrumentalisierung der Religion für politische Zwecke unter Strafe gestellt und mit Todesstrafe geahndet. Mustafa Kemal war hochgradig beunruhigt. Ministerpräsident Fethi Bey, der für seine gemäßigte Haltung bekannt war, forderte er auf, den Aufstand umgehend mit militärischen Mitteln niederzuschlagen, erhielt aber zur Antwort, der Aufstand könne mit regionalen Maßnahmen unterdrückt werden, der Demokratie zuwiderlaufende Eingriffe brauche es nicht. Kaum aus der Taufe gehoben, steckte die Republik bereits im Dilemma zwischen Sicherheitsbedenken und Demokratisierungshoffnungen. Mustafa Kemal sorgte unverzüglich für Fethi Beys Entlassung und ersetzte ihn durch Ismet Pascha, von dem er sicher war, dass er seinen Anordnungen nachkommen würde. Am Tag darauf wurde im Parlament das »Gesetz zur Sicherung der öffentlichen Ordnung« beschlossen, damit sollten Personen, die reaktionären Rückschritt förderten, und Aufständische vor mit außerordentlichen Kompetenzen ausgestattete sogenannte Unabhängigkeitsgerichte gestellt werden. Die Regierung erhielt Befugnisse, die die Freiheit aussetzen konnten. Publikationen im Zusammenhang mit dem Aufstand wurden untersagt. Eine Militäroperation mit schätzungsweise 20 000 Soldaten schlug den Aufstand nieder, rund 15 000 Aufständische wurden getötet. Über fünftausend Angeklagte wurden vor das in der Region eingesetzte Gericht gebracht. 47 Personen, darunter Scheich Said als Führer des Aufstands, wurden gehenkt.

Im Juni 1925 kam Scheich Said an den Galgen und die Fortschrittliche Republikanische Partei wurde mit der Begründung verboten, sie habe »unter Anspielung auf religiöse Gefühle reaktionären Rückschritt ermutigt«.

Der Scheich-Said-Aufstand wurde zu einem wichtigen Wendepunkt in der politischen Geschichte der Türkei. Gleich die erste konterrevolutionäre Initiative ließ das Regime blutig niederschlagen. In den fünfzehn Jahren bis zu Mustafa Kemals Tod sollte es achtzehn weitere Aufstände geben, die meisten in den kurdischen Regionen, alle wurden mit Gewalt unterdrückt, die Republik sollte mit Massakern, Vollstreckung von Todesurteilen und Verbannungen bewahrt werden.

Bei einer Pressekonferenz einige Monate vor Proklamation der Republik hatte Mustafa Kemal zugesagt, es werde in der neuen Verfassung »eine Art regionaler Autonomien« für Kurden geben. Dieses Versprechen war vergessen. Fortan wurde zur »Verschmelzung des Kurdentums mit der türkischen Gemeinschaft« auf die Politik der Assimilation gesetzt. Das Regime wurde deutlich strenger. Allein 1925 wurden achtzehn Personen gehenkt, weil sie sich der Pflicht, Hut zu tragen, widersetzt hatten.

Ein Jahr nach dem Scheich-Said-Aufstand und dem Verbot der Fortschrittlichen Republikanischen Partei wurde die gesamte Leitungsriege der verbotenen Partei verhaftet, weil sie angeblich einen Anschlag gegen Mustafa Kemal geplant hätten. 49 Personen wurden verurteilt. Bei einigen von ihnen handelte es sich um prominente Befehlshaber aus dem Befreiungskrieg, enge Waffengefährten Mustafa Kemals. Sie kamen zwar davon, fünfzehn Männer aber wurden gehenkt. Damit war »die große Abrechnung« in der Regierung vollendet.

Für jenen Tag zumindest. Tatsächlich aber lässt sich sagen, dass die »Abrechnung« bis heute, hundert Jahre später, andauert. In der damaligen Zeit liegen die Wurzeln der heutigen Strömung des politischen Islams, der Recep Tayyip Erdoğan entstammt; der separatistischen Kurdenbewegung; des Nationalismus, der dagegen die These vertrat, das Türkentum sei die überlegene Identität; wie auch des liberalen Standpunktes, dem zufolge das Regime nicht durch Repression, sondern durch mehr Freiheit zu schützen sei, wie auch der jakobinischen Haltung, die Probleme allein von oben und mit radikalen Maßnahmen zu lösen trachtet. Auch den nie schwindenden Ängsten der Republikaner vor der Scharia und vor Spaltung liegen diese Konflikte zugrunde, die sich bereits bei der Gründung der Republik zeigten.

Nachdem das Territorium durch immer neue Abspaltungen geschrumpft war, blieb die Türkei auf ein Stück Land in Anatolien beschränkt. Jene, die dort die Republik gründeten, errichteten ein autoritäres Regime, um das System gegen innere und äußere Feinde schützen zu können. Die ernsthaften Bedrohungen der Gründerphase prägten die 100 Jahre des Staates, indem sie bald zu permanenter Paranoia wurden und bald zum Regierungsantrieb.

Um dieses Trauma aus der Gründungszeit und seine heutigen Folgen besser zu verstehen, müssen wir auf die Phase der Brüche in den 1930er-Jahren eingehen.

Im Sommer 1929 listete der Korrespondent des *Berliner Börsen-Couriers* unter dem Titel »Was geht in der Türkei vor?« bei der Schilderung der Wirtschaftskrise die Fehler der Regierung in Ankara folgendermaßen auf:

»Die Wirtschaftspolitik ist gescheitert, die Lebenshaltungskosten stiegen, Firmenpleiten stiegen innerhalb eines Jahres auf das Dreißigfache, der Export schrumpfte um die Hälfte, das aber alles weiss die zum Schweigen verurteilte Opposition …«

Die Weltwirtschaftskrise von 1929 traf die junge Republik früh und unvorbereitet. Der ausschließlich auf Steuern und den Export landwirtschaftlicher Erzeugnisse wie Tabak und Trockenfrüchte gestützte Haushalt geriet ins Defizit, die Preise explodierten, es kam zu Bankrotten, die ohnehin nur mühsam auskommende Bevölkerung verarmte noch weiter. Selbst Ministerpräsident Ismet Pascha beklagte »die Steuerlast, die Dieberei von Zuständigen, die Unmöglichkeit, ein Auskommen zu finden«. Als Mustafa Kemal Anfang 1930 durchs Land reiste, sah er, dass man ihn mit Klagen statt Applaus empfing. Bei der Rückkehr klagte er sein Leid dem Leiter seiner Staatskanzlei: »Überall herrscht schlimme Armut, ein Elend ringsum, physisch und psychisch.« Es war nicht gelungen, der Revolution einen wirtschaftlichen Unterbau zu geben, ihr kultureller Aspekt stand im Vordergrund, weshalb sie sich nicht wie gewünscht im ganzen Land ausgebreitet und Wurzeln geschlagen hatte.

Die große Krise schuf in Europa die Voraussetzungen für Diktaturen. Bei den Reichstagswahlen wurde in diesem Jahr die NSDAP mit 18 Prozent zur zweitstärksten Partei Deutschlands. Die kommende wirtschaftliche, soziale und politische Erschütterung war in allen Ecken der Welt zu spüren.

Die Republik brauchte neuen Atem. Mustafa Kemal beschloss, es noch einmal mit dem Mehrparteiensystem zu versuchen. Sechs Jahre nach dem Verbot der ersten sollte erneut eine Oppositionspartei zugelassen und auf diese Weise dafür gesorgt werden, dass die Regierungspartei sich regenerierte und zugleich der in der Bevölkerung aufgestaute Unmut über demokratische Kanäle ins Parlament käme, ehe er explodierte. Dies durfte allerdings auf keinen Fall mit einer Enttäuschung enden wie beim ersten Mal, deshalb sollte es eine »kontrollierte Opposition« sein. Die neue Partei musste also einer vertrauenswürdigen Person anvertraut werden. Mustafa Kemal entschied sich für Fethi Bey, seinen Freund vom Militärgymnasium. Da Fethi Französisch konnte, hatte er Mustafa Kemal auf dem Gymnasium Voltaire, Rousseau und Montesquieu vorgelesen. Am Wochenende hatten sie gemeinsam Tanzstunden für Walzer und Polka genommen, an der Front hatten sie gemeinsam gekämpft und gemeinsam eine Zeitung herausgegeben. Bei Gründung der Republik wurde Fethi zunächst Parlamentspräsident, dann Ministerpräsident, doch als er sich gegen die militärische Niederschlagung des Scheich-Said-Aufstands 1924 wandte, wurde er des Amtes enthoben und als Botschafter nach Paris entsandt. Einer wie er würde das Image der Türkei in der ausländischen Presse verbessern und es zudem leichter machen, Kredite im Ausland zu bekommen.

Als sie sich im Sommer trafen, sagte Mustafa Kemal zu seinem alten Freund: »Heute bieten wir so ungefähr den Anblick einer Diktatur. Es gibt zwar ein Parlament, doch im In- und Ausland betrachtet man uns als Diktator. Ich will keine absolutistische Anlage hinterlassen und damit in die Geschichte eingehen.« Als Fethi an die Erfahrung vor sechs Jahren erinnerte und sagte: »Opposition zu dulden, ist schwer. Die Presse muss frei sein. Alles darf geschrieben werden, im Parlament darf Kritik geäußert werden«, erklärte Mustafa Kemal: »Wir werden es dulden.« Allerdings sollten diesmal nicht Regimegegner in der neuen Partei sein, sondern Personen seines Vertrauens. Er selbst würde zu beiden Parteien, die er als »zwei Kinder« betrachtete, gleichen Abstand halten. Er nannte die neue Partei »Freie Republikanische Partei« und ließ Personen beitreten, die ihm besonders nahestanden, sogar seine Schwester. Während

Europa auf den Nationalsozialismus zugaloppierte, wollte die Türkei es noch einmal mit der Demokratie versuchen.

Doch wieder gelang es nicht. Die Partei stieß auf enormes Interesse und wurde rasch zur Adresse für alle, die gegen die Wirtschaftskrise, gegen das neue Regime und die in rascher Folge erlassenen Reformen waren. Gleich bei der ersten Versammlung gab es Krawall. Die Redaktion einer Zeitung, die die Regierungspartei unterstützte, wurde mit Steinen beworfen. Als geschossen wurde, starb ein Junge. Laut Ministerpräsident Ismet Pascha stand zwar die Regierungspartei im Fokus der Kritik, diese richtete sich aber eigentlich gegen den Gründer der Republik und seine Reformen. Er notierte damals folgende Zeilen:

»Denken wir an all die Dinge zwischen 1923 und 1930: die laizistische Republik, Ankara als neue Hauptstadt, der Hut, Schriftwechsel, Zivilgesetzbuch, Aufstand im Osten, Verbannung zahlreicher Leute … Es stellte sich heraus, dass wir in unfassbaren Optimismus verfallen waren, als wir annahmen, all das sei einfach vergessen und vorbei.«

Auch konnte Mustafa Kemal sein Versprechen der Neutralität nicht halten. Um das Regime zu bewahren, blieb er Vorsitzender der Partei, die er gegründet hatte. Damit standen sich plötzlich die beiden alten Freunde an der Spitze zweier konkurrierender Parteien gegenüber. Angesichts dieser Situation löste Fethi seine Partei auf. Der Versuch der jungen Republik eines Mehrparteiensystems endete nach nicht einmal einhundert Tagen.

Diesmal ging Fethi Bey als Botschafter nach London. Drei Wochen nach der Auflösung seiner Partei wurde die Türkei von einem Vorfall im Bezirk Menemen an der Ägäis erschüttert. Eine Gruppe Reaktionäre marschierte unter der grünen Fahne des Islam hinter einem Sektenführer namens Esad, tötete einen jungen Unterleutnant und enthauptete ihn. Als sie dessen Kopf auf die Fahnenstange pflanzten, schauten die Anwohner bloß zu, einige applaudierten den Scharia-Fundamentalisten sogar. Der Vorfall löste bei Mustafa Kemal, der ohnehin alarmiert war, Entsetzen aus. Nun musste das Regime seine Stärke beweisen. Auf dem zentralen Platz in Menemen, das nun als verfluchte Stadt galt, wurden 28 Personen, die dabei gewesen waren, aufgehängt. Und Mustafa Kemal zog die Zügel des Regimes noch straffer an, weil er die Revolution gefährdet sah.

Der Vorfall von Menemen wurde im Laufe der folgenden hundert Jahre zum abschreckenden Beispiel, zu jedem Jahrestag wurde mit immer größerer Beteiligung an die Gefahr der Scharia für die laizistische Republik erinnert. Welche Bedeutung der Vorfall auch für die Gegenwart noch hat, erklärte der damalige amerikanische Botschafter Joseph C. Grew folgendermaßen:

»Der Menemen-Vorfall war der Indikator dafür, dass die Politik der Verwestlichung in der Bevölkerung nicht angekommen war. Während man am bakteriologischen Institut in Ankara moderne, in Paris hergestellte Zentrifugen bestaunte, trug man in den umliegenden Dörfern noch Amulette, und der Amulette-Katalog war von höherem praktischen Wert als der Katalog der Zeiss-Mikroskope. Die Türkei hatte erfahren, dass die Bewegung der Verwestlichung nicht auf Befehl aus Ankara umgesetzt werden konnte. Die Sache war nicht so einfach und rein materiell, wie man zu Beginn geglaubt hatte. Der Erfolg Scheich Saids verdeutlichte, dass es galt, ein paar Dinge zu lehren, ohne Zeit zu verlieren. Doch wie? Durch Massenbildung wie in Russland und Italien oder durch ein Bildungssystem, das, wie in den angelsächsischen Ländern, den Menschen ein Verantwortungsgefühl vermittelt? Was auch immer geschehen würde, Ideen und Aktionen gab es reichlich …«

Mustafa Kemal hatte keine Zeit mit dem Bildungssystem zu verlieren. Er sollte auf den Vorfall in Menemen mit einem noch radikaleren Befehl aus Ankara reagieren, sollte noch eins draufsetzen. Er ließ den seit Jahrhunderten auf Arabisch erklungenen Gebetsruf zum ersten Mal auf Türkisch vortragen. Der Muezzin, der zum ersten Mal auf Türkisch zum Gebet rief, stieg entgegen der islamischen Tradition im Anzug und ohne Kopfbedeckung aufs Minarett. Die einleitende arabische Formel »Allahu akbar« war mit »Tanrı uludur« übersetzt worden: Gott ist groß. Der Gebetsruf in der Muttersprache war nicht bloß für die Türkei, sondern für die gesamte islamische Welt ein unglaublicher Schritt. Damit verkündete Mustafa Kemal quasi von jeder Moschee im Land das neue Verständnis von Religion des neuen Regimes.

Als ein Imam in Bursa hartnäckig weiter auf Arabisch zum Gebet rief, wurde er ruppig auf die Polizeiwache gebracht. Als die Gemeinde mit »Allahu akbar«-Rufen protestierte, wertete Mustafa Kemal das als erneute reaktionäre Revolte und fuhr unverzüglich nach Bursa. Neunzehn Protestierer wurden zu Haft und Verbannung verurteilt. Die Rede, die Mustafa Kemal an jenem Abend beim Essen an die Jugend gehalten haben soll, wurde jahrelang als Beispiel für seine Sicht auf die Revolution angeführt:

»Der junge Türke ist Besitzer und Wächter der Revolutionen und der Republik. Wenn er von dem geringsten Verhalten erfährt, diese zu schwächen, wird er nicht sagen: ›Das Land hat Polizei, Gendarmerie, Armee und Justiz‹, sondern mit Händen, Steinen, Knüppeln und Waffen, was auch immer er hat, sein eigenes Werk beschützen. Die Polizei wird kommen, die wahren Schuldigen laufen lassen und ihn als Schuldigen ergreifen. Der junge Mensch wird denken: ›Die Polizei ist noch nicht die Polizei der Revolution und der Republik.‹ Das Gericht wird ihn verurteilen und ins Gefängnis werfen. Er wird auf gesetzlichen Wegen dagegen angehen und nicht mich, den Ministerpräsidenten und das Parlament mit Telegrammen bombardieren und seine Freilassung verlangen, weil er unschuldig ist. Er wird sagen: ›Ich habe das aus Überzeugung getan. Ich bin mit meiner Tat im Recht. Wenn ich zu Unrecht hier gelandet bin, dann ist es auch meine Pflicht, die Gründe für das Unrecht zu korrigieren.‹«

Aus der Verfassung wurde der Satz »Die Staatsreligion ist der Islam« gestrichen. 1937 wurde der Laizismus als unveränderbares Attribut des Staates in die Verfassung aufgenommen. Ein historischer Schritt für die seit Jahrhunderten muslimische Gesellschaft.

Mit Erlass des Familiennamengesetzes nahm Mustafa Kemal den Namen Atatürk an, »Vater der Türken«. Er war nun der »ewige Chef« seines Landes.

Mit einem erschöpften Heer hatte er den Befreiungskrieg gewonnen, anstelle eines 600-jährigen Reiches die Republik gegründet, das Schicksal einer Nation verändert, eine Gesellschaft komplett transformiert, von der Kleidung bis zur Schrift, von der Musik bis zum Gebetsruf. Um die beabsichtigte Revolution so schnell wie möglich zu verwirklichen, war er vorangeprescht und, wo es nottat, sehr streng geworden, doch es war ihm nicht gelungen, die jahrhundertealten Überzeugungen, Vorurteile und Tabus auszumerzen, er hatte sie lediglich in den Untergrund drängen können. Ein Teil der Reformen, die nur durch Bildung und Erhöhung des Wohlstands verbreitet und dauerhaft zu etablieren gewesen wären, wurde von den auf ihn folgenden Regierungen ausgesetzt. Dennoch wurde die Türkei dank ihm und seinen Revolutionen in der islamischen Welt zu einem einzigartigen Musterbeispiel dafür, dass Demokratie und Laizismus langfristig koexistieren können.

Als Mustafa Kemal Atatürk am 10. November 1938 mit nur 57 Jahren starb, rief der britische Premier Winston Churchill, der in der Schlacht von Gallipoli als Marineminister gegen ihn gekämpft hatte, ihm nach:

»Der Tod Atatürks, der die Türkei im Krieg errettete und nach dem Krieg die türkische Nation wieder auferweckte, ist nicht nur für sein Land, sondern auch für Europa ein großer Verlust. Die Tränen, die Männer und Frauen aller Klassen an seiner Bahre vergossen, waren eine geeignete Würdigung für das Lebenswerk eines Mannes, der zugleich Held und Vater der modernen Türkei war.«

Der Übergang

Atatürk und Erdoğan …

Die beiden Gesichter der heute in zwei Teile gespaltenen Türkei …

Anfang und Ende einer hundertjährigen Geschichte …

Revolution und Gegenrevolution …

Eintritt nach Europa und Rückkehr nach Asien …

Atatürk regierte die Türkei in den ersten fünfzehn Jahren der Republik. So lange hielt sich nach ihm keiner mehr an der Regierung bis Erdoğan. Erdoğan begeht das zweite Jahrhundert der Republik mit seiner 21-jährigen Amtszeit.

Erdoğan, die Antithese zu den Thesen, die Atatürk bei der Transformation der Türkei aufstellte. Der »Rückstoß« zum Innovationsschub der Republik …

Bereits 1925 hatte Mustafa Kemal gesagt: »Die türkische Republik kann nicht das Land der Scheichs, Derwische und Religionsschüler sein. Der wahre, der echte Orden ist der Orden der Zivilisation.« Anfang des 21. Jahrhunderts aber ist die türkische Republik drauf und dran, sich in ein Land der Religionsschüler im Dienst von Scheichs und Derwischen zu verwandeln. Vier Tage vor den jüngsten Wahlen riefen die Chefs der 55 führenden Organisationen der islamischen Welt alle Muslime dazu auf, Erdoğan zu wählen. Ministerien werden unter den Orden aufgeteilt.

Atatürk hatte die Hagia Sophia zum Museum gemacht, 86 Jahre später widmete Erdoğan sie wieder zur Moschee um. Beim ersten Gebet trat der Leiter der Religionsbehörde mit einem Schwert auf die Kanzel. Dabei handelte es sich um die traditionelle Zeremonie des Schwert-Gürtens, bei der die osmanischen Sultane ihre Herrschaft verkündeten.

Atatürk hatte die Medressen durch Schulen ersetzt, Erdoğan bemerkte bei der Eröffnung der Fatih-Medresse: »Die Geisteshaltung, die die Hagia Sophia zum Museum machte, konnte Medressen nicht dulden.«

Das Atatürk-Wort »Die Souveränität obliegt dem Volk« hängt seit hundert Jahren hinter dem Rednerpult im Parlament an der Wand. Erdoğan »korrigierte« (zwar nicht den Schriftzug im Parlament, so doch Atatürks Formulierung): »Zu sagen, die Souveränität gehört dem Volk, ist eine große Lüge. Die Souveränität gehört Allah.«

Atatürk ließ das Prinzip des Laizismus in der Verfassung festschreiben. Erdoğan widersprach: »Ein Mensch kann nicht muslimisch und laizistisch zugleich sein, entweder bist du Muslim oder du bist Laizist.«

Und Erdoğans Kommentar zum Wechsel von Osmanisch in arabischer Schrift zu Türkisch in lateinischem Alphabet: »Wir hatten eine reiche Sprache, die höchst geeignet für wissenschaftliche Forschung und Produktion war, eines Nachts legten wir uns schlafen, und als wir am Morgen aufstanden, gab es diese Sprache nicht mehr.«

Noch ein Beispiel:

1928 besuchte der afghanische König Amanullah die Türkei. In seinem Land strebte er einen Wandel nach dem Vorbild der Atatürk'schen Reformen an. Er hatte von den Engländern die Unabhängigkeit Afghanistans erstritten und schickte sich nun an, das Projekt der Bildung einer modernen Gesellschaft umzusetzen: Er bereitete eine zeitgemäße Verfassung vor, zog gegen die Verschleierung der Frauen zu Felde, zwang die Männer, Hut zu tragen, und führte obligatorisch die Monogamie ein. Atatürk schickte Militärberater, Ärzte und Lehrer nach Afghanistan und unterstützte die Gründung von Universitäten in Kabul. Bei seinem Türkei-Besuch sagte Amanullah: »Wir strukturieren

Kabul neu wie Ankara.« Schließlich aber unterlag er dem religiösen Fanatismus. 93 Jahre später, als in Afghanistan die von den Vereinten Nationen als Terroristen eingestuften Taliban an die Macht kamen, sagte Erdoğan, er begrüße die neue Führung mit Freude und sei zu jeder Art Kooperation bereit.

Viele ähnliche Beispiele ließen sich anführen. Der Gegensatz Atatürk-Erdoğan ist sogar in Deutschland bei den Aufklebern an den Autos von Menschen aus der Türkei zu beobachten: »Atatürk, wir folgen dir« gegen »Der Sieg gebührt dem Islam«.

Der politische Islam unter Erdoğans Führung nimmt Revanche an der Republik, die ihn zurückgedrängt hatte. Indem er die Osmanen hochhält, Atatürk diskreditiert, die Reformen aufgibt, die Religion erneut zum Instrument der Politik macht, übt er Vergeltung am Geschehen der Gründungsphase und hegt zugleich »neo-osmanische« Träume. Diese Ambitionen brachte Ex-Premier Ahmet Davutoğlu mit folgenden Worten auf den Punkt: »Das vergangene Jahrhundert war für uns eine Parenthese. Die schließen wir jetzt ab. Wir werden Sarajevo wieder mit Damaskus, Bengasi mit Erzurum und Batum verbinden.«

Ins Jahr 2023 geht Ankara mit dem Traum, die hundertjährige »Parenthese« der Republik zu schließen und unter Führung Erdoğans ein neues, auf dem Islam basierendes Reich zu schaffen.

Wie die »Parenthese« begann, wie sie sich in der Anfangszeit entwickelte, wo sie Probleme bekam, haben wir in groben Zügen nachgezeichnet. Schauen wir nun, wie die sich über achtzig Jahre hinziehende Phase der »Schließung der Parenthese« einsetzte:

Manche meinen, die Probleme in der Türkei hätten mit Atatürks Regierungsantritt begonnen, andere sagen, mit seinem Tod. Der Konflikt zwischen den beiden Auffassungen »Das geschah seinetwegen« und »Ohne ihn gäbe es uns gar nicht« dauert seit einhundert Jahren an. Nur wenige Staatschefs des 20. Jahrhunderts waren so beliebt wie Atatürk, so viel diskutiert und blieben ein Jahrhundert lang aktuell. Seit seinem Tod trat jede Regierung ihr Amt mit dem Treueschwur auf ihn an, jede Opposition führte seine Thesen gegen die Regierung ins Feld. In seinem Namen putschte das Militär, die von den Putschisten vor Gericht gestellten jungen Leute verteidigten sich mit seinen Worten. Noch zu seinen Lebzeiten gab es überall Statuen, Büsten, Bilder von ihm. Nach seinem Tod erhielten Universitäten, Flugplätze, Brücken, Staudämme, Kinder seinen Namen. An jedem 10. November steht seitdem zu seiner Todesstunde um 09.05 Uhr das Leben still, die große Mehrheit der Bevölkerung gedenkt seiner in ungebrochener Trauer und Sehnsucht mit einer Schweigeminute. Doch hinter all diesen Gedenkzeremonien, Statuen, Büsten und enthusiastischen Reden wurde die laizistische Republik, sein Hauptwerk, mit immer neuen Zugeständnissen Jahr für Jahr weiter zurückgedrängt.

Als er starb, glich die türkische Republik einer 15-jährigen Waise, die ihren Vater verloren hatte. Außerdem schrieb man das Jahr 1938. Die Welt befand sich an der Schwelle zu einem Krieg, die Türkei in den Klauen einer Wirtschaftskrise. Dem damals erstellten *Ost-Rapport* zufolge war der Osten des Landes noch nicht unter die Herrschaft des Regimes gestellt. Der Versuch des Staates, seine Herrschaft mit militärischen Mitteln durchzusetzen, hatte den mittlerweile vierundzwanzigsten kurdischen Aufstand ausgelöst, in Dersim war es zu einer der größten Erhebungen in der Geschichte der Republik gekommen. Sie wurde mit Bodenoperationen, einem Bombardement aus der Luft und schließlich mit dem Einsatz von Giftgas vom Militär niedergeschlagen. Am Ende waren, offiziellen Zahlen zufolge, rund achttausend Menschen tot, Tausende deportiert und die

Anführer des Aufstands aufgehängt. In diesem Klima verlor die Türkei ihr Oberhaupt, ihr standen große Prüfungen bevor, die Beschwichtigung des Aufruhrs im Land, die Sanierung der Wirtschaft, Kriegsvorbereitungen.

Atatürks Platz nahm der »zweite Mann« ein: Ismet Inönü. Der General, enger Freund des »einzigen Mannes« und treuer Verfechter der Revolution, hatte die türkische Delegation bei den Verhandlungen des Lausanner Vertrags als Diplomat geleitet. Neben Atatürk, dem feurigen Revolutionär, hatte er mit seinem ausgeglichenen Charakter jahrelang dämpfend gewirkt. Jetzt sollte er in schwierigen Zeiten Regierung, Partei, Armee und das Land leiten. »Als ideelles Erbe hinterlasse ich keine Koransure, kein Dogma, keine stereotype Regel. Mein ideelles Erbe sind Wissenschaft und Verstand«, hatte Atatürk postuliert. Es begann die Ära, in der er selbst zu einem Dogma gemacht und tabuisiert wurde.

In der Woche, als das amerikanische *Time*-Magazin Hitler zum »Mann des Jahres« erklärte, verlieh die Republikanische Volkspartei Inönü den Titel »permanenter Vorsitzender«. Jetzt war er der »nationale Führer«. Um zu beweisen, dass nach Atatürk kein Machtvakuum entstanden war und er das Land beherrschte, musste er sich als Chef zeigen und die Zügel anziehen. Unter Kriegsbedingungen setzte eine repressive Phase ein. Pressezensur, Verdunklungsnächte, rationiertes Brot und große Armut: So stellte sich die Türkei in den Kriegsjahren dar. Die Zeitungen schrieben, Diebstahl, Schwarzmarkt, Wucher nähmen überhand. Die meisten Meldungen zielten auf jüdische Händler. Als eine neue Regierung 1942 das Amt mit leergefegter Staatskasse übernahm, erließ sie die sogenannte Vermögenssteuer. Einmalig sollte bei Vermögenden eine außerordentliche Kapitalsteuer erhoben werden. Auch wenn es nicht ausdrücklich im Gesetz stand, handelte es sich bei jenen »Vermögenden« zum großen Teil um Nichtmuslime in Istanbul. Vor allem Armeniern, Juden und Griechen wurden exorbitante Steuern auferlegt. Wer nicht zahlen konnte, wurde in Arbeitslager deportiert.

Zur gleichen Zeit wurden der Istanbuler Polizeichef und ein Abteilungsleiter zu einer Studienreise nach Deutschland geschickt. Wie der Journalist Rıfat Bali bei Recherchen im Archiv des Reichssicherheitshauptamtes herausfand, wollten die beiden Entsandten vor allem das KZ Sachsenhausen sehen. Anfang 1943 führten der Lagerkommandant und der SS-Brigadegeneral sie durch das Lager. Im selben Monat wurden in der Türkei über tausend Steuerpflichtige, die die auferlegte Abgabe nicht zahlen konnten, in Arbeitslager nach Sivrihisar und Aşkale geschickt. Einige der Zwangsarbeiter kamen im Lager um. Die Überlebenden verließen später das Land. Dies war eine der wichtigsten Projektionen des Kriegs.

Im Krieg unterstützte die Türkei die Alliierten. Doch Inönü, der sein Leben in Kriegen verbracht hatte, war nicht geneigt, in einen weiteren Krieg einzutreten. Selbst als die Nationalsozialisten sich bis auf sechzig Kilometer der thrakischen Grenze näherten, verfolgte er trotz massiven Drucks der Alliierten eine Politik des Ausgleichs zwischen England, Deutschen und der Sowjetunion und vermied den Kriegseintritt. Seine Antwort auf den Vorwurf eines Kindes nach dem Krieg: »Du hast uns Bonbons für 5 Lira essen lassen«, ist unvergessen: »Aber ich habe dir nicht den Vater genommen.«

Als jetzt die Karten in der Welt neu verteilt wurden, wollte die Türkei dabei sein. Doch Inönü hatte die Alliierten verärgert, weil er bis kurz vor dem Ende nicht in den Krieg eintrat, und Moskau, weil er zu guter Letzt doch noch eintrat. Stalin warf Ankara vor, sich im deutsch-sowjetischen Krieg auf die Seite Deutschlands gestellt zu haben und in letzter Minute auf opportunistische Weise auf Seiten der Alliierten in den Krieg eingetreten zu sein. Moskau gab bekannt, das türkisch-sowjetische Nichtangriffsabkommen werde nicht erneuert. Es folgten der Antrag auf Neuordnung der Bedingungen für die Passage durch Bosporus und Dardanellen sowie Territorialforderungen nach zwei Städten an der türkischen Grenze.

Die Türkei stand der Drohung seines riesigen Nachbarn im Norden, der zu den Siegermächten gehörte, völlig allein gegenüber. Das Bedrohungsempfinden zeitigte zwei nachhaltige Folgen:

Die Notwendigkeit, so schnell wie möglich dem westlichen Pakt beizutreten, und die »antikommunistische Sensitivität«.

Nach Reaktionären, Kurden und nichtmuslimischen Minderheiten gerieten nun »die Roten« ins Visier des Regimes. Dieses »Schreckgespenst« sollte für die nachfolgenden Regierungen (bis zum Ende der Sowjetunion) eine der »zweckdienlichsten« Ausreden dafür werden, Repression einzuführen.

Am Morgen des 4. Dezember 1945 stürmte ein junger Mann eine Vorlesung über Verfassungsrecht an der Universität Istanbul und rief: »Steht auf, das Land geht verloren. Die Republik ist in Gefahr!« In der Hand schwenkte er die Zeitung *Tanin,* in der stand, der Geist der Bürger werde mit dem Gift der kommunistischen Propaganda verseucht, jeder Türke müsse sich dagegen wehren.

Die Studenten verließen die Klassenräume und versammelten sich zunächst auf dem Campus, bevor sie zum Beyazıt-Platz marschierten. In kürzester Zeit zogen dreitausend Demonstranten mit dem Slogan »Nieder mit dem Kommunismus« nach Cağaloğlu. Dort wurde die *Tan* gedruckt, die einflussreiche Zeitung der damaligen linken Opposition, die nun zum Schweigen gebracht werden sollte. Die wutentbrannte Menge stürmte das Gebäude und zerstörte mit Hämmern und Knüppeln, was ihr unterkam, und warf es aus den Fenstern. Als sie abzog, nicht ohne auf dem demolierten Gebäude eine türkische Fahne gehisst zu haben, schaute die Polizei bloß zu. Der Mob plünderte einige Buchhandlungen und zog weiter vor das sowjetische Generalkonsulat. Dort protestierte man weiter.

Am nächsten Tag applaudierten die Zeitungen dem Sturm auf die *Tan* als »nationale türkische Behauptung«. Das Ehepaar Sertel, das die Zeitung herausgab, musste die Türkei verlassen. Der unter Polizeischutz verübte Überfall war nicht nur eine Botschaft an die Sowjets, sondern an alle von der sowjetischen Revolution inspirierten Linken: In der neuen Ära würde linkes Gedankengut nicht geduldet werden.

Der wohl berühmteste türkische Dichter Nâzım Hikmet etwa war wegen des Vorwurfs der Propaganda für den Kommunismus und der Anstiftung der Armee zum Aufstand zu insgesamt 28 Jahren Haft verurteilt worden. Auch der erste einer ganzen Reihe Morde an Intellektuellen in den 100 Jahren der Republik fiel in die Zeit damals. Der türkische Schriftsteller Sabahattin Ali hatte in Potsdam Deutsch gelernt, am Konservatorium in Ankara Carl Ebert assistiert, deutsche Autoren und Dichter ins Türkische übersetzt. Nachdem er als Herausgeber einer Zeitschrift, die mit Humor und Satire Regierungskritik übte, mehrfach inhaftiert war, wurde er bei dem Versuch, die Türkei zu verlassen, totgeschlagen, als er ein Buch las. Vor Gericht erklärte der Täter, er habe den Mord aus »nationalen Gefühlen« begangen, und kam mit vier Jahren Gefängnis davon. »Nationale Gefühle« sollten in den Folgejahren immer wieder als Motiv für Attentate auf Journalisten, Schriftsteller und Regimegegner – auch auf mich – und als Vorwand für Straffreiheit dienen.

Noch vor ihrer Geburt war die türkische Demokratie beschädigt. Als ich viele Jahre später einen Dokumentarfilm über den

Sturm auf die *Tan* drehte, interviewte ich Personen, die während des Überfalls in der Redaktion gewesen waren, und hörte von ihnen, welch eine Hölle sie erlebt hatten. Das eigentlich Unfassbare aber, das sich bei der Dokumentation herausstellte, war Folgendes: Zwei der jungen Demonstranten von damals sollten später Staatspräsident werden, einer Premierminister und zwei weitere Minister. Die rechte Politik, die die Zukunft der Türkei prägen sollte, war mit antikommunistischen Überfällen auf Zeitungen herangewachsen.

Zur selben Zeit bereitete sich die Türkei auf einen dritten Versuch mit dem Mehrparteiensystem vor. Während Europa nach dem Kriegsende, als die Diktaturen gestürzt waren, in eine neue Ära eintrat, musste sich die Türkei, die sich von der Sowjetunion bedroht fühlte, unter den Sicherheitsschirm des Westens flüchten. Der Weg dorthin führte über Demokratisierung. Diesmal ging die Oppositionspartei aus der Republikanischen Volkspartei CHP hervor. Grundbesitzer, die gegen die Bodenreform waren, und von der Regierung Enttäuschte gründeten die Demokratische Partei DP. Die beiden führenden Namen in der Partei waren Adnan Menderes, der meinte, das Bodenreformgesetz erinnere an die Nationalsozialisten, und der letzte Premierminister Celal Bayar.

Als Bayar nach Gründung der Partei den »nationalen Führer« Inönü aufsuchte, wurde ihm folgende Frage gestellt:

»Steht in Ihrem Programm ein Absatz wie ›Wir achten religiösen Glauben‹?«

»Nein, in unserem Programm steht, dass Laizismus nicht Gottlosigkeit bedeutet.«

Die größte Sorge der Gründungskader der Republik war, dass in der eingeleiteten demokratischen Epoche die Errungenschaften der Republik mit Maßnahmen im Namen der Achtung religiösen Glaubens zunichtegemacht werden könnten. Bald stellte sich heraus, dass diese Sorge keineswegs unberechtigt war. Im Unterschied zu Autokratien ohne Wahlen gaben in Demokratien mit Wahlen nicht die Entscheidungen von Staatschefs den Ausschlag, sondern die Forderungen der Bürger. Und die Bürger forderten bei der ersten Gelegenheit, als sie nach ihrer Meinung gefragt wurden, Dinge, die den Pionieren der Revolution nicht gefallen konnten: die Einrichtung einer theologischen Fakultät und von Imam-Hatip-Schulen, die Schließung der sogenannten Dorfinstitute, an denen junge Mädchen und Männer gemeinsam ausgebildet wurden, sowie die Erlaubnis, Türbe-Mausoleen zu besuchen …

Den »einzigen Mann«, der entschlossen war, die Religion aus dem politischen Leben herauszuhalten, und dessen Worte Gesetz waren, gab es nicht mehr. Die Wahl musste gewonnen werden. Um sich das Volk gewogen zu machen, begann die CHP Zugeständnisse bei den von ihr eingeführten Reformen zu machen. In Ankara wurde eine theologische Fakultät eingerichtet. In Grundschulen wurde Religionsunterricht eingeführt. Korankurse wurden eröffnet. Das Verbot, Konvente und Türbe-Mausoleen zu besuchen, wurde aufgehoben. Die Dorfinstitute, mit denen moderne Lehrerinnen und Lehrer im Sinne der Revolution ausgebildet und mit deren Hilfe die Dörfler dem Einfluss der Imame entzogen werden sollten, wurden geschlossen. Selbst diese Zugeständnisse reichten der CHP nicht zum Wahlsieg.

Die Demokratische Partei gewann die Wahl 1950 mit einem Erdrutschsieg und löste die 27-jährige Alleinregierung der einzigen Partei ab. Die Wähler, des Parteienstaats überdrüssig, hatten bei der ersten Gelegenheit gesagt: »Es reicht«, und die CHP an den Urnen die Rechnung für die sozioökonomische Verheerung infolge des Kriegs zahlen lassen. Der Wahlsieg wurde als »weißer Putsch« bezeichnet. Inönü wies die Generäle ab, die ihm am Wahlabend eine Militärintervention vorschlugen, um die Macht nicht abzugeben. »Wir alle werden den Willen des Volkes achten«, erklärte er und räumte den Posten des Staatspräsidenten, den er seit zwölf Jahre innehatte. Damit ging Atatürks Partei in die Opposition. Staatspräsident wurde Celal Bayar, Premierminister Adnan Menderes. Die Ereignisse im Laufe der zehnjährigen DP-Ära sollten das Schicksal der türkischen Demokratie entscheidend verändern.

Die liberale Regierung zeigte ihre politische Linie gleich mit der ersten Handlung: Wenige Wochen nach der Wahl wurde an einem heiligen Freitag die von Atatürk 1932 eingeführte Pflicht, auf Türkisch zum Gebet zu rufen, aufgehoben, und das Arabische restituiert. In sieben Provinzen wurden Imam-Hatip-Schulen zur Ausbildung von Imamen und Predigern eröffnet. Das Gesetz, mit dem religiöse Orden und Konvente verboten worden waren, wurde ausgesetzt. Die Religion war auf der politischen Bühne zurück. Als die Ketten des Ein-Parteien-Systems zerbrachen, waren die religiösen Orden, die im Untergrund auf diese Chance gewartet hatten, auf einen Schlag wieder da: Plötzlich wurden im ganzen Land Anschläge auf Statuen, Büsten und Denkmäler Atatürks verübt. Beleidigungen in Wort und Schrift nahmen zu. Das ging so weit, dass die Führung der Demokratischen Partei sich gezwungen war, ein Gesetz zum Schutz Atatürks aufzulegen. Als eine Gruppe in der Partei erklärte, Gesetze für Einzelpersonen seien nicht verfassungskonform, wurde der damals an der rechtswissenschaftlichen Fakultät in Ankara tätige deutsche Jurist Ernst Hirsch zu Rate gezogen. Hirsch gehörte zu den jüdischen Wissenschaftlern, die auf Einladung des neuen Regimes in die Türkei gekommen waren. Bei Atatürks Beerdigungszug hatte er gesehen, wie ganz Istanbul einer Flut gleich herbeiströmte und durch die Straßen eine weinende Mauer bildete, derart aufrichtige Volkstrauer hatte er nie zuvor gesehen, sagte er später. Nach seiner Auffassung gefragt, schrieb er in seinem Gutachten, die Verfassung verbiete, dass ein Gesetz erlassen werde, das eine Person privilegiert, doch in rechtlichem Sinne existiere Atatürk nicht mehr. Was geschützt werden solle, sei nicht seine Person, sondern die Achtung der türkischen Nation für ihn. Er empfahl, einen Absatz in das Gesetz aufzunehmen, der die Schmähung von Atatürks Andenken unter Strafe stellte. Das Gesetz wurde dementsprechend gestaltet und als *Gesetz über strafbare Handlungen gegen Atatürk* erlassen.

Noch heute, siebzig Jahre nachdem es in Kraft trat, wird dieses Gesetz im Kontext von Atatürk und Meinungsfreiheit diskutiert. In den 2000er-Jahren sperrte die Regierung mehrfach den Zugang zu YouTube, weil die Plattform gegen dieses Gesetz verstoßende Inhalte nicht entfernte.

Dass gleich beim ersten Schritt der Demokratisierung Atatürk und seine Revolutionen in den Fokus gerieten, sorgte in republikanischen Kreisen für Enttäuschung. Diese Situation drängte die CHP, die im Wesen sozialdemokratisch war, in die konservative Rolle des Wächters des Systems und machte die Demokratische Partei, die doch Repräsentant der traditionellen Rechten war, zu einer liberalen Partei, die gegen den Druck des Regimes für persönliche Freiheiten eintrat.

Dieser Widerspruch findet sich häufig in Gesellschaften ohne demokratische Tradition, bei denen soziales Bewusstsein, Zivilgesellschaft, Gewaltenteilung und Respektierung von Minderheiten unterentwickelt sind: Mitunter führen kaum als demokratisch zu bezeichnende Personen oder Regierungen revolutionäre Reformen ein, die der Gesellschaft Entwicklung ermöglichen. Umgekehrt kann es in mangelhaften Demokratien geschehen, dass eine von der Mehrheit gewählte Gruppe gesellschaftliche Errungenschaften abschafft. Dieser Widerspruch, der uns später am Beispiel Erdoğans erneut begegnen wird, beweist, dass eine Mehrparteienwahl allein ein System noch nicht »demokratisch« macht: Wo Gewaltenteilung, unabhängige Justiz, effiziente Legislative, freie Presse, organisierte Gesellschaft, bewusste Wählerinnen und Wähler und kommunale Initiative fehlen, kann der alle vier Jahre geäußerte Wählerwille ein Land auch in die Katastrophe führen. Eine politische Kraft, die mit demokratischen Regeln nicht gestoppt werden kann, und die dank der gewonnenen Mehrheit und der Kontrolle über Justiz, Medien, Kapital und Staatsmacht nach Gutdünken schalten und walten kann, wird möglicherweise despotisch. Die Demokratie kann benutzt werden, um an die Macht zu kommen, und von diesen Regierenden dann ausgehöhlt und beseitigt werden.

Die Erfahrung der Demokratischen Partei war im Hinblick auf die Türkei das erste Beispiel, das zeigte, wie eine durch Wahlen an die Macht gekommene und mit der Zeit außer Kontrolle geratene politische Kraft in einer Demokratie, deren linker Arm amputiert ist, deren Institutionen nicht etabliert sind und die über keine entwickelte Tradition der Konsensfindung verfügt, autoritär werden kann. Bedauerlicherweise führte die Entwicklung ziviler autoritärer Regierungen in einem Land mit unterentwickelten demokratischen Reflexen auch zu der Tradition, dass die militärische Autokratie intervenierte.

Die neue Türkei

Die beiden Pole des Kalten Kriegs, die kapitalistische und die sozialistische Welt, standen sich 1950 in Korea gegenüber. Die Türkei gehörte damals zu keinem der beiden Blöcke, sie hatte das Gefühl, dazwischenzustehen und schutzlos zu sein. Während die neue Regierung in Ankara einen Platz für die Türkei im westlichen Verteidigungspakt anstrebte, ergab sich unvermutet eine Chance: Als der Koreakrieg ausbrach, stellten die USA der Türkei in Aussicht, dass die militärische Unterstützung der türkischen Armee ihr das Tor zur NATO öffnen könnte. Daraufhin wurden 21 000 türkische Soldaten nach Korea geschickt. Die Belohnung für 900 Gefallene war 1952 die NATO-Mitgliedschaft. Endlich hatte die Türkei den anvisierten Sicherheitspanzer gegen die Sowjets angelegt und die Aufgabe übernommen, die südöstlichen Grenzen des Westens zu bewachen.

Damals wurde in Kooperation mit der NATO unter dem Dach des Generalstabs ein sogenannter »Hoher Rat Mobilisierung« gebildet. Seine Aufgabe war es, im Falle einer Invasion den Widerstand im Untergrund zu organisieren, den Feind aufzureiben und aufzuhalten. Diese später in »Kommando Spezialkräfte« umbenannte Konterguerilla-Einheit sollte in kritischen Momenten später auch gegen den »inneren Feind« eingesetzt werden und im Schicksal der Türkei eine äußerst wichtige Rolle spielen.

Eines der beiden Tore, die sich zum Westen öffneten, war das Kasernentor, das andere das des Kapitals. Washington leistete Westeuropa mit dem Marshall-Plan Wirtschaftshilfe, auch die Türkei war Teil des Hilfeplans. Bei ihrem Regierungsantritt fand die Demokratische Partei diesen Kredit bereits vor. Die USA betrachteten die Türkei als Agrarkammer und Rohstofflager Europas. Deshalb wurden mit den Krediten keine Industrieprojekte gefördert, sondern vor allem die Maschinisierung zur Erhöhung der landwirtschaftlichen Produktion und der Ausbau von Überlandstraßen, um die Dörfer an die Städte anzubinden. Die Türkei wurde zur Großbaustelle. Die Dörfer wurden elektrifiziert, Autobahnen und Staudämme gebaut. Für Besitzer kleiner Felder gab es Anreize, ihr Land an Großgrundbesitzer zu verkaufen. Dieses Kapital wurde mit Agrarkrediten unterfüttert. Auf einen Schlag kamen 40 000 Traktoren auf die Felder. Die landwirtschaftliche Produktion explodierte, der Export expandierte. 1953 war die Türkei der viertgrößte Weizenproduzent der Welt. Die Dörfler freuten sich über den plötzlichen Kapitalzufluss, mit dem Geld, das sie für die verkauften Felder oder ihre landwirtschaftlichen Produkte bekamen, zogen sie in die Großstädte, vor allem nach Istanbul. Doch Istanbul war auf eine solche Binnenmigration nicht vorbereitet. Es gab weder Wohnraum noch Arbeit noch Infrastruktur für die Neuankömmlinge. Der unvermutete Zustrom brachte planloses, unkontrolliertes Wachstum mit sich. In der Peripherie der Stadt wurden illegale Häuser errichtet. Auf Türkisch werden diese vor dem Staat verborgen über Nacht auf öffentlichem Grund erbauten Häuser »gecekondu« genannt, »über Nacht gebaut«. Die Bewohner dieser informellen Siedlungen boten der Stadt billige Arbeitskräfte. Da es keinen öffentlichen Nahverkehr gab, der sie in die Stadt gebracht hätte, pendelten bald illegale Dolmuş-Sammeltaxis vom Stadtrand ins Zentrum. Auf diese Weise entstand eine irreguläre Wirtschaft. Die mit der starken Binnenmigration einsetzende ungeregelte Urbanisierung hebelte nicht bloß die Bebauungspläne aus, sondern setzte auch das republikanische Projekt, neue Städte und urbane Bürger zu schaffen, außer Kraft. Die Anzahl Zugezogener übertraf bald die Anzahl der in der Stadt geborenen Einwohner. Ein neues Milieu entstand, diese Menschen waren weder dörflich noch städtisch, sondern beides zugleich. Aufgrund der landsmännischen Solidarität in diesem Milieu wuchs das anatolische Kapital in den großen Städten beständig an. Zugleich bildete diese Schicht die Hauptstütze und die soziale Basis der Demokratischen Partei.

In der Stadt befand sich das Kapital hauptsächlich in den Händen der nichtmuslimischen Minderheiten. Sie spielten die Hauptrolle in Handel und Industrie. Das gefiel den türkischen Neureichen aus der Provinz gar nicht. Ihr »Unmut« entlud sich auf entsetzliche Weise.

Im Herbst 1955 verlangte der türkische Außenminister bei den Zypern-Gesprächen in London von Ankara einen Trumpf, der ihn bei den Verhandlungen gegen die Griechen stärken würde. Am 6. September wurde ein Sprengsatz in den Garten von Atatürks Geburtshaus in Saloniki geworfen. Ein paar Scheiben gingen zu Bruch. Später sollte herauskommen, dass der Täter in Verbindung zum türkischen Geheimdienst stand. Die Nachricht von der Explosion aber reichte, um in der Türkei Empörung auszulösen. Die Abendzeitungen erschienen mit antigriechischen Hass-Aufmachern und dem Versprechen, dafür einen Preis einzufordern. Auf einmal kamen aus Istanbuler Außenbezirken aufgebrachte Gruppen mit Knüppeln gleicher Art, mit zuvor angefertigten Plakaten und antigriechischen Slogans ins Zentrum. Häuser und Geschäfte der Minderheiten waren bereits mit roter Farbe markiert. Eine der schändlichsten Nächte der türkischen Geschichte stand bevor.

In jener Nacht wurden fast dreitausend Häuser, fünftausend Geschäfte, achtzig Kirchen und sechzig Schulen der Minderheiten überfallen und geplündert. Diese Immobilien, die vor allem Griechen, Armeniern und Juden gehörten, wurden komplett zerstört, Menschen wurden verprügelt, Hab und Gut geplündert.

Die Einzelheiten jener Nacht, die als »Pogrom vom 6.–7. September« in die Geschichte einging, hörte ich von Ara Güler, dem großen Meister der Fotografie der Türkei. Von ihm stammen die eindrucksvollsten Aufnahmen der Pogrom-Nacht: aus dem Obergeschoss gestürzte Klaviere; Plünderer, die mehrere, aus zerstörten Schaufenstern geholte Mäntel übereinandertrugen; Männer, die einen Kühlschrank aus einem geplünderten Geschäft fortschafften; Zehntausende Männer blickten mit Knüppeln bewaffnet und Hassparolen rufend ins Objektiv …

Als in der Nacht das Kriegsrecht verhängt wurde und Panzer im berühmten Istiklal-Boulevard auffuhren, glich Istanbul einem Schlachtfeld: 15 Menschen waren tot, 500 verwundet. Vor allem aber war die jahrhundertealte Tradition des Zusammenlebens verwundet.

Nach jener finsteren Nacht fühlten sich mehrere tausend Griechen nicht mehr sicher und verließen die Türkei. Die rund 90 000 Personen umfassende griechische Gemeinschaft in der Stadt schrumpfte innerhalb von anderthalb Jahren auf 30 000, später noch weiter auf 5000. Die Wohnungen und Geschäfte, die sie verließen oder für einen Spottpreis verkauften, übernahmen die Neureichen aus Anatolien. Der erwartete Eigentümerwechsel des Kapitals war in einer einzigen Nacht vollzogen worden.

Wer dafür gesorgt hatte, dass in jener Nacht Massen mit Slogans, Knüppeln und Plakaten ein und derselben Art auf die Straße stürmten und einen Wendepunkt in der türkischen Geschichte herbeiführten, wurde erst 1991 aufgedeckt. Brigadegeneral Sabri Yirmibeşoğlu, der später Chef der Abteilung für Sonderkriegsführung werden sollte, erklärte einer Zeitung gegenüber: »Der 6.–7. September war Sache vom Sonderkrieg. Eine hervorragende Organisation. Und sie erreichte ihr Ziel.«

Die Konterguerilla-Organisation unter dem NATO-Dach

hatte drei Jahre nach ihrer Gründung ihre erste »nationale« Operation durchgeführt und mit der »Säuberung« der Minderheiten zugleich einen nachhaltigen Kapitaltransfer angebahnt. Damit war die Politik der Republik, staatlicherseits ein gehobenes Bürgertum aufzubauen, gescheitert. Es begann die Herrschaft der Provinz.

Seit jenem Tag kam die Migrationswelle vom Land in die Stadt erst richtig ins Rollen. Der Spruch, in Istanbul seien Stein und Boden aus Gold, wurde nachgerade zur Einladung in die Stadt. Die konservativen, frommen, nationalistischen Migranten brachten nicht nur ihr auf Lastwagen geladenes Hab und Gut mit, sondern auch ihren Lebensstil, ihre Kultur, ihre Traditionen und politischen Ansichten. In bestimmten Stadtteilen bauten sie sich Räume fürs Zusammenleben und ein Solidaritätsnetz auf. Bald hatten die Menschen aus Zentralanatolien, vom Schwarzen Meer oder aus dem Südosten ihre eigenen Viertel, Geschäfte, Restaurants, Vereine und Moscheen.

Unter den damals zuziehenden Migranten war auch Kapitän Ahmet. Er war vom Schwarzen Meer nach Istanbul migriert. Seinen Lebensunterhalt verdiente er als Schiffskapitän. Wie zahllose Neuankömmlinge unterstützte er die Demokratische Partei und Ministerpräsident Menderes. In Istanbul ging er eine zweite Ehe ein, ein Sohn wurde geboren. Dem Kind gab er den Namen seines Großvaters: Tayyip.

Recep Tayyip Erdoğan sollte dereinst die mit Adnan Menderes begonnene große politische und soziale Transformation vollenden.

Zwei Monate nach Erdoğans Geburt gewann die Demokratische Partei 1954 mit 58,4 Prozent die Wahlen. Einer von zwei Politikern, denen es im Laufe der Geschichte der türkischen

Parlamentswahlen gelang, diesem Ergebnis sehr nahezukommen, war Erdoğan, als er 2011 49,83 Prozent holte.

Aufgrund des Wahlsystems verfügte Menderes mit diesem Ergebnis über 93 Prozent der Sitze im Parlament, 503 von 541 Abgeordneten gehörten seiner DP an. Die häufig bei Personen, die ganz nach oben kommen, auftretende Krankheit befiel auch Menderes: Die Macht stieg ihm zu Kopf. Er degradierte zwei Provinzen, die ihn nicht gewählt hatten, zu Bezirken. Er legte ein Gesetz auf, das erlaubte, Professoren, die gegen ihn opponierten, und Richter, deren Urteile ihm nicht gefielen, in den vorzeitigen Ruhestand zu schicken. So wurden mit einer einzigen Anordnung 23 Richter pensioniert. Als die Presse es wagte, die Beschlüsse zu kritisieren, hagelte es Strafen. Ein damals führender Kommentator wurde trotz seiner achtzig Jahre inhaftiert, beinahe 250 Journalisten wurden verurteilt. Und der Premierminister drohte Oppositionsführer Inönü: »Hier fürchtet niemand deinen falschen Ruhm. Du wirst deine Strafe verbüßen.«

Auf diese Entwicklungen hin wurde die Saat einer Tradition gesät, die die türkische Politik ein halbes Jahrhundert lang prägen sollte. Damals wurde in den Kasernen zum ersten Mal von der Option eines Putsches gesprochen. Die Offiziere sahen, dass Atatürks Reformen eine nach der anderen aufgegeben wurden und die Demokratie den Reaktionären diente. Die Regierung entglitt der Kontrolle, die Opposition konnte nicht dagegenhalten, ihr Befehlshaber Inönü, nur vier Jahre zuvor Inhaber der mächtigsten Position im Land, wurde geschmäht. Der Gebetsruf war wieder arabisch, die Kommandeure kamen im Rahmen der NATO unter amerikanisches Kommando, der zum Verteidigungsminister ernannte Jurist wollte die militärische Gerichtsbarkeit abschaffen, Inönüs Schwiegersohn, ein Journalist, wurde inhaftiert, Protestkundgebungen wurden zum Straftatbestand, all das reichte zum Aufstand in den Kasernen. Die Befehlsebene stand der Regierung nahe. Untergeordnete Offiziere beabsichtigten, diese gemeinsam mit der Regierung zu stürzen. Sie organisierten sich insgeheim im Untergrund und warteten auf den richtigen Zeitpunkt.

Ab 1957 kam es zu wirtschaftlichen Problemen. Kredite wurden gestoppt, die Devisenreserven waren ausgeschöpft, das Nationaleinkommen sank. Aufgrund der Devaluation stieg der Dollar um das Dreifache. Je stärker Menderes unter Druck geriet, desto reizbarer wurde er. 1959 duldete er keine einzige Gegenstimme mehr. Als Inönü eine Reise durchs Land antrat, erteilte er Betretungsverbot für die Städte, die er besuchen wollte. Einmal wurde der ehemalige Staatspräsident durch Steinwürfe verletzt. Die Bürger wurden aufgerufen, der von der DP gegründeten »Vaterlandsfront« beizutreten. Die Namen der Mitglieder verlas man stundenlang im Radio. Schließlich erhielt eine im Parlament aufgestellte Ermittlungskommission die Befugnis, Verfahren gegen die CHP und die Presse einzuleiten. Menderes strebte ein Verbot der führenden Oppositionspartei an. In dieser Phase sagte Inönü einen Satz, der in die Geschichte eingehen sollte: »Sind die Umstände gegeben, ist Widerstand für Nationen ein legitimes Recht.«

Schließlich fand die im Parlament behinderte Opposition ein Echo auf der Straße. Mit dem Slogan »Wir wollen Freiheit« lehnten sich die Studenten auf. Gegen den Aufstand wurden Einheiten der Armee geschickt, doch die Soldaten verbrüderten sich mit den Studenten. Dann geschah das Gefürchtete: Am 27. Mai 1960, Freitagabend, wurde im Radio eine Erklärung verlesen: Die Armee hatte die Macht übernommen.

Eine Erklärung, die die Älteren unter uns im Abstand von zehn Jahren dreimal hören sollten. Die Namen derer, die sie verlasen, die einzelnen Sätze änderten sich, doch der Inhalt war stets gleich: Angesichts einer außer Kontrolle geratenen Regierung habe sich das Militär gezwungen gesehen, die Regierung zu übernehmen.

Çetin Altan, einer der einflussreichsten politischen Autoren der Türkei, verglich die türkische Demokratie mit einer Schaukel, die zwischen Kaserne und Moschee hin- und herpendelt. Jetzt bewegte die Schaukel sich in Richtung Kaserne. Die Hauptrolle in der nun anbrechenden Ära übernahmen Männer in Khakiuniform.

Menderes befand sich auf einer Inlandsreise. Die Nachricht, dass bewaffnete Soldaten das Amt des Ministerpräsidenten gestürmt hatten, erreichte ihn in Eskişehir. Ein Stabsoffizier verhaftete ihn, junge Leutnants mit Maschinengewehren brachten den erschöpften Premier nach Ankara. Zeitgleich wurde Staatspräsident Celal Bayar im Präsidentenpalast in Ankara verhaftet, im letzten Augenblick bevor er die Pistole abfeuern konnte, die er sich an die Schläfe hielt, als er sah, dass die Putschisten ihn holen kamen.

Der 27. Mai ist für manche der Tag, an dem die Türkei den Despotismus loswurde und die Freiheit erlangte, für andere aber eine schwarze Seite der politischen Geschichte des Landes. Beide Seiten haben berechtigte Argumente: Tatsächlich führte eine am Ende einer Dekade von ihrer Macht vergiftete Regierung das Land Schritt für Schritt in die zivile Diktatur, im demokratischen System waren Opposition, Parlament, Justiz und Presse, die diesen Verlauf hätten aufhalten können, blockiert, der Protest der Bürger war mit Waffen unterdrückt worden, es gab keinen Weg mehr, das Recht auf Freiheit einzufordern. Der Militärputsch aber, in der ersten Phase von Oppositionellen gefeiert, die begeistert auf die Panzer geklettert waren, hinterließ ein furchtbares politisches Erbe. Die Regierungsmitglieder, allen voran Celal Bayar und Adnan Menderes, wurden zur Abschreckung in Handschellen auf die Insel Yassıada vor Istanbul

gebracht und eingesperrt. Monatelang prozessierte ein Militärgericht gegen 592 Verantwortliche, vom Staatspräsidenten bis
zum Premierminister, von Ministern bis zum Generalstabschef,
von Abgeordneten bis zu Provinzvorsitzenden. Die Verhandlungen wurden live im Radio übertragen.

Wiederum bei den Arbeiten zu einem Dokumentarfilm fuhr
ich 1990 nach Yassıada und schaute mir die Zellen an, in denen die DP-Vertreter inhaftiert waren, und die Sporthalle, in
der sie abgeurteilt wurden. Die ihrem Schicksal überlassene Insel war zu einer Art Freilichtmuseum einer aus dem Ruder ge-
laufenen, gestürzten Demokratie geworden. Ein pensionierter
Kinobetreiber kam mit einem Sack voller Filme an. Er übergab uns dreißig Jahre lang aufbewahrte Filmspulen. Als wir sie
abspielten, waren wir entsetzt: Alle DP-Mitglieder einschließlich Staatspräsident und Premierminister waren vom Militär zu
Darstellern eines Films gemacht worden. Der Film zeigte die
Angeklagten in ihren Zellen, im Speisesaal, vor der Staatsanwaltschaft, überall wurden sie gedemütigt und vorverurteilt.
Nach den Dreharbeiten sagte Bayar: »Sie haben uns wie Schauspieler dirigiert«, und versuchte, sich mit seinem Gürtel zu er-
hängen, wurde aber im letzten Augenblick daran gehindert. Der
Film wurde damals in Kinos und sogar in Schulen gezeigt und
anschließend vernichtet. Als wir die erhaltene letzte Kopie veröffentlichten, gab es einen Aufstand im Land. 1960 aber war
niemandem nach Aufstand zumute gewesen. Die Anhänger der
Demokratischen Partei waren verstummt, die Opposition hingegen freute sich, die Repression losgeworden zu sein, und über
die Freiheiten im Zuge der neuen Verfassung. Diese Freiheiten
sollten allerdings schon bald darauf wieder zurückgenommen
werden, die Putschtradition hingegen etablierte sich.

Der Prozess dauerte rund zehn Monate, am Ende wurden fünfzehn Angeklagte wegen Verstoßes gegen die Verfas-

sung zum Tode verurteilt. Ganz oben auf der Liste standen der Staatspräsident und der Premierminister. 31 Angeklagte wurden zu lebenslanger Haft verurteilt. Man sonderte die zum Tode Verurteilten ab und brachte sie auf einen Zerstörer, um sie auf eine Insel in der Nähe zu verfrachten, wo die Galgen standen. Der Präsident und die Kabinettsmitglieder traten ihre letzte Reise in Handschellen an. Ein Detail, das mir ein ehemaliger Minister erzählte, der damals dabei war, blieb mir all die Jahre im Gedächtnis:

Als der gestürzte Staatspräsident Celal Bayar in Handschellen zum Zerstörer geführt wurde, wandte er sich unter den zwischen bewaffneten Soldaten aufgereihten Verurteilten an den Außenminister und fragte: »Sag mal, Fatin, wäre es zum Nutzen oder zum Schaden der Türkei, wenn wir dem gemeinsamen Markt beitreten?« Als wären sie nicht auf der Fahrt in den Tod, sondern in der Kabinettssitzung.

Im Sommer 1959 hatte die Türkei die Mitgliedschaft in der erst zwei Jahre zuvor gegründeten Europäischen Wirtschaftsgemeinschaft beantragt, was als »erster Schritt nach Europa« dargestellt wurde. Seit einiger Zeit wurden die Vor- und Nachteile einer Mitgliedschaft diskutiert. Auf Bayars Frage hin zählte Minister Fatin Rüştü Zorlu die voraussichtlichen Vorteile des Beitritts auf. Die Umstände, unter denen er sie aufzählte, waren im Grunde die Erklärung dafür, warum es der Türkei nicht möglich sein sollte, der Gemeinschaft beizutreten …

In jenen Stunden damals bemühten sich US-Präsident Kennedy, die britische Königin Elisabeth II., der französische Staatschef de Gaulle und der türkische Ex-Präsident Inönü darum, die Soldaten von der Vollstreckung der Todesurteile abzubringen. Doch vergebens. Die Würfel waren gefallen. Das Todesurteil gegen Präsident Bayar wurde aus Altersgründen in lebenslange Haft umgewandelt. Die Urteile gegen Premier

Menderes und zwei seiner Minister hingegen wurden von dem 22-köpfigen Komitee der Nationalen Einheit, das die Regierung übernommen hatte, bestätigt.

In den frühen Morgenstunden des 16. September 1961 wurden Finanzminister Hasan Polatkan und Außenminister Fatin Rüştü Zorlu auf dem Gefängnishof der Insel İmralı hingerichtet. Die Exekution des gestürzten Ministerpräsidenten Menderes wurde auf den Folgetag verschoben, weil er einen Suizidversuch mit Medikamenten unternommen hatte. Die Militärregierung rettete ihm das Leben, indem sie ihm den Magen auspumpen ließ, nur um es ihm am nächsten Tag zu nehmen. Seinen letzten Atemzug hauchte er am Strang aus und hinterließ eine schriftliche Notiz: »Meinem Staat und meiner Nation wünsche ich ewiges Glück.«

Das war das schreckliche Finale eines bewegten Jahrzehnts. Es war nicht bloß eine Regierung gestürzt, sondern die Demokratisierungsreise der Türkei gleich zu Beginn massiv beschädigt worden.

Für Menderes und die beiden Minister wurde dreißig Jahre später ein Mausoleum in Istanbul errichtet und ihre Überreste in einer Zeremonie dorthin überführt. Sie wurden rehabilitiert, doch der Politik war nachhaltig Schaden zugefügt worden. Seither schauten die Journalisten, wenn eine Partei an der Regierung Fehler machte, ob im Generalstab die Lichter brannten. Und selbst die mächtigsten Staatschefs beugten sich dem Kuratel des Militärs.

Bis Erdoğan.

Erdoğan sagte einmal: »Wir haben unser Leichengewand angelegt, als wir uns auf diesen Weg machten«, er prägte die politische Geschichte der Türkei, indem er als erster Staatschef die Armee, die er als Hindernis für sich betrachtete, aus dem Weg schaffte. Und weil dieses Hindernis ausgeräumt war, konnte er die Republik transformieren.

Rechts-Links

Das Militär übergab die Macht zügig. Jene, die dafür eintraten, vor dem Rückzug alles in Ordnung zu bringen, wurden ausgesondert: Intriganten wurden in die Verbannung geschickt, Aufmüpfige exekutiert. Einem rechtsgerichteten Professor, der beabsichtigte, für die Präsidentschaft zu kandidieren, wurde gedroht: »Wenn du nicht aufgibst, ist dein Grab schon geschaufelt.« In dieser qualvollen Übergangsphase übernahm der Anführer der Putschisten, General Cemal Gürsel, das Präsidentenamt und der von den Militärs hochgeachtete ehemalige Präsident Ismet Inönü das des Premierministers.

In der Tradition der verbotenen Demokratischen Partei wurde die Gerechtigkeitspartei AP gegründet, den Vorsitz übernahm provisorisch ein pensionierter Offizier. Mit drei Offizieren an der Spitze, in den Ämtern des Präsidenten, des Premierministers sowie im Vorsitz der Oppositionsführerin, sollte die Türkei nun zur »Demokratie« übergehen. Nur unter dieser Bedingung hatte die Armee, die sich in der Rolle des »Wächters der Republik« gegen die Reaktionären sah, die Macht übergeben.

Unter diesen außergewöhnlichen Umständen, im Schatten der Galgen, wurde die erste Koalition der türkischen Geschichte versucht: Die beiden großen Parteien von Mitte-rechts und Mitte-links, CHP und AP, kooperierten in der Übergangsphase und führten die Türkei bis zu den Wahlen 1965.

Nun betrat ein ganz neuer Akteur die politische Bühne: Süleyman Demirel. Mit vierzig Jahren übernahm der Ingenieur den Vorsitz der Gerechtigkeitspartei AP nach dem Tod des Ex-Offiziers. Er vereinte in seiner Person quasi sämtliche Voraussetzungen, die das Land gerade brauchte: Er war jung, er war neu, er hatte Bauingenieurwesen studiert, war dann zu Studien in den USA gewesen, war bereits mit dreißig Jahren in die Leitung der staatlichen Wasserbehörde berufen worden und hatte administrative Erfahrungen gesammelt. Er sprach mit Zahlen, von Staudämmen, Investitionen und Projekten. Er kleidete sich wie ein Städter, sprach aber wie ein Mann vom Dorf. Mit seiner Rhetorik zog er Massen an, die sich kleideten wie er und redeten wie er. Auch er war dabei gewesen, als zwanzig Jahre zuvor ein Mob die Zeitung *Tan* stürmte, weil sie angeblich die Kommunisten unterstützte.

Der Wettbewerb zwischen dem 80-jährigen ehemaligen Befehlshaber Inönü und dem 40-jährigen taufrischen Politiker Demirel endete mit einer Überraschung: In der ersten Wahl, der Demirel sich stellte, kam er mit 52,9 Prozent dem Rekord von Menderes nahe und konnte mit seiner Partei allein die Regierung bilden. Mit ihrer Stimme für die Gerechtigkeitspartei, die die Tradition der fünf Jahre zuvor vom Militär gestürzten Demokratischen Partei fortsetzte, sagte die Hälfte der Bevölkerung: »Mein Wille hat sich nicht geändert«, und rächte sich an den Wahlurnen für die Todesurteile. Den Marsch, den Adnan Menderes nicht hatte vollenden können, sollte nun Süleyman Demirel fortsetzen und bis zu seinem Tod eine der mächtigsten Figuren im Land bleiben.

Auf wenige Worte heruntergebrochen ließen sich die hundert Jahre Politik der türkischen Republik als »Gezeitengemälde« bezeichnen. Auf der einen Seite der aufschäumende Widerstand der frommen, konservativen, mit traditionellen Werten aufgewachsenen Massen, die sich den Schub der Verwestlichung nicht zu eigen gemacht und die radikalen Reformen nicht verwunden hatten, gegen die Armee als Bewahrerin des Laizismus und gegen die CHP als Vertreterin der republikanischen Werte, auf der anderen die Unterdrückung dieses Widerstands durch Militärinterventionen, wie in den vorangegangenen Kapiteln beschrieben.

Die drei Hauptfiguren der Mitte-rechts-Politik, Adnan Menderes, Süleyman Demirel und später Turgut Özal, lösten mit ihren einander nachgerade wiederholenden Wahlsiegen, hohem
Stimmenanteil, konservativen Politiken und autoritärem Führungsstil in republikanischen Kreisen regelmäßig ähnliche Beunruhigung aus. Im 21. Jahrhundert trat Recep Tayyip Erdoğan
als vierte Figur zu diesem Trio auf die Bühne. Da er aber die
richtigen Schlüsse aus dem zog, was den anderen widerfahren
war, und nachhaltige Vorkehrungen traf, gelang es ihm, sich
länger als sie alle an der Macht zu halten und sich zudem nicht
mit Regierungsumbildungen zu begnügen, sondern das System
zu transformieren. Was hinter dem Rätsel dieser Transformation steckt, werden wir in den folgenden Kapiteln noch deutlicher sehen.

Kommen wir zum anderen Lager, auch dort begann der Wind
des Wandels zu wehen: Die Türkei lernte »linke Politik« kennen. Bis dahin hatte erstmals die CHP mit ihrem vor allem republikanischen Charakter erklärt, eine Partei links der Mitte zu
sein. In einer Epoche, in der mit dem Vietnamkrieg die Sorge
vor der Ausbreitung des Kommunismus und antikommunistische Rhetorik aufkamen, war es schwierig, die linke Politik aus
dem Loch zu holen, in dem sie seit zwanzig Jahren begraben
lag. Deshalb beschrieb die CHP im Wahlkampf ihre neue Position auf dem politischen Fächer mit deutlicher Zurückhaltung;
infantile Methoden wie die Slogans »Auch in unserem Körper
schlägt das Herz links« und »Steigen wir nicht auch mit dem
linken Fuß aufs Pferd« sollten Sympathien für linke Positionen wecken. Das misslang. Zum ersten Mal blieb die CHP unter dreißig Prozent. Die mit sozialistischem Gedankengut ge-

gründete türkische Arbeiterpartei aber holte drei Prozent und schickte vierzehn Abgeordnete ins Parlament. Zu den bisherigen Gegensätzen »konservativ-reformistisch«, »traditionell-modern«, »muslimisch-laizistisch« hatte sich nun noch der Konflikt »rechts-links« hinzugesellt.

Gleich darauf tauchte ein weiterer Dauergegensatz auf: die Kontroverse zwischen Türken und Kurden.

In derselben Epoche traten noch eine Bewegung und eine Person auf den Plan, die die Politik in der Türkei prägen sollten: Abdullah Öcalan, Schüler eines Berufsgymnasiums, schloss sich der kurdischen Bewegung an, nicht zuletzt unter dem Einfluss der an den Universitäten entstandenen »Meetings des Osten«. Mit der von ihm gegründeten Arbeiterpartei Kurdistans PKK sollte die kurdische Frage Sichtbarkeit erhalten und über fünfzig Jahre auf die politischen Verhältnisse einwirken.

Die alte Generation in der CHP machte das Motto »Wir stehen links der Mitte« für das Wahldebakel verantwortlich. Sie hielten es für einen großen Fehler, vor einer Gesellschaft, in der aufgrund der Sowjetunion starke Furcht vor dem Kommunismus herrschte, unvermittelt mit einer linken Identität aufzutreten. Allerdings gab es in der Partei auch eine junge Generation, die meinte, die Schlappe sei nicht der linken Identität geschuldet, sondern rühre daher, dass man sie nicht gut genug vermitteln konnte und energisch dafür eingetreten war. Zum Repräsentanten dieser Position wurde Bülent Ecevit. Als gebildeter Sohn eines Journalisten, selbst Journalist und Dichter, hatte er die politische Bühne Mitte der 1960er Jahre betreten. Mit Ecevit, der 41-jährig zum Generalsekretär der CHP gewählt wurde, und dem 40-jährigen Demirel prägte fortan die jüngere Generation die türkische Politik.

In dieser Szenerie ging die Türkei in das magische Jahr 1968.

Bei 1968 denkt man sofort an Paris, Berlin, New York. Dabei löste die Generation der 68er auch in der Türkei einen Sturm aus, der das politische Gleichgewicht durcheinanderwirbeln und die Flugbahn des Landes verändern sollte, ihre Auswirkungen sind bis heute spürbar.

Als ich in Berlin an einem Ende der Axel-Springer-Straße das Straßenschild *Rudi-Dutschke-Straße* entdeckte, musste ich sogleich an die jugendlichen Anführer der türkischen 68er denken, vor allem an Deniz Gezmiş. Den Namen dieses türkischen Revolutionärs, den heute etliche zehntausend Kinder tragen, auf einem Straßenschild zu sehen war unserer Generation nicht vergönnt. Daniel Cohn-Bendit, einer der Anführer der Rebellion in Frankreich, war Abgeordneter im Europaparlament geworden, Bill Clinton, der sich an den Demonstrationen gegen den Vietnamkrieg an der Georgetown-Universität beteiligt hatte, war zum US-Präsidenten aufgestiegen. Statt aus dem starken Widerspruch der 68er Konsequenzen zu ziehen, das System zu erneuern und sich die Dynamik der jungen Protestierenden zunutze zu machen, hatte die Türkei es dagegen vorgezogen, sie zu unterdrücken und auszuschalten. Sie strafte eine patriotische, energiegeladene Generation gnadenlos ab, weil sie links war. Damit ebnete sie zugleich der nationalistischen und religiösen Rechten den Weg. Diese bewusst ergriffene Strategie der Vorgängergeneration hat erheblichen Anteil an dem Bild, wie es sich heute darstellt.

Schauen wir uns nun die drei Hauptadern der türkischen 68er näher an:

Die Linken, die Nationalisten und die Islamisten.

Die 1960er-Jahre waren die Ära, in der der antiimperialistische Protest besonders intensiv war und der Antiamerikanismus im Zenit stand.

1962 wurden von der NATO fünfzehn Jupiter-Raketen in der Türkei stationiert und auf Moskau ausgerichtet, sie machten die Türkei zur Zielscheibe für die UdSSR. Während der Kuba-Krise, die die Welt an die Schwelle eines Atomkriegs brachte, verlangte Chruschtschow von den USA, im Gegenzug zum Abzug der auf Kuba stationierten sowjetischen Raketen ihre Raketen in der Türkei abzubauen. Ohne Wissen Ankaras verhandelte Washington über das Schicksal der Türkei. Als die USA die Jupiter-Raketen nach der Krise abzogen, ohne die Türkei auch nur um ihre Meinung zu fragen, zeigte dieses Vorgehen, dass sie die Türkei alleinlassen würden, wenn es um ihre Interessen ging.

1964 stoppte US-Präsident Johnson mit einem demütigenden Schreiben die türkische Armee, als diese nach einem Massaker auf Zypern intervenieren wollte, was breiten Protest auslöste.

»Yankee go home«, lautete der populärste Slogan der Zeit. Als der US-Botschafter die Technische Universität des Nahen Ostens in Ankara besuchte, zündeten revolutionäre Studenten seinen gepanzerten Dienstwagen an.

In diesem Klima wurde der Türkeibesuch der 6. Flotte der US-Marine zum Auslöser der türkischen 68er-Bewegung. Als die Soldaten der 6. Flotte an Land gingen, warfen die Studenten sie ins Meer. An ihrer Spitze marschierte ein hochgewachsener, attraktiver junger Mann: Deniz Gezmiş. Die Aktion hatte mit einer Agitprop-Rezitation eines Gedichts von ihm begonnen und Fahrt aufgenommen.

Bei diesen Protestaktionen floss auch zum ersten Mal Blut, nach dem Tod eines Studenten wurden aus friedlichen Demonstrationen blutige Auseinandersetzungen. Damit begann die blutige antikommunistische Gewalt auf der Straße, die Land jahrelang überziehen sollte.

Die wachsende Oppositionsbewegung auf der Straße gebar sogleich auch eine Gegenreaktion: Im Februar 1969 wurde die Partei der Nationalistischen Bewegung MHP gegründet. Das Konzept des Nationalismus, das seit ihrer Gründung das ideologische Rückgrat der Republik bildete, erhielt mit der MHP eine organisierte Struktur und sollte zur inoffiziellen bewaffneten Kraft werden, die das Regime gegen seine Gegner einsetzte, zum grundlegenden Bindemittel des Staates und zum resoluten Verbündeten der über 20-jährigen AKP-Regierung. Parteichef Alparslan Türkeş war in den Jahren des Zweiten Weltkriegs als Oberleutnant im sogenannten Rassismus-Turanismus-Verfahren verurteilt worden. Nach dem Krieg wurde er an der amerikanischen Kriegsakademie ausgebildet und war später [in der dortigen Vertretung des türkischen Generalstabs] am Pentagon tätig. Er gehörte zu den Offizieren, die Menderes stürzten. Nach dem Putsch wurde er aufgrund seiner radikalen Ideen und seines Beharrens darauf, die Macht nicht wieder aus der Hand zu geben, in die Verbannung nach Indien geschickt. Einige Monate nach Gründung seiner Partei kündigte er an, in 34 Provinzen Kurse aufzumachen und rund 20 000 junge Männer für Kommando-Aufgaben auszubilden. Ziel war es, »die Schergen Moskaus wie Hunde abzumurksen«, wie ein MHP-Funktionär es formulierte.

Später wurde aufgedeckt, dass in nahezu jedem NATO-Staat Ausbildungscamps sowie Waffen- und Munitionslager eingerichtet worden waren, um hinter der Front Widerstand gegen eine mutmaßliche Besetzung durch den Warschauer Pakt zu organisieren. Die von der CIA finanzierte Organisation Gladio sollte nach dem Krieg arbeitslos gewordene Faschisten organisieren und versuchen, mit Sabotagen, Anschlägen und politischen Morden den Aufstieg der linken Bewegung zu stoppen. Doch ab 1990 wurde die zunächst in Italien aufgedeckte Organisation auch in den Niederlanden, in Deutschland, Österreich, Frankreich, Spanien und Großbritannien ans Licht gebracht und infolge von Ermittlungen und Verfahren aufgelöst. In der Türkei aber gelang es der »Konterguerilla«, ihren Panzer der Immunität aufrechtzuerhalten, sie existierte als illegale Organisation, die mit ihren Aktionen die Politik bestimmte, und existiert nach wie vor.

Ende der 1960er, als sogenannte Zivilkommandos von erfahrenen Kontergucrilla-Spezialisten in Camps an der Waffe ausgebildet wurden, gingen Deniz Gezmiş und seine Freunde zur Guerilla-Ausbildung nach Palästina.

Diese beiden extrem gewaltbereiten Gruppen standen einander im Februar 1969 auf dem berühmten Taksim-Platz in Istanbul gegenüber. Auf dem Weg zu einer antiamerikanischen Aktion trafen die linksgerichteten jungen Leute auf die Dschihadisten, die gerade aus der Dolmabahçe-Moschee kamen. Letztere trugen türkische Fahnen in den Händen und Messer am Gürtel. An jenem Tag, der als »Blutsonntag« in die Geschichte einging, gab es auf dem Taksim-Platz zwei Tote und 114 Verwundete. Damit war ein Tor zu einer weiteren konfliktreichen Phase aufgestoßen.

Nach dem »Blutsonntag« kam es am Sitz der rechten Studentenorganisation Nationaler türkischer Studentenbund zu einer großen Explosion. Dabei starb der 19-jährige Imam-Hatip-Absolvent Mustafa Bilgi, der sich in dem Gebäude aufgehalten hatte. Erst kurz zuvor hatte Bilgi den vier Jahre jüngeren Recep Tayyip Erdoğan zum Beitritt veranlasst. So trat Erdoğan, ebenfalls Imam-Hatip-Schüler, mit nur fünfzehn Jahren in die Politik ein und lernte gleich beim ersten Schritt ihre blutige Seite kennen.

Mit einem großen Umzug der nationalistisch-konservativen Studentenschaft wurde Bilgi zu Grabe getragen. Als ich viele Jahre später Erdoğans Biographie recherchierte, stieß ich auf ein damals an Bilgis Grab aufgenommenes Foto. Ich kannte fast alle Personen darauf: Recep Tayyip Erdoğan, Abdullah Gül, Cemil Çiçek, İsmail Kahraman, Mehmet Ali Şahin, Ali Coşkun, Abdülkadir Aksu … Erstaunt stellte ich fest, dass alle diese Personen dreißig Jahre später Minister in Erdoğans Kabinett werden sollten.

Um diese treue Elitenbildung zu verstehen, und wie es kam, dass sie ungebrochen an die Macht durchmarschierten, braucht es nach den Nationalisten und Linken der 68er einen Blick auf die dritte, im Schatten gebliebene Ader: die Islamisten.

In der Zeit der Demirel-Regierungen wurde der Laizismus weiter ausgehöhlt. Demirel rühmte sich, der erste Ministerpräsident der türkischen Republik zu sein, der im Dienstwagen zum Freitagsgebet fuhr, und betrachtete den Islam als das Band, das die Türkei zusammenhielt. In seiner Amtszeit verdoppelte sich die Anzahl der Imam-Hatip-Schulen und Korankurse. Demirel verteidigte diese Schulen damit, dass ihr Zweck nicht bloß die Ausbildung von Geistlichen sei: »Wäre es nicht besser, wenn auch Ärzte, Ingenieure und Richter ihre Religion kennen?« Was aber, wenn die religiöse Bildung gegen das Bildungseinheitsgesetz verstieß? Laut Demirel lag der Fehler nicht bei der Religionserziehung, sondern beim Gesetz. Im Sinn dieser Auffassung verkündete der Bildungsminister, Absolventen der Imam-Hatip-Gymnasien könnten als Grundschullehrer tätig werden. Dem Minister zufolge war das Ziel, in jeder Stadt ein Imam-Hatip-Gymnasium einzurichten. Demirels Antwort auf jene, die vor der reaktionären Gefahr warnten, lautete: »Kann denn ein Mensch, der die Moschee besucht und seinen religiösen Pflichten nachkommt, eine Gefahr darstellen? Wenn Sie Religiosität als Gefahr betrachten, sündigen Sie. Damit greifen Sie die Grundrechte der Menschheit an und verletzen sie.«

Damals breitete sich in der islamischen Welt rasant eine fundamentalistische Strömung aus, die statt Verwestlichung und Laizismus ein auf Religion basierendes System forderte, allen voran in Ägypten. Als Ableger dieser Strömung trat zu der Zeit eine weitere wichtige Person auf, die der politischen Geschichte der Türkei ihren Stempel aufdrücken sollte: Necmettin Erbakan, Vorsitzender des türkischen Kammern- und Börsenverbands, war Maschinenbauingenieur, er hatte in Aachen promoviert. In seinen Vorträgen behauptete er, sämtliche modernen Wissenschaften seien von islamischen Gelehrten entwickelt worden, und trat für die Gründung einer Islamischen Union gegen die Europäische Wirtschaftsgemeinschaft ein. Am berühmten Sturm auf die Zeitung *Tan* hatten auch er und sein Bruder teilgenommen.

Diese Mobilisierung von Fanatikern ermutigte und stärkte den politischen Islam. Ein AP-Abgeordneter nahm die Shorts der jungen Mädchen bei den Aufmärschen zum Nationalfeiertag am 19. Mai aufs Korn. Erneut kam es zu Anschlägen auf Atatürk-Statuen. Nach dem Tod des Vorsitzenden des Obersten Gerichtshofs, der bei der Eröffnung des Justizjahrs unter Verweis auf Voltaire »Auch Gott hat der Mensch geschaffen« gesagt und beklagt hatte, dass die reaktionäre Strömung zu einer großen Gefahr geworden sei, gab es bei seiner Beisetzung Proteste. Eine Gruppe erklärte, für einen Gottlosen dürfe kein Totengebet abgehalten werden, hinderte den Imam an seiner Aufgabe als Vorbeter und attackierte Ismet Inönü, der an der Zeremonie teilnahm. Was am Folgetag geschah, nannte Inönü, der nur dank seiner bewaffneten Bodyguards die Moschee verlassen konnte, »den zweiten 31. März«. Gemeint war der Aufstand derer, die, wie Mustafa Kemal es sechzig Jahre zuvor in seinem Notizbuch festgehalten hatte, »unter dem Mantel der Religion« Unruhe stiften wollten. Das Gespenst des reaktionären Rückschritts ging wieder um.

Ein weiterer Name, den die fruchtbaren 60er in die Politik einführten, war Fethullah Gülen. Gülen, damals gerade zum Prediger der Kestanepazarı-Moschee in Izmir berufen, gehörte zur Führung des *Verbands für den Kampf gegen den Kommunismus*. Mit beeindruckenden Predigten machte er sich einen Namen. Seinen eigentlichen Ruf aber sollte er sich mit der Eröffnung von Schulen und Wohnheimen und der »goldenen Generation« machen, die er in Kursen und Repetitorien heranzog. Durch den Einsatz dieser Kader in Schlüsselpositionen des Staats sollte er innerhalb von dreißig Jahren zum mächtigsten Führer einer religiösen Bewegung werden. Damals wurde die Saat des politischen Islams gesät, der heute an der Macht ist.

Wieder ein Putsch

Die Hälfte des Buches Geschichte der Republik muss Militärputschen reserviert werden. Denn die Armee ist untrennbar
mit der türkischen Politik verbunden. Den einen zufolge ist sie
Wächter der Republik, Bewahrer des Laizismus, Sicherung des
Regimes: »Immer wenn Zivilisten das Land in die Sackgasse
manövrieren, kommt das Militär und rettet es.«

Die anderen vertreten die gegenteilige Meinung, das Militär
sei gerade der Grund dafür, dass das Land partout nicht aus der
Sackgasse herauskomme. Wann immer der mit militaristischen
Codes gegründete Staat Anzeichen von Demokratisierung auf-
gewiesen habe, hätte das Militär unter dem Vorwand der Sicherheit interveniert und den Fortschritt im Land verhindert.

Dann gibt es noch jene, die die ungefähr alle zehn Jahre stattfindenden Interventionen des Militärs in berechtigt und unge-
rechtfertigt unterscheiden. Sie sind der Auffassung, manche
hätten die Demokratie geschützt, andere aber sie beschnitten.

Von heute aus betrachtet, sehen wir, dass die Militärcoups der
Türkei nachhaltig geschadet haben. Die türkischen Streitkräfte
führten sämtliche Eingriffe auf der Basis eines in ihrer Satzung
festgeschriebenen Grundsatzes aus: »Aufgabe der Streitkräfte ist
es, die türkische Republik zu bewahren und zu sichern.« Anhand
dieses Paragraphen wurden Regierungen gestürzt, Menschen
hingerichtet, Verfassungen geändert. Als Erdoğan sich 2013 aber
stark genug fühlte, konnte er diesen Paragraphen folgendermaßen umformulieren: »Aufgabe der Streitkräfte ist es, das Land gegen Bedrohungen *von außen* zu verteidigen.« Damit war den Militärs der Vorwand einer »Bedrohung von innen« genommen.

Der Kern des Problems aber blieb bestehen: Was geschähe,
wenn tatsächlich eine »Bedrohung von innen« bestand, wenn

beispielsweise ein Ministerpräsident seine Macht missbrauchte und versuchte, die größte Oppositionspartei zu verbieten und ihren Vorsitzenden verhaften zu lassen, oder wenn die Regierungspartei mit vorübergehender Unterstützung der Bevölkerung ein theokratisches Staatsmodell aufoktroyierte? Wie sollte in einem Land mit unausgereiften demokratischen Einrichtungen, in dem das Parlament keine Befugnisse hat, die Justiz schwach ist, die Medien ohne Einfluss sind, die Zivilgesellschaft wehrlos ist und schweigt, Despotismus verhindert werden?

An dieser Stelle macht es Sinn, das Sprichwort zu zitieren:

»Heute ist es weniger der Lärm der Stiefel, wovor wir uns fürchten müssen, als die Stille der Pantoffeln.«

In der Türkei wurde das Geräusch der Pantoffeln leider ziemlich vom Lärm der Stiefel erstickt. Das Aussetzen von Verfassungen, die Schließung von Parlamenten, gnadenlose Hinrichtungen, Massenverhaftungen, Pressezensur bei aufeinander folgenden Militärputschen haben für schweigende Massen gesorgt. Und diese gaben, kaum dass das Militär die Macht wieder abgegeben und Wahlurnen aufgestellt hatte, ihre Stimmen wiederum der gestürzten Partei und ihrem Vorsitzenden, ihrer Geisteshaltung – mit der einzigen Methode stillen Protests, die ihnen geblieben war. Die Geschichte der Republik ist auch die Geschichte dieser Sturheit.

Wie ihre Methoden und Diskurse ähnelten einander auch die Motive der Staatsstreiche: Entweder war der Laizismus bedroht oder es drohte Spaltung oder die Anarchie hatte überhandgenommen. Diese Vorwände, die zumeist alle gemeinsam auftraten, nie völlig aus der Luft gegriffen, waren von zwei wichtigen Elementen begleitet: von wirtschaftlichen Engpässen und vom Unmut Washingtons. Anfang der 1970er-Jahre fanden sich Belege für nahezu alle aufgezählten Punkte in den Akten des Generalstabs.

Nach dem Verbot der Demokratischen Partei war eine Amnestie für die inhaftierten Parteikader aufs Tapet gekommen. Die Armee interpretierte diese Forderung als offene Herausforderung, Demirel musste infolge des Drucks, der auf ihn ausgeübt wurde, das von ihm selbst aufgelegte Amnestiegesetz zurückziehen, um eine Militärintervention zu verhindern.

Während die Regierung noch damit beschäftigt war, über dieses Trauma hinwegzukommen, stand die Arbeiterschaft auf. Aus Protest gegen das neue Gewerkschaftsgesetz gingen im Sommer 1970 rund 100 000 Arbeiter auf die Straße und legten das öffentliche Leben lahm. Ihr Ruf nach Rücktritt der Regierung wurde mit dem Befehl an die Soldaten, die Bajonette aufzupflanzen, beantwortet. In jenem Juni wurde Istanbul zum Schlachtfeld. Es gab vier Tote und Hunderte Verletzte. Die Regierung sah sich gezwungen, Kriegsrecht über die Metropolregion zu verhängen. Das Militär war längst an der Regierung beteiligt.

Eine der Diagnosen, die sich in die Geschichte der Türkei eingruben, kam damals vom Generalstabsvorsitzenden. Der Mann an der Spitze der Streitkräfte sagte nach den Arbeiterprotesten von 1970, das »soziale Erwachen« habe die wirtschaftliche Entwicklung übertrumpft. Der Autorität waren aufgrund der sozialen Bewegungen der 1960er die Zügel entglitten, die Dynamik der Massen hatte Dimensionen erreicht, die das System nicht tolerieren konnte. Arbeitgeber fürchteten die Gewerkschaften, Rektoren die Studenten, das Regime die Oppositionellen. Die Zeit war gekommen, die Zügel anzuziehen und das soziale Erwachen zu unterdrücken, bis die Macht von Neuem gefestigt war.

In diesem Klima änderte am 7. Oktober 1970 ein 23-jähriger Amerikaner das Schicksal der Türkei. Der Student William »Billy« Hayes wurde in Istanbul mit vier Kilo Haschisch erwischt, als er gerade ins Flugzeug steigen wollte. Er wurde wegen Drogenschmuggels zu lebenslanger Haft verurteilt. Später kam er wegen psychischer Probleme in eine psychiatrische Anstalt. Als seine Strafe 1975 auf dreißig Jahre festgesetzt wurde, gelang ihm die Flucht aus dem Gefängnis. In den USA wurde er wie ein Held empfangen, seine Erinnerungen hielt er in dem Buch *Midnight Express* fest, das unter demselben Titel nach dem Drehbuch von Oliver Stone verfilmt werden sollte. Millionen sahen den Film, der Hayes' Erlebnisse übertrieben und mit abschätziger Attitüde darstellte und türkische Diplomaten jahrelang beschäftigen sollte. In den 1990ern traf ich den Regisseur des Films, Alan Parker, zu einem Interview in London, er gestand ein, dass es bei der Übertragung der Erlebnisse vom Buch ins Drehbuch und vom Drehbuch auf die Leinwand zu Überzeichnungen gekommen sein könnte. Allerdings war er nach wie vor stolz auf seinen Film.

Washington unternahm diplomatische Schritte zu Hayes' Freilassung, doch in Ankara munkelte man hinter den Kulissen, als abschreckendes Beispiel für Drogenschmuggler bliebe der junge Mann durchaus mit Billigung der USA in der Haft. Schließlich besuchte ein Vertreter von US-Präsident Richard Nixon den türkischen Premier Süleyman Demirel, erklärte, die Drogen, die die amerikanische Jugend vergifteten, kämen zum großen Teil aus der Türkei, und forderte ein Verbot der Opiumproduktion. In der ihm eigenen Art entgegnete Demirel: »In der Türkei werden jährlich 120 Tonnen Mohn geerntet, das reicht keine Woche für Ihre Jugend.« Den Amerikanern stand der Sinn nicht nach Witzen. Es reichte auch nicht, dass Demirel erklärte: »Ich kann in der Türkei, in der es eine Stadt gibt, die ihren Namen vom Schlafmohn hat, den Mohnanbau nicht verbieten, aber ich schränke ihn ein und kontrolliere stärker.« Fortan war er für das Weiße Haus eine unerwünschte Person. Die Devise war nun: Entweder überzeugte man ihn oder er würde durch andere, die man überzeugt hatte, ersetzt werden.

An dieser Stelle ist kurz auf die Rolle der USA in der türkischen Politik einzugehen. Dass Ankara vor allem in den Bereichen Militär und Wirtschaft in einem Abhängigkeitsverhältnis zu den USA stand, ließ den Eindruck entstehen, wichtige politische Umbrüche in der Türkei würden in Washington beschlossen. Dieser Eindruck führte zwar mitunter zu utopischen Verschwörungstheorien, war aber zweifellos nicht unbegründet. Sobald eine Regierung einen Weg einschlug, der den amerikanischen Interessen widersprach, oder sich seinem Nachbarn im Norden, der Sowjetunion, annäherte, gab es Spannungen mit Washington, und der Verlierer dabei war stets die Regierung in Ankara.

Als Adnan Menderes vor seinem Sturz ökonomisch in der Klemme steckte und von den USA nicht die erwartete finanzielle Unterstützung erhielt, kündigte er an, am 1. Juli 1960 nach Moskau zu reisen. Am 27. Mai 1960 wurde er gestürzt.

Süleyman Demirel erging es ähnlich. Als er die USA um einen Kredit für Investitionen in die Schwerindustrie bat, wurde er mit dem Argument abgewiesen, die Türkei sei ein Agrarland, für Investitionen in die Industrie gebe man keine Kredite. Daraufhin klopfte er in Moskau an. Er empfing den sowjetischen Ministerpräsidenten Kossygin in Ankara, erhielt Kredite für Investitionen in die Schwerindustrie und unterzeichnete Abkommen. Anhand dieser Abkommen wurden die größten Eisen- und Stahlwerke, Aluminiumfabriken und Wasserkraftwerke aufgebaut. 1969 besuchte der türkische Staatspräsident Moskau. Über diese Annäherung war Washington natürlich beunruhigt.

Drei Wochen nach der »Opiumkrise« wurde die Türkei von einer heftigen Abwertung ihrer Währung erschüttert. Ein Dollar stieg von 9 auf 15 Lira. Die Lawine der Preissteigerungen verteuerte das Leben, die Arbeitslosigkeit stieg. Die Bedingungen für einen Putsch reiften. Die *Washington Post* schrieb: »Die Armee ist unruhig, Demirels Tage sind gezählt.« Und was tat die Militärjunta, die kurz darauf die Regierung übernehmen sollte, als Erstes? Sie setzte das von den USA beharrlich geforderte Verbot des Mohnanbaus um.

In Ankara, der Stadt, in der ich geboren und aufgewachsen bin, gibt es einen Stadtteil mit Namen »Bakanlıklar«: Ministerien. Wie der Name schon sagt, residieren hier die meisten Ministerien. Auch das Amt des Premierministers lag hier (vor seiner Auflösung durch Erdoğans Präsidialsystem). Ein paar hundert Meter entfernt hat der Generalstab seinen Sitz. Die kurze Distanz zwischen diesen beiden Gebäuden ist Zeuge einer einhundert Jahre alten Rivalität. Kurz vor seinem Tod konnte ich Demirel fragen, wie es sein konnte, dass er von den Putschvorbereitungen nichts bemerkt hatte, obwohl er doch so nah dran gewesen war. Er erhob sich vom Schreibtisch, auf dem sich Dutzende Bücher stapelten, ging in seine Hunderte Bücher umfassende Bibliothek, holte ein Buch und las den Titel vor: *Halâskâr Zâbitan* (Befreiende Offiziere). So nannte sich eine in der Endphase des Osmanischen Reichs gegründete bewaffnete Organisation von Offizieren, die Einfluss auf die Politik nahmen. Demirel las das Kapitel über die Organisation vor und kommentierte anschließend:

»Das war immer unser Problem: Die Armee akzeptiert nicht, dass der Wille des Volkes Vorrang hat. Jedes Mal gelangt sie an den Punkt: ›Das Land geht unter, retten wir es.‹ Der Nachrichtendienst hingegen, der die Regierung über Putschvorbereitungen unterrichten muss, informiert Sie über den Kampf zweier Stämme in Angola, dass aber in Ankara unweit von Ihnen an Ihrem Stuhl gesägt wird, berichtet er nicht.«

Der Geheimdienst MIT beobachtete die Putschvorbereitungen in Ankara aus nächster Nähe, unterrichtete den Premierminister, dem er unterstellt ist, aber nicht darüber. Vielmehr rief am 12. März 1971, Freitagmorgen, der den Dienst leitende Staatssekretär Demirel an und sagte: »Der Staatspräsident und die Kommandeure der Streitkräfte fordern, dass Sie zurücktreten.« Der Staatspräsident und auch der Staatssekretär waren Offiziere. Als Demirel nachfragte, warum er zurücktreten sollte, schlug der Staatssekretär ihm vor, gesundheitliche Gründe zu nennen. »Ich kann mich über meine Gesundheit nicht beklagen«, konterte Demirel, erhielt aber zur Antwort: »Wenn Sie nicht freiwillig gehen, übernimmt das Militär die Macht.« Premier Demirel versuchte sofort, den Präsidenten zu erreichen, doch vergebens. Als er ihn endlich doch erreichte, bekam er die hilflose Auskunft: »Ich konnte es nicht verhindern, sie haben auch mich übertrumpft.«

Die als »Memorandum vom 12. März« in die Geschichte eingegangene, vom Generalstabschef und den Kommandeuren der drei Teilstreitkräfte unterzeichnete Erklärung wurde am Mittag desselben Tages im Radio verlesen. Ihr zufolge waren die türkischen Streitkräfte »entschlossen, aufgrund der Anarchie, des Bruderkriegs, der sozialen und wirtschaftlichen Unruhen im Land die Regierung unmittelbar zu übernehmen«.

Im Unterschied zum ersten Coup, den untergeordnete Offiziere durchgeführt hatten, handelten die Militärs diesmal im Rahmen der Befehlskette und griffen nicht direkt nach der Macht wie beim ersten Mal, sondern zwangen den Ministerpräsidenten zum Rücktritt.

Als ich Demirel bei demselben Interview fragte: »Hätten Sie

sich nicht widersetzen können?«, gab er mir folgende Antwort, die uns hilft, die türkische Geschichte besser zu verstehen:

»In dem Raum, den ich als Dienstzimmer nutzte, standen Galgen. Nur zehn Jahre zuvor war ein vom Volk gewählter Premierminister hingerichtet worden. Was hätte ich tun sollen?«

Mit letzter Hoffnung ging Demirel zum Parlament, das ebenfalls im Viertel Bakanlıklar angesiedelt ist. Vielleicht erhebt sich dort eine starke Stimme gegen die Militärintervention, hoffte er, doch nichts kam. Also schrieb er sein Rücktrittsgesuch. Als er das Amt des Ministerpräsidenten verließ, war sogar sein Chauffeur nicht mehr da.

Am Tag darauf machten die Zeitungen mit Schlagzeilen auf, die den Eingriff des Militärs rühmten. Gewerkschaften, Rechtsinstitutionen, linke Organisationen applaudierten dem Putsch, der eine rechtsgerichtete Regierung gestürzt hatte. Dass aber nicht die gestürzte Regierung der eigentliche Verlierer war, sondern die türkische Demokratie und alle ihre Akteure, sollten sie schon bald erkennen.

Hinterfragen wir das stereotype Sozialverhalten, das Militärputsche gegen zivile Regierungen unterstützt, bevor wir auf das nachfolgende Geschehen kommen. Schaut man sich die Aufnahmen an von Adnan Menderes' Kundgebung in Eskişehir am Tag, bevor das Militär ihn stürzte, fällt es schwer, das Schweigen der Menschen zu verstehen, die sich noch am Tag zuvor zu Zehntausenden drängelten, um den Premierminister zu sehen. Ein Teil derselben Massen begrüßte mit gleicher Begeisterung womöglich auch die Militärs, die ihn absetzten. Demirel erlebte genau dasselbe: Anderthalb Jahre, bevor er zum Rücktritt gezwungen wurde, hatte seine Partei bei den Wahlen 46,5 Prozent erhalten. Doch als er im Parlament anklopfte, um sich gegen das Memorandum der Militärs zu wehren, stellte sich niemand hinter ihn. Dies sind Beispiele dafür, dass Applaus ebenso täuschend sein kann, wie er atemberaubend ist.

Diese soziale Psychologie kann ich nur mit der Anziehungskraft von Macht erklären und mit dem Reflex von sich schutzlos fühlenden Massen, sich auf die Seite der Macht zu stellen. Andererseits kann ich auch nicht umhin zu denken, dass, wäre es anders, derart spannungsgeladene politische Prozesse weitaus konfliktreicher verlaufen würden.

Das Militär ersetzte Demirel durch ein »Reformkabinett«, das allerdings keine Reformen brachte, sondern die »Operation Vorschlaghammer«.

In jenen Tagen entführte die marxistisch-leninistische Untergrundorganisation Volksbefreiungsarmee (THKO) vier amerikanische Soldaten vom US-Luftwaffenstützpunkt in Ankara. Der damalige Studentenführer Deniz Gezmiş leitete die Aktion. Gefordert wurden die Freilassung aller Revolutionäre aus der Haft und 400 000 Dollar Lösegeld. US-Präsident Nixon empfahl der türkischen Regierung, sich nicht auf Verhandlungen einzulassen. Während die Sicherheitskräfte überall nach den Entführern suchten, ließen diese ihre Geiseln frei und versuchten, in die Berge zu flüchten. Doch bei einem Gefecht mit den Sicherheitskräften wurden sie gefasst. Als Deniz Gezmiş und seine Genossen mit der Forderung nach Todesstrafe angeklagt wurden, nahmen die Protestaktionen zu. Es gab Banküberfälle und Entführungen. Eine andere Organisation entführte den israelischen Generalkonsul in Istanbul und brachte ihn um.

Der neue Premierminister Nihat Erim erklärte, man werde Maßnahmen ergreifen, die »wie ein Vorschlaghammer auf die Köpfe der Aktivisten niederfahren« würden. Mit der »Operation Vorschlaghammer« setzte eine massive Unterdrückungskampagne ein: Zeitungen wurden verboten, linke Intellektuelle, fortschrittliche Autoren, Universitätsprofessoren wurden verhaftet. Im ganzen Land wurde eine Treibjagd in Gang gesetzt. Die Entführer des Generalkonsuls wurden in einem Haus in die Enge getrieben, bei dem Gefecht wurde einer getötet. Die Nationale Ordnungspartei (MNP) und die Türkische Arbeiterpartei (TİP) wurden verboten, Erstere, weil sie angeblich die Scharia propagierte, Letztere wegen kommunistischer Propaganda. Die Freiheiten der Verfassung von 1961 wurden 1971 per Verfassungsänderung ausgesetzt. Zahlreiche Errungenschaften wurden annulliert, darunter das Tarifsystem, das Streikrecht, die Autonomie der Universitäten, die Unabhängigkeit der staatlichen Radio- und Fernsehanstalt TRT. Ein Militärputsch strich die Rechte, die ein anderer zuvor gebracht hatte, was blieb, war die Putschtradition.

Das Militär hatte die vollständige Kontrolle über das Land übernommen. 1972 verurteilte ein Militärgericht Deniz Gezmiş und zwei Freunde, die die US-Soldaten entführt hatten, zum Tode und legte die Urteile dem Parlament zur Bestätigung vor. Als die linksgerichteten Organisationen erkannten, dass die Vollstreckung der Urteile drohte, intensivierten sie ihre Aktivitäten, um die Hinrichtungen zu verhindern. Eine Gruppe Revolutionäre entkam durch einen Tunnel aus dem Gefängnis, einige von ihnen wurden kurz darauf bei Polizeieinsätzen getötet. Die anderen entführten britische und kanadische Ingenieure von einem NATO-Stützpunkt. Die Fotos der zehn bei dem Einsatz eines Sondereinsatzkommandos in einem Haus in der Provinz getöteten jungen Entführer in ihrem Blut brachten die Zeitungen auf Seite eins. Kurz darauf entführten vier Luftpiraten ein Flugzeug der Turkish Airlines nach Sofia, um die Hinrichtungen zu stoppen. Es folgte ein Attentatsversuch auf die Generalkommandantur der Gendarmerie. Doch all diese Aktionen, die das Land in besorgtes Bangen versetzten, beschleunigten die Vollstreckung der Todesurteile nur, statt sie aufzuhalten.

Das Klima der Gewalt änderte die Verhältnisse bei der Abstimmung im Parlament. Eine Reihe rechtsgerichteter Abgeordneter hatte es sich in den Kopf gesetzt, Rache für die Hinrichtung der drei rechten Politiker 1960 an den drei linken Aktivisten zu nehmen. Die Todesurteile wurden bestätigt. Am 6. Mai 1972, kurz nach Mitternacht, wurden die drei 68er-Studentenführer im Hof des Zentralgefängnisses von Ankara hingerichtet. Sie waren erst 25 Jahre alt.

In dem Brief, den Deniz Gezmiş vor der Hinrichtung geschrieben hatte, empfahl er seinem jüngeren Bruder, Wissenschaftler zu werden. Seine letzten Worte lauteten: »Es lebe der Unabhängigkeitskampf des türkischen und kurdischen Volkes! Nieder mit dem Imperialismus, nieder mit dem Faschismus!«

So ging erneut eine zivile Dekade zwischen zwei Putschen im Schatten von Galgen zu Ende.

Zwischen zwei Putschen

Eine der deutlichsten Erinnerungen an meine Kindheit ist das fürchterliche Dröhnen, mit dem Düsenjäger über uns hinwegdonnerten, als ich mit meinen Cousins im Garten meiner Tante in Ankara spielte. Sie flogen so tief, dass wir vor Angst unter die Bäume flüchteten.

Warum die Kampfjets so tief flogen, erfuhr ich Jahre später, als ich Recherchen über die damalige Zeit anstellte. Es waren »Baturs Jets«. Generaloberst Muhsin Batur war damals der mächtige Kommandeur der Luftwaffe. Im März 1973 sollte der Staatspräsident gewählt werden. Die Militärs, die die Regierung mit einem Memorandum gestürzt und »ihren« zivilen Premierminister eingesetzt hatten, wollten einen ihnen nahestehenden General in den Präsidentenpalast in Çankaya wählen lassen. Selbstverständlich sollte unter den »außergewöhnlichen Umständen«, in denen sich das Land befand, der Präsident ein starker Offizier sein. Da ein Mitglied des Parlaments oder des Senats gewählt werden würde, legte Generalstabschef Faruk Gürler unverzüglich sein Amt nieder, ließ sich aus dem Kontingent des Staatspräsidenten zum Senator ernennen und kandidierte. Am Wahltag umstellten Einheiten des Militärs das Parlamentsgebäude. Die Kommandeure setzten sich in Uniform in die Parlamentsloge. Zu diesem Zeitpunkt donnerten »Baturs Jets« im Tiefflug über Ankara, um die Gegner zu warnen. Gürler sollte Präsident und Batur Generalstabschef werden. Sobald dieser Weg frei wäre, sollte eine militaristische Tradition errichtet werden: Das Amt des Präsidenten sollte zur letzten Station nach dem Vorsitz des Generalstabs werden.

Die Abgeordneten wurden zu einer Wahl gedrängt, bei der sie gewissermaßen die Bajonette im Rücken spürten. Doch es geschah etwas Unerwartetes: Das Parlament wehrte sich. Die rechte Gerechtigkeitspartei AP Demirels, der als Premier zurückgetreten war, und die linke Republikanische Volkspartei CHP, die an Inönüs Stelle Bülent Ecevit zum Vorsitzenden gewählt hatte, handelten gemeinsam und gaben ihre Stimmen anderen Kandidaten. Gleich in der ersten Runde wurde deutlich, dass Gürler nicht gewählt werden würde. Das Parlamentsgelände war blockiert. Das Donnern der Militärjets war auch im Plenarsaal zu hören. Aus der Loge oben schauten die Kommandeure auf die Abgeordneten hinab. Alle fragten sich, wie die Armee reagieren würde. Am Abend klopfte es dann bei Bülent Ecevit an der Tür, er hatte bereits die Intervention vom 12. März abgelehnt und sich dagegen ausgesprochen, der von den Generälen gebildeten Regierung Minister zu stellen. Ein Soldat eröffnete ihm, er werde im Generalstab erwartet. Ecevit sagte zu seiner Frau: »Pack eine Tasche für mich, leg ein paar Bücher dazu, kann sein, dass ich nicht wiederkomme.« Das waren die üblichen Vorbereitungen etlicher Oppositioneller, die sich in der Türkei gegen die Anweisungen des Militärs stellten. Bei den meisten von uns stand in einer Ecke im Schrank die »Gefängnistasche« parat.

Doch diesmal geschah das Gefürchtete nicht. Ecevit betrat das Büro des Generalstabschefs in großer Sorge, wurde dort aber respektvoll empfangen. Der Kommandeur sagte: »Es ist deutlich geworden, dass unser Kandidat nicht gewählt wird. Wir ziehen ihn zurück.« Es wurde eine Vereinbarung getroffen und (natürlich wiederum) ein anderer General a. D. gewählt, der ehemalige Marine-Kommandeur, mit dem auch die Zivilisten einverstanden waren. Die Krise war gelöst.

»Sie können mit einem Bajonett alles erreichen, aber Sie können nicht darauf sitzen«, lautet ein alter Spruch.

Auch die Generäle vom 12. März konnten nicht auf den Bajonetten sitzen, die sie beim Sturz der zivilen Regierung eingesetzt hatten. Ecevits Widerstand verdarb ihnen den Plan und machte ihn selbst zu einem Volkshelden. Der sozialdemokratische Politiker war zu diesem Zeitpunkt, als sein Aufstieg begann, 48 Jahre alt.

Lernen wir Ecevit, der die türkische Geschichte fortan stark prägen sollte, näher kennen. Der sozialdemokratische Dichter, den wir als »Willy Brandt der Türkei« bezeichnen können, bewies bereits als Gymnasiast, dass er anders gestrickt war. Er unterbrach die Schule und übersetzte Tagores *Gitanjali* aus dem Englischen ins Türkische, damit publizierte er seine erste Übersetzung bereits als 16-Jähriger.

Diese Leidenschaft führte ihn später nach London, an der London School of Oriental and African Studies studierte er Bengali und Sanskrit, um den bewunderten Schriftsteller im Original lesen zu können, und übersetzte Tagores Gedichte aus beiden Sprachen. Sein Leben lang fühlte er sich der indischen Philosophie nahe, lehnte auch wie Tagore jede Art Zurschaustellung ab, zog ein einfaches Leben vor, spielte auf der politischen Bühne aber stets eine Hauptrolle.

Eine Anekdote, die Ecevit gut charakterisiert:

Sechzig Jahre, nachdem er Tagore übersetzt hatte, beschloss er als Ministerpräsident (der letzte vor der AKP-Regierung), gesundheitlich bereits schwer angeschlagen, nach Indien zu reisen. Ich weiß um den Grund und die Bedeutung dieser Reise, weil ich ein Buch über ihn schrieb: Es war ein Abschiedsbesuch. Auf dieser letzten Reise, die ich begleiten durfte, riskierte er in der Hitze der indischen Sonne sein Leben, um das Grab des geliebten Dichters zu besuchen.

Sechs Monate nach der turbulenten Präsidentenwahl 1973 wurden allgemeine Wahlen abgehalten. Ecevit, dem das Volk aufgrund seines dunklen Teints den Spitznamen »Karaoğlan« (schwarzer Junge) verpasste, fuhr in seiner das Militär herausfordernden Art, mit seiner starken Rhetorik, seiner Lotsenmütze, die zum Symbol wurde, und seinem lichtblauen Hemd durchs ganze Land, ließ vom Dach des Kampagnenbusses Friedenstauben aufsteigen und versammelte große Mengen auf den Plätzen. Überall wiederholte er den sozialistischen Slogan, der im Wahlmanifest seiner Partei stand: »Der Boden gehört dem, der ihn bearbeitet, das Wasser dem, der es verwendet.«

»Karaoğlan« ging als Sieger aus der Wahl hervor. Ähnlich wie die Wählerschaft bei der ersten Wahl nach dem Putsch von 1960 der AP ihre Stimme gegeben hatte, der Quasi-Nachfolgerin des hingerichteten Premierministers, brachte sie jetzt die CHP an die Macht, die den linken Ideen der nach dem Putsch von 1971 hingerichteten drei jungen Männer nahestand. Damit erhielt auch die von Ecevit innerhalb der Partei angestoßene Mitte-links-Initiative die Zustimmung der Bevölkerung.

Doch obwohl einer von drei Wählern für Ecevit gestimmt hatte, konnte er nicht allein regieren. Er war gezwungen, mit einer kleinen Partei vom rechten Flügel zu koalieren. Er wählte die schwierigste Option: Necmettin Erbakans Nationale Heilspartei (MSP).

Erbakan, der als Erdoğans Vordenker gilt, hielt sich eine Weile in der Schweiz auf, nachdem seine zuvor gegründete Partei wegen Tätigkeiten, die »nicht mit dem Laizismus vereinbar waren«, nach der Militärintervention verboten worden war. Als die Politik in der Türkei sich beruhigt hatte, kehrte er zurück und übernahm den Vorsitz seiner Partei. Die elf Prozent, die er bei den Wahlen erhielt, machten ihn zu Ecevits Koalitionspartner und zum stellvertretenden Ministerpräsidenten.

Bis dahin war die CHP als Repräsentantin der laizistischen Eliten und Beamten betrachtet worden, nun probierte sie mit der MSP erstmals eine Kooperation mit einer Partei, die über eine islamistische Identität verfügte und die anatolischen Kleinvermögenden vertrat. Das Regierungsprogramm verkündete eine »neue Ära und das Ende der aus historischen Irrtümern entstandenen künstlichen Diskrepanzen«. Allerdings wurde in kürzester Zeit deutlich, dass die Diskrepanzen keineswegs »künstlich« waren. Die CHP-MSP-Koalition hielt nicht einmal ein Jahr, setzte in dieser kurzen Phase aber drei wichtige Dinge um: eine Generalamnestie, durch die etliche zehntausend Häftlinge freikamen, die Aufhebung des Verbots des Schlafmohnanbaus, das das Militär auf amerikanischen Druck hin erlassen hatte, und die Militäroperation auf Zypern.

Wie man sich vorstellen kann, brachten die beiden letzten Ecevit große Popularität ein, lösten aber in den USA und der westlichen Welt Proteste aus. Die USA verhängten ein Embargo gegen die Türkei. Die Zyperninvasion der türkischen Armee und ihre Kontrolle bestimmter Regionen der Insel stellten jahrzehntelang eines der größten Hindernisse für den EU-Beitritt der Türkei dar.

Ecevit erhielt den Beinamen »Eroberer von Zypern«, im Vertrauen auf die Unterstützung im Volk löste er die Koalition auf und setzte vorgezogene Neuwahlen an. Doch die durch die Ölkrise 1973 ausgelöste Teuerung stellte alle militärischen Triumphe und das Versprechen einer Landreform in den Schatten. Zudem hatten koalitionsinterne Streitigkeiten das Vertrauen der Wähler untergraben. Die parlamentarische Arithmetik erlaubte Ecevit nicht, erneut die Regierung zu stellen. Anfang 1975 bildete stattdessen ein Bündnis aus drei rechten Parteien unter Süleyman Demirels Vorsitz die »Regierung der nationalistischen Front«. Und es begann eine konfliktreiche Phase mit einer starken Kaderbildung der Rechten. Diese Koalition aus »sunnitisch-türkischem Mörtel«, später als »türkisch-islamische Synthese« bezeichnet, existierte in nahezu allen Phasen der türkischen Geschichte fort und zog in zahlreichen politischen Bereichen die Fäden, so beim Genozid an den Armeniern, beim Pogrom von 1955, bei der Jagd auf Kommunisten, bei der Unterdrückung der Kurden. Dieser mit religiösen Motiven verquickte Nationalismus verfolgte ein »Ideal«, das die türkische Welt mit der islamischen zusammenführen sollte.

Erlauben wir uns hier einen Exkurs und besuchen eine Feier im Istanbuler Stadtteil Cağaloğlu. Es war Sonntag, der 23. November 1975. Gefeiert wurde der nationalistisch-konservative Dichter Necip Fazıl Kısakürek. Der Dichter, ein Ideologe der türkisch-islamischen Bewegung, forderte einen jungen Imam-Hatip-Absolventen auf, eines seiner Gedichte zu rezitieren. Der junge Mann hieß Recep Tayyip Erdoğan. Seit der Schulzeit war er berühmt für seine Gedichtrezitationen.

Er trat ans Pult und rezitierte ein Gedicht, das Kısakürek im Gefängnis für seinen Sohn geschrieben hatte. Die letzten Zeilen lauten: »*Das Morgen ist unser, gewiss unser. / Die Sonne geht auf, die Sonne geht unter, die Ewigkeit ist unser.*« In seiner Rede im Anschluss daran sprach Kısakürek von der Hagia Sophia und sagte: »Eines Tages wird sie [für das Gebet] geöffnet werden.« Damals war die Hagia Sophia ein Museum. Und niemand hätte sich vorstellen können, dass Kısaküreks Traum 45 Jahre später von dem jungen Studenten an seiner Seite verwirklicht werden würde.

Erdoğan war damals in der islamistischen Jugendbewegung aktiv, er leitete die Istanbuler Jugendorganisation von Erbakans Partei. Er studierte, ging aber nicht zum Unterricht, sondern widmete sich der Parteiarbeit, dem Fußballtraining und den religiösen Gesprächsrunden. Und dem Theater. Damals übernahm er in der Jugendorganisation der Partei die Regie eines

Theaterstücks und spielte auch gleich selbst die Hauptrolle. Das Drama *Kızıl Pençe* (Die rote Pranke), das er in einem Antiquariat aufgestöbert hatte, beeindruckte ihn stark. Der Inhalt spiegelte das soziokulturelle Klima, in dem er aufgewachsen war, wie auch seine Gefühls- und Gedankenwelt wider:

Ein reicher Fabrikant schickt seinen Sohn zur Ausbildung nach Europa, dort aber entfremdet sich der junge Mann von seiner Religion und Tradition. Im Stück beschreibt er Europa folgendermaßen: »*Man bekommt das Leben nie satt. An jeder Ecke ein Kasino. Du machst die Nacht durch, alle sind frei. Alle gehen vertraut miteinander um. Egal ob man sich kennt.*«

Als der »bedauernswerte Vater« in der Hoffnung, sie könnten das Problem lösen, Hodschas aufsucht, kommt es zu einem Aufstand in der Fabrik. Es sind ganz allgemein »Leute, die sich als Intellektuelle aufspielen, und Universitätsdozenten«, die die Arbeiter aufwiegeln. Insbesondere ist da ein neuer Arbeiter, Memed, der ständig vom Sturz des Ausbeutersystems und von der Errichtung einer sozialistischen Republik redet. Im weiteren Verlauf stellt sich heraus, dass es sich bei dem Aufwiegler Memed um einen Juden namens Michon handelt, der eingestellt worden war, weil man ihn für einen Muslim hielt. Der Jude tut sich mit den Kommunisten zusammen und lässt den Fabrikanten totprügeln. Bevor er stirbt, wendet sich der Unternehmer ans Publikum und ruft es dazu auf, wachsam gegenüber dem Kommunismus und den Juden zu sein und sich seiner Religion, Sitten und Gebräuche zu bemächtigen.

Dieses billige antikommunistische, antisemitische Stück, das Erdoğan und seine Freunde aufführten, trug den Titel *Mas-Kom-Yah*. Die drei Silben stehen für die türkischen Wörter Mason-Komünist-Yahudi: Freimaurer, Kommunist, Jude. Die Hauptfeinde der islamistischen Bewegung ...

Mit der Unterdrückung der sozialistischen Bewegung wurde der Weg für die Islamisten frei. In der Ära damals wurden die Imam-Hatip-Schulen den anderen Gymnasien gleichgestellt. Damit stand den Generationen, die religiöse Bildung erhalten hatten, der Weg an die Universitäten offen. Obwohl Frauen nicht Imam werden konnten, wurden nun auch Mädchen an den Imam-Hatip-Schulen zugelassen. Es wurden die Grundlagen für ein auf Religion fokussiertes soziales Netzwerk und für Kader gelegt, die nach dem Abitur an diesen Schulen in Verwaltung, Politik und Regierung Einfluss haben sollten.

Gemeinsam mit Nationalisten machten islamistische Jugendliche auf den Straßen Jagd auf Kommunisten und verübten blutige Terroranschläge. 1976 starben über einhundert junge Leute in bewaffneten Auseinandersetzungen. In dieser angespannten Atmosphäre ging das Land 1977 in den Wahlkampf. Die Person im Fokus war Bülent Ecevit.

Nahezu überall, wo er hinkam, begegnete Ecevit Anschlägen nationalistischer Organisationen, die als Kommandos bezeichnet wurden. In Izmir wurde es richtig gefährlich. Schüsse aus einem Gewehr verfehlten ihn, trafen aber einen Politiker neben ihm ins Knie. Ecevit ging der Sache nach und deckte auf, dass die Patrone mit chemischen Substanzen gefüllt und von einer Waffe abgefeuert worden war, die es in der Türkei nicht gab. Er verfolgte die Spur weiter, wurde aber nicht fündig. Da fiel ihm eine Organisation ein, von deren Existenz er in seiner Zeit als Ministerpräsident erfahren hatte. Als der Generalstabschef damals eine größere Summe aus dem Geheimfonds des Kanzleramts für die »Abteilung für Sonderkriegsführung« forderte, erfuhr er, dass diese Abteilung im Gebäude der US-Militärmission in Ankara saß und bisher vom amerikanischen Militär finanziert worden war. Ebenso erfuhr er, dass die Abteilung an zahlreichen Orten im Land Waffen und Munition für den Fall einer Invasion lagerte und zudem zivile Kader unterhielt. Eines Tages erfuhr er von einem Militär, dass sich unter den zivilen Kadern auch Lokalpolitiker der nationalistischen MHP befanden. Alles deutete auf einen Staat im Staat hin.

Am 1. Mai 1977 wurde dann ein Massaker verübt, das Ecevit zutiefst beunruhigte: Unbekannte schossen auf die 1.-Mai-Kundgebung auf dem Istanbuler Taksim-Platz. 34 Menschen starben. Die Schützen wurden nicht gefasst, die Hintergründe der Tat nicht aufgeklärt. Ecevit hatte wiederum die Abteilung für Sonderkriegsführung im Verdacht. Sorgte sie für Chaos, um einem neuen Militärputsch den Boden zu bereiten?

Unter diesen Umständen wurde 1977 gewählt. Mit 41 Prozent erzielte Ecevits CHP ein Rekordergebnis.

Am Abend, als die Ergebnisse bekanntgegeben wurden, war ich mit Freunden vom Gymnasium vor der CHP-Zentrale im Ankaraner Stadtteil Kavaklıdere. Als wir Ecevit auf dem Balkon seinen Sieg verkünden hörten, dachten wir, der faschistische Terror und der nationalistische Druck, die unsere letzten Schuljahre in Blut getaucht hatten, wären überstanden. Die CHP würde allein die Regierung bilden, Ecevit würde ein gerechtes, friedliches Land aufbauen, in dem »der Boden dem gehörte, der ihn bearbeitet, das Wasser dem, der es verwendete«.

Doch es kam anders. Der Regierungsantritt der Linken ermutigte den »tiefen Staat«, der Ecevit aus dem Weg räumen wollte, und seinen Apparat auf der Straße. Wie auf ein geheimes Zeichen hin setzten plötzlich Massenangriffe, blutige Anschläge und sogenannte ungeklärte Morde ein. Bekannte Politiker, Gewerkschafter, Professoren, Journalisten wurden umgebracht. Das Pogrom von Kahramanmaraş im Dezember 1978 richtete sich gegen die linksgerichtete alevitische Bevölkerung der Stadt. Bei dem siebentägigen faschistischen Massaker kamen 111 Menschen um, darunter auch Kinder. Auf Maraş folgte Çorum: Mitte 1980 gingen dschihadistische Nationalisten aus Protest gegen die Ermordung des ehemaligen MHP-Vorsitzenden Gün Sazak auf die Straße, es kam zu Auseinandersetzungen mit Aleviten, die eskalierten, als die Dschihadisten unter dem Vorwand, die Röcke der Mädchen bei Festtagsaufzügen seien zu kurz, 57 Menschen töteten, hauptsächlich Aleviten. In Europa äußert sich der Nationalismus als Fremdenfeindlichkeit, in der Türkei hingegen schuf er sich einen »inneren Feind« und machte es sich zur Mission, in der Gesellschaft für Ordnung zu sorgen. Dieser entsetzlichen Ära, in der Millionen Menschen aus Angst vor den Schüssen nachts kein Auge zubekamen, setzte 1980 ein erneuter Militärputsch ein Ende. Am Morgen des 12. September war das Blutvergießen auf einen Schlag vorbei.

Der Zwölfte September

Um den Putsch vom 12. September 1980 historisch einordnen zu können, reicht es nicht, an die blutige Eskalation Ende der 1970er-Jahre zu erinnern, vielmehr ist zudem auf einige nicht unwichtige Blockaden vor dem Coup hinzuweisen. Zwei betrafen die Regionalpolitik, eine die türkische Wirtschaft.

Zunächst zum Rogers-Plan: Nach der türkischen Zypern-operation stieg Griechenland aus der NATO aus. Als es später wieder eintreten wollte, kam ein Veto aus Ankara. Die Regierungen unter Ecevit wie auch unter Demirel stimmten der Rückkehr Griechenlands nicht zu, solange auf Zypern und in der Ägäis keine Verständigung erzielt war. Die Ablehnung ließ an der Südostflanke des Bündnisses ein Verteidigungsdefizit entstehen und beunruhigte die USA. Ankara-Besuche der NATO-Befehlshaber stießen auf erhebliche Einwände der türkischen Premierminister. Deshalb wurde der Putsch von den USA begrüßt (falls er nicht von ihnen befördert worden war).

Der damalige CIA-Türkeichef Paul Henze sagte später im Gespräch mit dem großen Journalisten Mehmet Ali Birand: »Der Putsch war für uns eine positive Entwicklung und löste Erleichterung in Washington aus.« Er sei über den Putsch von einem Verantwortlichen im Nationalen Sicherheitsrat mit den Worten »The boys in Ankara did it« unterrichtet worden und habe daraufhin Präsident Jimmy Carter informiert.

Fünf Wochen nach dem Putsch akzeptierten »die Jungs in Ankara« den Rogers-Plan, den die Vorgängerregierungen beharrlich abgelehnt hatten, und hoben das Veto der Türkei auf, so dass Griechenland, ganz nach Wunsch der USA, in die NATO zurückkehren konnte.

Ein weiteres Ereignis, von dem angenommen wird, es habe eine Rolle beim Putsch gespielt, war die sowjetische Invasion in Afghanistan. Rund zehn Monate vor dem Militärputsch vom 12. September 1980 marschierten sowjetische Einheiten in Afghanistan ein und nahmen den Kampf gegen die islamischen Mudschaheddin auf. Damals wurde die sogenannte Green Belt Theory diskutiert. Der Theorie zufolge wollten die USA in den Regionen rings um die UdSSR die Bildung eines aus fundamentalistisch-islamischen Staaten bestehenden »grünen Gürtels« unterstützen, um Moskau zu schwächen und zu destabilisieren. Man glaubte, die Stärkung der Dschihadisten unter der grünen Fahne des Islam würde Unruhen auch in den Sowjetrepubliken mit muslimischer Bevölkerungsmehrheit auslösen und dadurch den Zusammenbruch des Kremls beschleunigen. Drei Jahre nachdem Zia-ul-Haq sich 1977 in Pakistan an die Macht geputscht hatte, stürzte General Kenan Evren in der Türkei die zivile Regierung. In derselben Zeit hatten auch im Iran Islamisten die Macht übernommen. Die USA und Saudi-Arabien unterstützten die Mudschaheddin, die von Pakistan nach Afghanistan gingen, um gegen die sowjetische Besetzung zu kämpfen, mit erheblichen finanziellen Mitteln und Waffenlieferungen.

Es ist kaum zu glauben, aber die Strategie, die Ausbreitung des Kommunismus mit Hilfe des Islams zu verhindern, wurde in der Türkei mit ebenjener Armee umgesetzt, die als Pionier des Laizismus galt. Nun bemühte sich aber Junta-Chef Kenan Evren, die in Lager gespaltene Gesellschaft auf der Basis der Religion zusammenzuführen, auf Kundgebungen rezitierte er Koransuren. In der Ägide des Militärregimes wurde auch der Religionsunterricht vom Wahl- zum Pflichtfach erhoben.

Kommen wir zur Wirtschaft:

Ende der 1970er-Jahre hatte die aufstrebende Gewerkschaftsbewegung wichtige Errungenschaften bei Arbeitsbedingungen, Löhnen und sozialen Rechten erkämpft. Demgegenüber war die Produktion gesunken, der Binnenmarkt stagniert, der Schwarzmarkt aufgeblüht. Die Entwicklung beunruhigte Großkapital und Regierung gleichermaßen. In dieser Situation bot der IWF als Ausweg aus der Krise ein Stabilisierungsprogramm für die Wirtschaft an. Mit dem Programm sollte die Türkei zur freien Marktwirtschaft übergehen und in den Weltmarkt integriert werden. Zur Umsetzung des Programms wurde Turgut Özal als Staatssekretär im Kanzleramt eingesetzt. Dieser Verwaltungsbeamte, dessen Namen wir vom Sturm auf die Zeitung *Tan* kennen, ein Mitglied des Sufi-Ordens der Naqschbandi, hatte sich nach dem Ingenieursstudium in den USA auf Ökonomie spezialisiert und dort später als Berater bei der Weltbank gearbeitet. Nach leitender Tätigkeit in einem der größten Kapitalunternehmen der Türkei versuchte er in Erbakans MSP den Einstieg in die Politik, kehrte aber, als er nicht ins Parlament gewählt wurde, in die Verwaltung zurück. Nun sollte er das vom IWF empfohlene »bittere Rezept« einlösen.

Am 24. Januar 1980 verkündete Özal das neoliberale Wirtschaftsprogramm für die Türkei. Kurzfristig sollten die Maßnahmen den Engpass überwinden, auf lange Sicht aber das Wirtschaftssystem komplett umbauen. Das neue Modell beruhte auf der Privatisierung staatlicher Investitionen und der Stärkung des Privatsektors durch die öffentliche Hand. Die Unterstützung für die Landwirtschaft sollte beschränkt, Subventionen sollten abgeschafft, ausländische Investitionen gefördert und für das auf Export basierende neue System Lohnerhöhungen gestoppt und Arbeitskraft billig gemacht werden. Der IWF unterstützte das von ihm empfohlene Programm mit einem Stand-by-Abkommen und versprach erweiterte Fondsfaszilität.

Natürlich gingen die Gewerkschaften auf die Barrikaden.

Ein Streik folgte auf den anderen. Solange der Widerstand der Gewerkschaften nicht gebrochen war, konnten die Maßnahmen unmöglich umgesetzt werden. Sechs Monate nach Verkündung der Beschlüsse vom 24. Januar wurde ein Attentat auf den mächtigen Vorsitzenden der Konföderation der Revolutionären Arbeitergewerkschaften DISK verübt. Eine Woche nach dem Mord wurde ein Verbotsverfahren gegen die DISK eingeleitet. Dennoch konnte der Protest der verarmenden Massen nicht zum Schweigen gebracht werden.

Etliche politische Analysten in der Türkei sind überzeugt davon, dass der Putsch 1980 eigentlich unternommen wurde, um die Bedingungen für diese ökonomische Transformation zu schaffen, die unter normalen Umständen nicht durchzusetzen gewesen wäre. Als der Putsch dann acht Monate nach Verkündung des Programms kam, wurden alle aktiven Spitzenpolitiker festgenommen, Turgut Özal aber, der Mann an der Spitze des Programms zum Gürtel-enger-Schnallen, rückte zum Vize-Premier mit Zuständigkeit für die Wirtschaft auf.

Nach dem 12. September wurden Schritt für Schritt die Streiks verboten und die Tätigkeit der Gewerkschaft DISK wurde gestoppt. Abfindungen nach Dienstjahren, Lohn- und Gehaltserhöhungen wurden beschränkt. Die großen staatlichen Wirtschaftskomplexe, die das Fundament der Ökonomie bildeten, wurden privatisiert, es begann die Zeit des Subunternehmertums und der Beschäftigung von Arbeitskräften ohne soziale Absicherung. Bildung wurde kostenpflichtig. Wer sich widersetzte, wurde gnadenlos bestraft.

Folgende Aussage des Vorsitzenden der Föderation der Türkischen Arbeitnehmerverbände TISK brachte die Situation sehr schön auf den Punkt: »Bisher haben stets die Arbeiter gelacht, jetzt ist die Reihe zu lachen an uns ...«

Jahre später sollte Putschistenchef General Kenan Evren sagen: »Wäre auf die Beschlüsse vom 24. Januar nicht die Phase vom 12. September gefolgt, hätten die Maßnahmen im Fiasko geendet. Früchte trugen die Maßnahmen dank eines derart strengen Militärregimes.«

Der Staatsstreich vom 12. September 1980 war der letzte von drei Militärputschen, die in den dreißig Jahren nach den Wahlen von 1950, die als die erste demokratische Wahl im Land gelten, im Abstand von je einer Dekade aufeinander folgten. Und er zeitigte die gravierendsten und nachhaltigsten Folgen. Anders als bei den beiden vorangegangenen Coups übergaben die Militärs die Macht diesmal nicht rasch wieder in zivile Hände, vielmehr veränderten sie das System von Grund auf und zerschlugen die Opposition in der Gesellschaft derart, dass sie sich mehrere Jahrzehnte nicht davon erholte.

Der Morgen des 12. September ist mir unvergesslich. Panzer, die durch die Straßen rollten, weckten uns in der Morgendämmerung. Im Schwarz-Weiß-Fernsehen verkündete der Moderator, die türkischen Streitkräfte hätten die Macht übernommen, um die territoriale Integrität des Landes zu bewahren, für nationale Einheit zu sorgen, einen drohenden Bürger- und Bruderkrieg zu verhindern und die staatliche Autorität wiederherzustellen. Das Radio spielte Militärmärsche. Kriegsrecht und eine Ausgangssperre wurden verhängt. Die Brotbäcker in den Stadtvierteln durften öffnen, und als ich vom Brotholen heimkam, war mein Vater dabei, den Ofen im Badezimmer mit »bedenklichen« Büchern aus meinem Bücherregal zu füttern. Ein trauriger Anblick.

Das Parlament wurde ausgesetzt, die Immunität der Abgeordneten aufgehoben. Politische Parteien wurden verboten, ihre Vorsitzenden auf Militärstützpunkten in Gewahrsam genommen. Auslandsreisen waren verboten. Die Türkei war zu einem riesigen Gefängnis geworden ...

Ich war erst seit einem Jahr als Journalist tätig. Auf dem Weg in die Redaktion musste ich Soldaten, die die Straßen sperrten, den gelben Ausweis der Zeitschrift vorweisen, für die ich arbeitete. Wir teilten uns das Büro mit der *New York Times.* Ihr Türkeivertreter saß am Telex und schrieb seiner Zentrale, der Putsch sei seit langem erwartet worden, nirgends sei Widerstand zu beobachten, mancherorts begegne die Bevölkerung den Soldaten sehr freundlich ... Doch so mancher, der an jenem Tag abgeholt wurde, kehrte nie zurück.

Folgende Zahlen verdeutlichen die Schlagkraft des Putsches:

- 650 000 Personen wurden festgenommen.
- In 210 000 Prozessen wurden 230 000 Personen angeklagt.
- Bei 1 683 000 Personen wurden die Personalien aufgenommen.
- 30 000 Personen wurden entlassen, weil sie als bedenklich galten.
- 14 000 Personen wurde die Staatsangehörigkeit entzogen.
- 30 000 Personen gingen als politische Flüchtlinge ins Ausland.
- 171 Personen kamen durch Folter in Polizeigewahrsam um.
- 937 Kinofilme wurden als bedenklich eingestuft und verboten.
- 23 677 Vereine wurden verboten.
- 3854 Lehrerinnen und Lehrer, 120 Universitätsdozentinnen und -dozenten, 47 Richter wurden entlassen.

- Für 7000 Personen wurde vor Gericht die Todesstrafe
  gefordert.
- 50 Todesurteile wurden vollstreckt.

Die ersten Hinrichtungen fanden drei Wochen nach dem
Putsch statt. Im Schnelldurchgang unterzeichneten die Militärs
im Parlament auf Bestätigung wartende Urteile und vollstreck-
ten sie sofort, um zu zeigen, dass sie keine Gnade kannten.

Rechte und linke Aktivisten wurden im Zuge einer Politik
des »Befriedens durch Mischen« gemeinsam in Zellen gesteckt,
die Hinrichtungen erfolgten nach dem Motto: »Einer von rechts,
einer von links.« Obwohl ein Grund für den Putsch die aufstrebenden islamistischen Strömungen gewesen waren, waren die
Anhänger des politischen Islams, die weniger als die anderen an
gewalttätigen Konflikten beteiligt gewesen waren, letztlich die
Gruppe, die den Putsch mit dem geringsten Schaden überstand.
Da die beiden anderen Gruppen dann nicht mehr existierten,
blühte sie sogar auf.

Die MSP, deren Istanbuler Jugendorganisation Recep Tayyip
Erdoğan leitete, wurde verboten, ihr Vorsitzender Necmettin
Erbakan und ihre Führungsriege verhaftet, Erdoğan aber blieb
unangetastet. Als sämtliche politischen Kader mit Politikverbot belegt wurden, war der Weg für Erdoğan frei. Nun würde
er auf den Wegen voranschreiten, die Parteichef Erbakan ver-
sperrt waren.

Mit dem Putsch von 1980 stiegen drei Formationen auf, die den
folgenden Jahrzehnten ihren Stempel aufdrücken sollten:

Zunächst die Anhänger der sogenannten türkisch-islamischen Synthese. Die Fundamente dieser Strömung waren vor
dem Zwölften September gelegt worden, sie stand für den
Putsch als Ideologie parat. Die bis dahin verfolgte laizistische

Linie mit positivistischer Bildung und Kultur wurde nach dem Putsch systematisch umgewandelt in eine Konzeption, die religiöse und nationale Bindungen in den Vordergrund rückte. Atatürks Verständnis, das das Türkentum vor den Islam gestellt hatte, wurde durch die Auffassung ersetzt, erst durch den Islam seien die Türken aufgestiegen. Und dahinter steckten auch noch Offiziere, die ständig Atatürks Namen im Munde führten.

Fethullah Gülen, der zu diesem Zeitpunkt eine der größten religiösen Gemeinschaften in der Türkei leitete, war eine Woche vor dem Putsch mit ärztlichem Attest aus seiner Tätigkeit als Prediger ausgeschieden. Obwohl er offiziell gesucht wurde, observierte man ihn nicht, und obwohl er sechs Jahre lang frei herumlief, wurde er nicht gefasst. In seinen Erinnerungen erzählt er, bei einer Straßenkontrolle einmal angehalten worden zu sein, der Kommandant aber sagte: »Wir haben so viel mit den Kommunisten zu tun, es macht keinen Sinn, sich auch noch mit unschuldigen Muslimen abzugeben«, und ließ ihn laufen. Zudem hatte Gülen den Putsch begeistert begrüßt und in der von ihm geleiteten Zeitschrift geschrieben: »Wo unsere Hoffnung versiegt, grüßen wir die uns zu Hilfe eilenden Soldaten.« Er war es auch, der sagte, die Putschistenführer kämen ins Paradies, wenn sie Religion vom Wahl- zum Pflichtfach erhöben.

Die zweite Bewegung, die der Putsch – ungewollt – schuf und wachsen ließ, war die bewaffnete kurdische Bewegung. Das Militär ergriff äußerst strenge Maßnahmen, um die separatistischen Strömungen in den kurdischen Regionen zu unterdrücken. Die kurdische Sprache wurde verboten. Das Militärgefängnis in Diyarbakır wurde in ein Folterzentrum verwandelt. Dort wurde brutal verprügelt, wer Kurdisch sprach, 37 Personen wurden unmenschlich zu Tode gefoltert. Die britische Zeitung *Times* listete das Gefängnis unter den zehn berüchtigsten

Haftanstalten der Welt auf. Während ins Ausland gegangene Kurden ihre ersten Kampagnen gegen das Regime vom Zwölften September führten, begann Abdullah Öcalan, der spätere Anführer der Bewegung, Guerillas der Arbeiterpartei Kurdistans PKK in Syrien auszubilden und eine bewaffnete Organisation aufzubauen, die in den vierzig Jahren ihrer Existenz stetig weiter wachsen sollte. Die im Schatten der Waffen groß werdende kurdische Bewegung sollte später als eine zivile politische Dynamik die Politik in der Türkei prägen, für wichtige demokratische Errungenschaften verantwortlich zeichnen und, sosehr sie auch ständig unterdrückt wurde, im Parlament, in den Kommunen, in den Bergen, in der Diaspora wie in den Gefängnissen ihren Einfluss geltend machen.

Damit zum dritten politischen Akteur, der mit dem Zwölften September aktiv wurde, erstarken und sich zu einem bleibenden Element der Politik mausern sollte. Er lässt sich als »tiefer Staat« bezeichnen. Ich hatte bereits erwähnt, dass unter dem Dach der NATO im Kalten Krieg eine Konterguerilla oder auch Gladio genannte Formation gebildet worden war, die in der Türkei als Abteilung für Sonderkriegsführung firmierte. Diese Struktur hatte vor dem Zwölften September ein Vierteljahrhundert lang mit zahllosen Provokationen, Morden, Sabotageakten und Anschlägen den Weg zum Putsch gepflastert. Nach dem Zwölften September trat sie mit einer ganz neuen Mission auf. Jetzt stand die armenische Organisation ASALA im Fokus.

Um Vergeltung für den Genozid an den Armeniern von 1915 zu üben, so postulierte sie, verübte ASALA seit Mitte der 1970er-Jahre Attentate auf türkische Diplomaten. Bis 1982 kamen bei ihren Anschlägen auf Auslandsvertretungen der Türkei elf Diplomaten, hauptsächlich Botschafter, ums Leben, zahlreiche weitere wurden verletzt. 1982 schwang sich ASALA zu einer größeren Aktion auf und verübte einen Anschlag auf den

Flugplatz von Ankara, es gab neun Tote, darunter einer der Attentäter, und 72 Verletzte. Daraufhin fasste die Militärjunta den Beschluss zum Gegenangriff. Der Geheimdienst durfte im Ausland nicht agieren, für Geheimoperationen sollten deshalb zum Tode verurteilte Rechtsextreme eingesetzt werden, die vor dem Zwölften September an bewaffneten Aktionen beteiligt gewesen und im Zuge des Putsches hinter Gitter gebracht worden waren. Das Gedankengut der Militärführung passte zu dem der antikommunistischen Nationalisten, für die der Staat Vorrang hatte und denen es darum ging, jedwede Abweichung in der Gesellschaft in die Uniform des Türkentums zu stecken. »Unsere Ideen sind an der Macht, wir aber im Knast« lautete der Propagandaspruch der Nationalisten im Gefängnis. Eines Nachts wurden inhaftierte Faschisten, die etliche Menschen auf dem Gewissen hatten, aus ihren Zellen geholt, vom Geheimdienst bewaffnet und auf armenische Ziele in europäischen Ländern angesetzt. Sie waren zwar bis auf ein paar Attentatsversuche und Sprengstoffanschläge auf Denkmäler nicht effektiv, standen aber nun im Dienst des Staates.

Aus dieser unter den Fittichen von Armee und Geheimdienst herangezüchteten brutalen Organisation wurde in späteren Jahren die illegale Struktur namens »Ergenekon«. Als die PKK im Sommer 1984 mit dem Überfall auf zwei Gendarmeriestationen die Phase des bewaffneten Kampfes einläutete, die vierzig Jahre andauern sollte, riefen die Vertreter der Staatsräson, denen klar wurde, dass das ordentliche Heer für den Guerillakrieg ungeeignet war, wiederum diese illegale Formation. Als »unsichtbare Hand des Staats« verübte Ergenekon staatliche Morde, richtete Blutbäder an, wurde im Laufe der Zeit auch im Drogenschmuggel tätig und wuchs bald zu nicht mehr kontrollierbarer Größe und Stärke an.

Mit Unterstützung der Öffentlichkeit legten die Militärs eine neue Verfassung vor, die die verbliebenen Grundrechte und -freiheiten noch weiter einschränkte und die Auffassung einer starken Regierung etablierte. Im Volksentscheid über die neue Verfassung wurde auch darüber abgestimmt, ob Junta-Chef Evren Staatspräsident werden sollte. Im Wahlkampf davor hatte Evren alle Gegner bezichtigt, Verräter und Terroristen zu sein, die mit ausländischen Kräften kollaborieren. Der Wahlzettel für die Ja-Stimme war weiß, der mit Nein blau. Wochenlang war die Farbe Blau nachgerade verboten. Die blauen Fahrscheine der städtischen Busse wurden abgeschafft. Wer Atatürks blaue Augen erwähnte, sah sich mit Evrens Schmähungen konfrontiert. Karikaturisten versuchten Bestrafung zu entgehen, indem sie »dings« statt »blau« schrieben. Das Gerücht, im Umschlag wäre die Farbe des Stimmzettels zu erkennen, verschreckte die oppositionellen Wähler. Schlussendlich wurden die neue Verfassung und der neue Staatspräsident mit dem exorbitanten Ergebnis von 91,4 Prozent Zustimmung angenommen. Evren zog die Uniform aus und trug in seinen sieben Amtsjahren Zivil. Als er 31 Jahre später vor Gericht zur Rechenschaft gezogen wurde, machte er seine Aussage vom Krankenbett aus und verstarb, bevor die lebenslängliche Haftstrafe gegen ihn bestätigt war.

Jetzt war die Zeit für den Auftritt neuer Parteien gekommen:

Mit ihrer Veto-Vollmacht verhinderten die Militärs die Rückkehr oder den Eintritt ihnen unliebsamer Personen in die Politik. Obwohl sie sich als Kemalisten gerierten, hatten sie die von Atatürk gegründete CHP verboten und ihren Vorsitzenden Ecevit inhaftiert. Nach seinem Abschied von der Politik betätigte Ecevit sich erneut als Journalist, wegen eines Artikels für den *Spiegel* musste er sich vor Gericht verantworten und sollte bis zu zwei Jahren ins Gefängnis. Die Massen, die fünf Jahre zuvor dem »schwarzen Jungen« nachgelaufen waren und seinen Namen auf Berge geschrieben hatten, jubelten jetzt den Soldaten zu, die ihn einsperrten. Dennoch zeigte sich das nach jedem Putsch wiederholte Verhaltensstereotyp auch nach dem Zwölften September. Die Partei, die der neue Staatspräsident Evren den Wählern empfahl, verlor. Stattdessen ermöglichte die Wählerschaft Turgut Özal, der seine Mutterlandspartei ANAP gegründet und Evren kritisiert hatte, weil der sich die Erholung der Wirtschaft selbst zuschrieb, mit 45 Prozent, allein die Regierung zu bilden.

Özal stellte ein Kabinett aus allen vier politischen Tendenzen zusammen, mit Islamisten und ehemaligen Sozialdemokraten, und übernahm selbst die Position des Premierministers. Er war es, der in seinen sechs Amtsjahren für ein Wirtschaftswachstum von 5,2 Prozent jährlich sorgte und das Land mit seiner geschwächten Opposition wie ein Familienunternehmen führte. Ebenso war er es, der die Türkei liberalisierte. Seinen Sohn ließ er den ersten privaten Fernsehsender gründen. Er sorgte für den Übergang vom Militärregime zur Zivilregierung, erweiterte aber die Befugnisse der Polizei getreu seiner Überzeugung: »Stärke die Polizei, wenn du einen Putsch vermeiden willst.« Er sagte: »Ideen müssen wie Waren auf den freien Markt kommen und miteinander konkurrieren können«, aber er setzte sich auch dafür ein, dass die mit Verbot belegten Politiker erneut in der Politik mitmischten.

In dieser Phase verlegten sich die verbotenen politischen Kader aufs Warten oder schlossen sich Özals Partei an. Erdoğan hingegen hielt seinem Meister Necmettin Erbakan die Treue. Das Politikverbot für die gesamte Führungsregie der Partei eröffnete ihm großen Spielraum. Mit der neu gegründeten Wohlfahrtspartei RP wurde ein Neuanfang gemacht. Erdoğan fungierte zunächst als Bezirks-, dann als Provinzvorsitzender und war im Handumdrehen Kandidat für das Parlament. Er ging Klinken putzen, stellte sich und seine Sache vor, lud den Mudschaheddin-Führer Hekmatyâr, der in Afghanistan auf Seiten der USA gegen die sowjetische Armee einen antikommunistischen Kampf führte, nach Istanbul ein und machte mit einem Foto, das ihn zu dessen Füßen zeigte, deutlich, auf welcher Seite er stand. Allerdings erkannte er auch, dass die Linie des politischen Islams die Partei auf eine begrenzte Stimmenanzahl einengte, woraufhin er gegen den Widerstand der Altvorderen der Partei auf Innovationsschritte drängte.

Dieser Vorstoß war es, der dafür sorgte, dass sich die schmale Basis der Partei ausdehnte und ihm das Attribut »Erneuerer« eintrug. Die von ihm auf diese Weise neu generierten Stimmen sollten ihn binnen fünfzehn Jahren an die Macht tragen.

Ein Anschlag, ein Tod, ein Unfall

Eine der besten Definitionen des »tiefen Staates« in der Türkei lieferte Süleyman Demirel, der das Land jahrelang regiert hatte:

»In unserem Land gibt es zwei Staaten: einmal den Staat, wie er eigentlich sein soll, dann den tiefen Staat. Der eigentliche Staat ist Reserve, der, der Reserve sein sollte, ist der hauptsächliche Staat. Beim geringsten Problem ist der zivile Staat außer Kraft, und gleich einem Generator springt der tiefe Staat ein.«

Wir haben gesehen, wie das Kräftemessen zwischen dem von Demirel genannten tiefen Staat und dem eigentlichen Staat an der Oberfläche die Geschichte der Republik geprägt hat. Zu diesem Armdrücken kam es in der Özal-Ära auf eine »Einladung« hin. Mit dieser Einladung vom Juni 1987 wurde der Premierminister zur Übergabezeremonie an der Spitze des Militärs gebeten.

Bis dahin wurden Generalstabschef und oberste Führungsriege (einschließlich der des Geheimdienstes) innerhalb der militärischen Hierarchie bestimmt, die Zivilregierung wurde nicht nach ihrer Meinung gefragt, lediglich in Kenntnis gesetzt. Diesmal ging der Generalstabschef vorzeitig in Pension, um den Platz für seinen Nachfolger, den Kommandeur der Landstreitkräfte, frei zu machen. Die Offiziere hatten die Namen der Leiter des Generalstabs bereits bis ins Jahr 2000 festgelegt. Nun lud der Kommandeur des Heeres den Premierminister als künftigen Generalstabschef noch vor seiner Ernennung ein. Özal ärgerte es, vor vollendete Tatsachen gestellt zu werden, er wollte nicht wie seine Vorgänger sagen: »Wenn das Militär es so beschlossen hat, dann bleibt uns, die Unterschrift zu leisten.« Der Putsch war sieben Jahre her. Er fühlte sich stärker. Mit Billigung von Staatspräsident Evren schickte er die beiden Kommandeure, die einander ablösen wollten, in den Ruhestand und setzte einen Generaloberst, der an dritter Stelle stand, als Generalstabschef ein. Das kam einem zivilen Putsch gleich. Özal demonstrierte Macht, seine Botschaft lautete: »Die militärischen Kader, mit denen ich zusammenarbeite, bestimme ich.« Das war in einem halbmilitärischen System, in dem das Militär putschte und die Zivilregierung bestimmte, mit der es arbeiten würde, ein prätentiöser Vorstoß. Er machte den bis ins 21. Jahrhundert hineinreichenden Plan der Generäle zunichte.

Ein Jahr darauf, im Juni 1988, hörten wir plötzlich zwei Schüsse, als wir Turgut Özals Rede auf dem Parteitag verfolgten. Kurz herrschte Verwirrung. Die Personenschützer zogen sofort ihre Waffen und deckten Özal. Eine Kugel war vom Mikrofon abgeprallt und hatte Özal am Finger verletzt. Der Attentäter Kartal Demirağ wurde gefasst, als er mit Abrollbewegungen zu flüchten versuchte. Später sagte er aus: »Ich war nicht allein im Saal. Wenn ich das Geheimnis lüfte, bricht die Hölle los.«

Der mit dem Anschlag befasste Staatsanwalt hatte den Verdacht, Demirağ habe die Tatwaffe von einem Polizisten im Saal erhalten. Nach den Schüssen auf Özal sollte der Attentäter eigentlich erschossen und die Sache verschleiert werden. Doch dem Attentäter war es gelungen, durch Rollen und mit Manövern, wie sie Kommando-Kräften zu eigen sind, zu überleben.

Die Ermittlungen wurden im Hauruckverfahren beendet. Verlautbart wurde, es habe sich um einen Einzeltäter gehandelt, der wegen Körperverletzung im Gefängnis gesessen hatte und Özal aus persönlicher Wut darüber töten wollte, dass dieser sich gegen eine Amnestie stellte. Dabei ließ man es bewenden.

Kartal Demirağ saß eine Haftstrafe von vier Jahren ab. Nach seiner Freilassung sprach ich für die Nachrichtensendung, bei der ich damals arbeitete, sowohl mit ihm als auch mit dem Staatsanwalt, der für den Fall zuständig gewesen war.

Demirağ war ein Killer, der in seiner Heimatstadt Afyon in einer nationalistischen Organisation ausgebildet worden war. Vor 1980 hatte er Ausbildungscamps der rechtsextremen MHP durchlaufen. Dazu sagte er: »An bestimmten Orten der Türkei gibt es geheime Camps. Dort bildeten pensionierte Armeeangehörige junge Männer militärisch und mental aus.« Ziel sei es gewesen, die Türkei vor »bösen Mächten wie Kommunisten, Zionisten, Freimaurern« zu schützen. In der Phase vor dem Anschlag hatte Demirağ auch Kontakt zum Geheimdienst aufgenommen. Er sagte: »Ich habe alles für das Vaterland und die Nation getan.«

Noch erschreckender waren die Äußerungen des Staatsanwalts, der damals die Ermittlungen leitete: »Wir stellten bei unseren Ermittlungen fest, dass eine Konterguerilla-Organisation gegründet worden war, um linke Bewegungen in Afyon zu unterbinden, und dass Kartal Demirağ ein ausgebildeter Mitarbeiter dieser Organisation war.«

Als ich den Staatsanwalt fragte, was denn auf diese Enthüllung folgte, lautete seine Antwort: »Eines Tages luden mich drei Personen, von denen ich vermute, dass sie vom Geheimdienst waren, in eine Villa in Istanbul ein. Sie verlangten, dass ich die Ermittlungen einstelle. Offenbar war ich an einem bestimmten Punkt angelangt. Ich stellte die Ermittlungen ein.«

Selbstverständlich ging auch Özal mit eigenen Mitteln dem Anschlag nach. Anschließend erklärte er: »Ich weiß, welche finsteren Mächte hinter dem Aktivisten stecken, der auf mich geschossen hat.« Wer waren diese »finsteren Mächte«? Warum ging er nicht gegen sie vor?

Sein Bruder Korkut Özal, der zeitweilig als Innenminister fungierte, sagte dazu:

»Er könnte in der Sache gewisse staatliche Elemente gesehen und deshalb nicht gegen sie vorgegangen sein. Vielleicht erkannte er, dass hinter dem Attentat eine wichtige Organisation oder jemand steckte, der sich auf den Staat stützte. Er hat die Sache nicht weiterverfolgt. Er sah sich gezwungen, es zu lassen, und zog einen Schlussstrich unter die Sache mit dem Attentat.«

Sechs Wochen bevor die zwei Schüsse auf Turgut Özal abgegeben wurden, war in der Nähe eines kleinen Dorfes in Italien ein Auto bei einer Kontrolle explodiert und dadurch ein gigantisches Geflecht aufgedeckt worden. Bei der Untersuchung der Munition in dem Auto stießen die italienischen Staatsanwälte auf die bereits erwähnte Organisation Gladio. Die Ermittlungen wurden intensiviert, es konnten verdeckte Aktivitäten dieser ohne Wissen selbst des Ministerpräsidenten gegründeten Organisation nachgewiesen werden. Nach Italien deckten auch die Regierungen der anderen NATO-Staaten die Zweige dieser aus der Zeit des Kalten Krieges stammenden paramilitärischen Organisation in ihren Ländern auf. In einem Statement verlautbarte Ex-CIA-Chef William Colby damals: »Es ist möglich, dass die CIA einige antikommunistische Organisationen unterstützt hat, damit NATO-Staaten wie die Türkei nicht den Kommunisten in die Hände fielen.«

Nun war also die Organisation enthüllt worden, die auch Ecevit in seiner Zeit als Premierminister im Verdacht hatte, der er nachgegangen und in deren Visier er dann selbst geraten war. Jetzt war die Reihe an der Türkei, sie auszuschalten. Doch das sollte nicht einfach werden.

1989 übernahm Turgut Özal das Amt des Staatspräsidenten von Putschistenführer Kenan Evren, vier Jahre später brach er beim Frühsport auf dem Laufband plötzlich zusammen und erlag einem Herzinfarkt. Dieser plötzliche Tod zog eine Reihe Spekulationen nach sich. Es wurde behauptet, der Präsident sei vergiftet worden, zum damaligen Zeitpunkt aber wurde keine Obduktion zugelassen.

Özal war zu diesem Zeitpunkt auf der Suche nach einer Lösung gewesen, um die bewaffneten Auseinandersetzungen mit der PKK zu beenden und die kurdischen Guerillakämpfer aus den Bergen zu holen. Über einen Berater und kurdische Abgeordnete hatte er einen indirekten Kommunikationskanal zu PKK-Chef Abdullah Öcalan eingerichtet. Der Dialog führte zu einem Waffenstillstand, es waren Schritte in Planung, um die kurdische Frage nicht mit Waffengewalt, sondern auf dem Boden der Legalität zu lösen.

Damals fuhr ich mit einem Kamerateam ins syrische Bekaa-Tal, um Abdullah Öcalan zu interviewen. Nach einer Nacht des Wartens in einem »konspirativen Haus« lernte ich am Tag darauf den damals 45-jährigen PKK-Chef kennen, den die Türkei zum Staatsfeind Nummer eins erklärt hatte. Er trug nicht die Uniform wie auf allen Fotos von ihm, sondern einen Anzug. Seine Botschaft lautete, er sei bereit, seine paramilitärische Organisation zu zivilisieren. Aus heutiger Sicht erscheint es unglaublich, doch damals wurde das halbstündige Öcalan-Interview in der Nachrichtensendung *32. Gün* (Der 32. Tag) ausgestrahlt.

Özal, der selbst kurdischer Herkunft war, bereitete eine Amnestie vor, um die Kämpfer in den Bergen zu überzeugen. Davon wollte er die Öffentlichkeit unterrichten. Als die kurdischen Abgeordneten, die den PKK-Chef vom Beschluss des Staatspräsidenten unterrichtet hatten, sich gemeinsam mit Öcalan vor den Fernseher setzten, um Özals Rede zu verfolgen, erfuhren sie von seinem Tod. Mit seinem Tod war das Versöhnungsprojekt geplatzt.

Fünf Wochen nach dem Todes-Schock, im Mai 1993, wurde

der Waffenstillstand durch ein entsetzliches Blutbad beendet, bei dem 35 Personen, darunter 33 Soldaten, von der PKK umgebracht wurden. Die Amnestievorarbeiten wurden ausgesetzt, wieder redeten die Waffen. Zur Aufdeckung ihres Gladio-Ablegers musste die Türkei noch bis zum Jahr 1996 warten.

Bevor ich den Susurluk-Unfall schildere, der zahlreiche Knoten lösen sollte, muss ich näher auf das Jahr 1993 eingehen, das als Wendepunkt in der Geschichte der Republik gelten darf. Denn die »finsteren Mächte«, von denen Özal gesprochen hatte, sorgten dafür, dass 1993 zum schlimmsten Jahr der türkischen Geschichte wurde.

1993 hätte ein besonders vielfarbiges Jahr in der Türkei werden können. Den unvergesslichen Sommer über gaben der Reihe nach Stars wie Guns n' Roses, Elton John, Metallica, Sting, Bon Jovi, Scorpions, Michael Jackson, Madonna Konzerte in Istanbul. Doch das Land wurde von einer Reihe Katastrophen erschüttert, es hagelte sie geradezu. Im Januar eröffnete die Ermordung von Uğur Mumcu, einem der ersten Namen im Journalismus der Türkei, das verfluchte Jahr. Der Investigativjournalist Mumcu hatte Jura studiert, er recherchierte Korruptionsfälle, Morde von Waffen- und Drogenschmugglern und rechten Banden und geriet damit bei etlichen Kreisen ins Visier. Als ich an jenem verschneiten Morgen in Ankara erfuhr, dass ihn eine Autobombe zerrissen hatte, als er sein Auto anließ, eilte ich sofort zu seinem Haus. Durch die Explosion weggeschleudert, lag sein Körper auf dem Schnee. Teile davon lagen verstreut ringsum. Er war ins Visier der Bande geraten, hinter der er her war, und hatte teuer dafür bezahlt, Journalist in der Türkei zu sein. Zwanzig Jahre später übernahm ich die Chefredaktion der Zeitung, für die Mumcu geschrieben hatte. Jeden Tag ging ich beim Betreten der Redaktion an den Fotos von ihm und den anderen getöteten Mitarbeitern der Zeitung vorüber, spürte bei jeder Zeile, die ich schrieb, jeder Schlagzeile, die ich setzte, dass ich mich ihrem Schicksal näherte.

Nach Mumcu hagelte es weiter Todesnachrichten von hochrangigen militärischen und zivilen Verantwortlichen, die sich um eine friedliche Lösung der kurdischen Frage bemühten:

Özals Berater Adnan Kahveci, der für ihn ein Gutachten zur kurdischen Frage erstellt hatte, kam im Februar mit Frau und Tochter bei einem fragwürdigen Autounfall um.

Generaloberst Eşref Bitlis, Oberkommandierender der Gendarmerie, der wiederum für Özal einen Bericht erstellt hatte, in dem er die Notwendigkeit unterstrich, für die demokratische Lösung der kurdischen Frage gemäßigte Maßnahmen für die Regionalbevölkerung zu ergreifen, kam im selben Februar um, als sein Flugzeug wegen »extremer Vereisung« abstürzte. Der damalige Vize-Premier behauptete, es habe sich um ein Attentat gehandelt, bewiesen werden konnte das nicht.

Eine weitere Person, die an demokratische Vorstöße zur Lösung glaubte, Brigadegeneral Bahtiyar Aydın, Gendarmerieregionalkommandant von Diyarbakır, wurde vor der Kommandantur in Lice von einem Scharfschützen niedergestreckt.

Major Cem Ersever fiel zehn Tage, nachdem er in einem Verfahren über einen staatlichen Mord Gesetzesverstöße und Drogenhandel unter dem Deckmantel des Anti-Terror-Kampfes aufgedeckt hatte, einem Mord zum Opfer, der nie aufgeklärt werden konnte.

Der Abgeordnete Mehmet Sincar, Mitgründer der HEP, der legalen Partei der kurdischen politischen Bewegung, wurde in Batman erschossen. Auch dieser Mord konnte nie aufgeklärt werden.

Als zur Unmenge blutiger Taten in jenem Jahr noch Turgut Özals jäher Tod hinzukam, glaubten alle, da wolle jemand eine friedliche Lösung sabotieren.

Es war noch nicht vorbei, die Serie von PKK-Anschlägen, die mit der Ermordung von 33 unbewaffneten Soldaten bei Verlegung im Südosten des Landes begonnen hatte, setzte sich mit Überfällen auf Reviere der Sicherheitskräfte fort. Von überallher kamen Särge mit Gefallenen. Im Dorf Başbağlar wurden 33 Dörfler erschossen. Kurz darauf kamen 26 Menschen bei einem Überfall in Van ums Leben, darunter 22 Frauen und Kinder.

Die schlimmste Nachricht aber kam im Juli: Eine Gruppe Literaten und Künstler, Gäste eines alevitischen Kulturfestivals in Sivas, wurden von muslimischen Fanatikern angegriffen. Zu den Festivalgästen gehörte auch der berühmte Schriftsteller Aziz Nesin, der sich – im Namen der Meinungsfreiheit – dafür einsetzte, Salman Rushdies vielerorts öffentlich verbranntes Werk *Die satanischen Verse* ins Türkische zu übersetzen. Nach dem Freitagsgebet demonstrierten die Aggressoren und brüllten: »Sivas wird dem Teufel Aziz zum Grab.« Als die Bedrohung zunahm, verschanzten sich die Künstler im Hotel und warteten auf Hilfe. Doch die aufgestachelte Menge belagerte das Hotel und rief nach der Scharia. Die Sicherheitskräfte kamen erst spät, und als sie eintrafen, zogen sie sich zurück, statt den tobenden Mob aufzulösen. Die Künstler saßen wehrlos im Hotel fest. Es nützte auch nichts, dass sie sich mit Regierungsvertretern in Ankara in Verbindung setzten. Gegen Abend schlugen die Angreifer die Scheiben ein und setzten das Hotel in Brand, der Mob brüllte: »Anzünden, anzünden« und »Das ist das Höllenfeuer«. 33 alevitische Schriftsteller, Dichter, Musiker und Intellektuelle erstickten im Rauch der Flammen. Aziz Nesin, der im Fokus des Mobs gestanden hatte, kam mit knapper Not davon, wurde dann aber von einem Feuerwehrmann vor die Menge gestoßen, die nur darauf wartete, ihn zu lynchen. Er überlebte wie durch ein Wunder.

Heinrich Heines Prophezeiung »Dort, wo man Bücher verbrennt, verbrennt man am Ende auch Menschen« war 172 Jahre
später in Sivas Wirklichkeit geworden.

Als ich später in Berlin mit einem Freund, der bei dem Massaker einen Nahestehenden verloren hatte, an einem Geschäft vo-
rüberging, sagte er: »Das ist der Laden von einem, der im Sivas-
Prozess verurteilt wurde.« Neun flüchtige Angeklagte gingen
nach Deutschland, Opfer und Brandstifter trafen sich in derselben Stadt wieder.

Nach wie vor finden sich Spuren der Ereignisse von 1993 in Geschichte, Politik und Gesellschaft der Türkei.

Seit damals wird stets am Beispiel Sivas erklärt, wie tödlich
aufgestachelter Fanatismus sein kann. Sivas ging in die Geschichte ein als das letzte Massaker an Aleviten, die seit Jahrhunderten aufgrund des konfessionellen Unterschieds diskri-
miniert, ausgeschlossen und massakriert worden waren. Da
die damals Verantwortlichen nicht vor Gericht kamen, die Aufwiegler nicht ausfindig gemacht werden konnten und die Tat
verjährte, ist das Feuer von Sivas bis heute nicht gelöscht.

Was die kurdische Frage betrifft, wurde 1993 zu dem Jahr, in
dem jene beseitigt wurden, die zur Lösung auf demokratische
Prozesse statt auf Militäreinsätze setzten. Aus dem Weg geräumt
wurden jene, die dafür eintraten, dass anstelle der Repressions-
politik die lokale Bevölkerung gewinnen sollte, dass die Verbote
der kurdischen Sprache abgeschafft und Regionalverwaltungen
mehr Befugnisse eingeräumt wurden. Ausgeschaltet wurde, wer
einen Lösungsprozess unterstützte, bei dem auch die Leitungs-
kader der PKK mit einbezogen wurden, sich für eine Amnestie für Leute in den Bergen, die nicht zur Waffe gegriffen hatten, und für die Förderung der politischen Auseinandersetzung

im Parlament statt des bewaffneten Kampfes in den Bergen einsetzte. Die Falken gewannen. Die Kriegspolitik war wieder da.

Innerhalb weniger Jahre nach der Erklärung von Ministerpräsidentin Tansu Çiller, »Uns liegt eine Liste kurdischer Geschäftsleute vor, die die PKK unterstützen. Wie die PKK selbst wird der Staat auch jene bekämpfen, die ihr finanziell unter die Arme greifen«, fielen neunzehn kurdische Unternehmer »staatlichen Morden« zum Opfer.

1994 wurde ein Sprengstoffanschlag auf die zweisprachig, auf Kurdisch und Türkisch, erscheinende Zeitung Özgür Gündem verübt, einer der im Gebäude Anwesenden kam dabei ums Leben, 23 wurden verletzt. Im selben Jahr gab es Sprengstoffanschläge auf die Parteizentrale und acht Zweigstellen der DEP, die die Kurden im Parlament vertrat. Die Partei wurde verboten. Sechs Abgeordneten wurde die Immunität entzogen, beim Verlassen des Parlaments wurden sie von Polizei abgeführt. Vor Gericht wurde die Todesstrafe für sie gefordert. Sie mussten für zehn Jahre ins Gefängnis. In den kurdischen Regionen sahen die jungen Leute, dass es keine legale Alternative mehr gab, und gingen weiter in die Berge, um sich der PKK anzuschließen. Infolge einer Reihe von Überfällen, Attentaten, Sprengstoffanschlägen und Gerichtsverfahren waren die Tore der demokratischen Politik fest verschlossen und der Boden für jene bereitet, die auf Gewalt setzten.

Wer hatte diesen Boden bereitet, warum und wie?

Die Antwort darauf kam am 3. November 1996 durch einen Verkehrsunfall heraus. Im Kreis Susurluk der Provinz Balıkesir geriet ein Mercedes mit vier Insassen unter einen Lastkraftwagen, der von einer Tankstelle abfuhr. Drei Passagiere der Limousine kamen um, einer mit dem Leben davon. Was normalerweise eine Nachricht für die Seite Vermischtes gewesen wäre, kam auf die Titelseiten. Denn einer der drei Toten war ein kurdischer Abgeordneter der rechten Regierungspartei, einer ein von Interpol weltweit gesuchter Schwerverbrecher und der dritte ein Polizeichef, dessen Aufgabe es war, diesen Schwerverbrecher zu fassen.

Im Kofferraum des Mercedes fanden sich zwei MP5-Maschinenpistolen, zwei zugelassene Waffen der Marken SIG Sauer und Beretta, zwei Pistolen irakischer Produktion, Munition, wie Spezialteams sie verwenden, und zwei Schalldämpfer.

Das Foto des plattgedrückten Mercedes bildete gewissermaßen den auf frischer Tat ertappten tiefen Staat ab. Durch Zufall war die Zusammenarbeit zwischen Mafia, Polizei und Politik herausgekommen, deren Existenz seit Jahren vermutet, über die vielfach spekuliert und deren Spuren bei zahlreichen Morden entdeckt worden waren. Offenbar war die »Konterguerilla«, die in den 1950er-Jahren gegen die religiösen Minderheiten in Istanbul, in den 1960ern gegen die Sozialisten, in den 1970ern gegen die Aleviten und in den 1980ern gegen die ASALA eingesetzt worden war, in den 1990er-Jahren damit beauftragt, die Kurden zu unterdrücken.

Der bei dem Unfall umgekommene Abdullah Çatlı wurde wegen schwerer Verbrechen »gesucht«: u. a. Planung der Ermordung des Chefredakteurs der Zeitung *Milliyet* Abdi Ipekçi, Entführung des Papstattentäters Mehmet Ali Ağca aus dem Gefängnis, Attentat auf einen Wissenschaftler, brutale Ermordung von sieben Studenten der Türkischen Arbeiterpartei. Bei jeder Festnahme war er entweder gleich wieder freigelassen oder aus der Haft entführt worden.

Er war es auch, der für verdeckte Operationen wie die Anschläge auf die armenische Untergrundorganisation ASALA in Europa beauftragt und bewaffnet worden war. In gewisser Weise verkörperte er Gladio. Tatsächlich wurde auch aufgedeckt, dass er Verbindungen zum italienischen Zweig der Organisation hatte. Später war er, wie etliche Killer des tiefen Staates, im Drogenhandel tätig.

»Eine Gruppe, die innerhalb des Staats zur Bekämpfung der Terrororganisation mit illegalen Mitteln gebildet worden war, löste sich nicht auf, sondern führte ab Anfang der 1990er-Jahre Aktionen auf eigene Rechnung durch«, wie ein damaliger Mitarbeiter des polizeilichen Nachrichtendienstes es formulierte. Einer dieser Leute war Abdullah Çatlı. Als Gegenleistung für seine früheren Dienste wurde er vom Staat geschützt, bekam falsche Papiere, teilte die Rendite, die er erwirtschaftete, mit Kadern im Sicherheitsapparat und der politischen Elite, die ihn benutzten, und war zu einem Teil des im Staat entstandenen brutalen, schmutzigen Räderwerks geworden.

Der Unfall bei Susurluk bot der Türkei eine einzigartige Gelegenheit, sich von den politischen Verbrechen der Vergangenheit zu läutern, die Vergangenheit aufzuarbeiten und neue, demokratische Schritte zu setzen. Es war möglich geworden, die in Europa der Reihe nach aufgedeckten illegalen Strukturen zu enthüllen, zu bestrafen und abzuschaffen.

Das durch den Unfall aufgedeckte Netzwerk löste in der Öffentlichkeit Empörung aus. Auf Massenkundgebungen wurde gefordert, der Sache auf den Grund zu gehen. Im ganzen Land wurde mit dem Slogan »Eine Minute Dunkelheit für immerwährendes Licht« jeden Abend für eine Minute das Licht ausgeschaltet, um die Regierung zum Handeln aufzufordern. Im Parlament wurde ein Untersuchungsausschuss eingesetzt, der die Verbindungen der Organisation herausfinden sollte. Im Bericht des Ausschusses stand dann, es gebe Banden innerhalb des Staates, manche staatlichen Akteure hätten mit ihnen kollaboriert und bei allen möglichen illegalen Aktivitäten seien große Gewinne gemacht worden.

Sämtliche Spuren, die verfolgt wurden, liefen auf die Person hinaus, die einem sofort einfällt, wenn man an den »tiefen Staat« denkt: Innenminister Mehmet Ağar. Er trat zurück. Und wurde gemeinsam mit dem Abgeordneten, der den Unfall überlebt hatte, vor Gericht gestellt. Dort kam ihm der Rettungsring jedes tiefen Staates, jeder illegalen Aktivität, jedes straffällig gewordenen Beamten zu Hilfe: Diese Themen waren »Staatsgeheimnisse«. Alles war »im Interesse des Staates« getan worden. Die Aufdeckung der Einzelheiten gefährde die nationale Sicherheit.

Ağar wurde wegen Leitung einer kriminellen Vereinigung verurteilt und saß ein Jahr im Gefängnis, das mehr einem Hotel als einer Haftanstalt glich. Die Beisetzung Abdullah Çatlıs organisierten die militanten rechtsextremen Grauen Wölfe nach Art einer Heldenbestattung. Die eigentliche Anerkennung aber kam von der damaligen Ministerpräsidentin Tansu Çiller. Die Vorsitzende der Mitte-rechts positionierten Partei des Rechten Wegs DYP, eine ehemalige Professorin, stellte sich mit folgenden Worten vor die Täter: »Wir werden stets mit Respekt jener gedenken, die für diese Nation, dieses Land, diesen Staat schießen oder erschossen werden.«

Damit wurde der Susurluk-Skandal ad acta gelegt.

Dass nach dem Unfall aber die Attentate, Sprengstoffanschläge und nicht aufzuklärenden Morde auf einen Schlag aufhörten, zeigte in aller Deutlichkeit, dass hinter den Untaten der tiefe Staat steckte.

Ein postmoderner Putsch

Recep Tayyip Erdoğan begegnete ich Ende der 1990er-Jahre zum ersten Mal persönlich auf der Istanbuler Buchmesse. Als Bürgermeister besuchte er die gigantische Veranstaltung, bei der wir jedes Jahr mit unseren Leserinnen und Lesern zusammentreffen. Als er uns Autoren sah, stand er höflich auf, knöpfte sein Jackett zu und drückte uns die Hände. Ich hätte nie gedacht, dass dieser ehrgeizige Politiker, der damals die Schriftsteller feierte und Bücher in Ehren hielt, schon bald darauf über Bücher sagen sollte, sie seien gefährlicher als Bomben, Schriftsteller hinter Gitter bringen und den Verlauf meines Lebens ändern sollte.

In jenem Jahr signierte ich mein Buch *Ergenekon* für meine Leserschaft. Von einem Akademiker hatten wir erfahren, dass der Staat im Staat, der nach dem Unfall bei Susurluk Knoten für Knoten gelöst wurde, eigentlich »Ergenekon« hieß. Er hatte es von einem General gehört, einem Folterer, und uns weitergetragen. Im Buch belegte ich mit Zeugenaussagen, Beweisen und Dokumenten die Geschichte der Organisation, ihre Vorgehensweise, ihre Organisationsformen, die Killer, die sie benutzte, die Aktionen, in die sie verwickelt war, wie sie vom Staat geschützt wurde und Verfolger beseitigte. Der Name »Ergenekon«, den ich damals erstmals in der Öffentlichkeit nannte und der seinerzeit wenig Aufmerksamkeit erregte, sollte zehn Jahre später gleich einer Bombe auf der türkischen Agenda einschlagen und zum Gegenstand der großen Abrechnung Erdoğans mit den Streitkräften werden.

Wie wurde Erdoğan zum Oberbürgermeister von Istanbul gewählt?

War früher die Rede von »zwei Istanbuls«, waren damit die beiden durch den Bosporus getrennten Seiten auf dem asiatischen respektive europäischen Ufer gemeint. Später war die Stadt in ein Istanbul der reichen Städter und eines der armen Einwanderer gespalten.

Der offiziellen Statistik zufolge waren in den 1950er-Jahren 35 Prozent der Einwohner Zugewanderte. In den 1980er-Jahren erhöhte sich die Quote auf 56 Prozent. Gleichzeitig überholte die Anzahl der Stadtbevölkerung die der Landbevölkerung. Die Türkei verstädterte. Anatolien verarmte, Istanbul aber wurde zum Anziehungspunkt, 1950 hatte die Stadt rund eine Million Einwohner, 1990 aber bereits fast zehn Millionen. Mit der Binnenmigration sank die Quote der in Istanbul Gebürtigen auf ein Drittel. Die große Mehrzahl der Neuankömmlinge stammte vom Schwarzen Meer. Sie stellten die Mehrheit in der Stadt.

Der Sturm, den Erdoğan auslöste, selbst Kind einer Familie, die eine Generation zuvor vom Schwarzen Meer nach Istanbul migriert war, war auch Ergebnis dieser sozialen Bewegung, dieser demographischen Transformation.

Die Neuankömmlinge atmeten zwar dieselbe Luft wie die ursprüngliche Bevölkerung, lebten aber in anderen Vierteln, nutzten andere Verkehrsmittel, hatten andersartige Arbeitsplätze und wohnten in ganz anderen Häusern. Zwischen den Menschen in der Peripherie und denen im Zentrum der Stadt stand eine unsichtbare Mauer und tat sich eine wirtschaftliche Kluft auf.

In der Ansprache nach seiner Wahl zum Bürgermeister 1994 drückte Erdoğan seinen sozialen Rückhalt mit folgenden Worten aus:

»Es gibt zwei Istanbuls: Das eine ist das Istanbul von Moda, Bebek, Ataköy, das andere das Istanbul von Bağcılar, Sultanbeyli, den Gecekondu-Vierteln. Jetzt kommt dieses zweite Istanbul an die Regierung.«

Genau so war es. Zum rasanten demographischen Wandel kamen noch die Auswirkungen der sozialen Transformation hinzu. Denn die Neuankömmlinge brachten nicht nur ihre Familien mit, sondern auch ihre lokalen Traditionen, ihre provinziellen Sitten und Gebräuche, ihren konservativen Lebensstil. Sie vernetzten sich in nach Herkunft organisierten Solidaritätsvereinen, zunächst ging es ums bloße Überleben, später bemühten sie sich, Breschen in die Mauern der Stadt zu schlagen. Auf den gewaltigen Zustrom war die Stadt nicht vorbereitet. Statt dass die Zugewanderten sich der urbanen Lebensweise und Kultur anpassten, geschah das Gegenteil. Zu Beginn der 1990er-Jahre war Istanbul komplett verwandelt, war »provinziell« geworden, von der Architektur bis zur Esskultur, von der Musik bis zur Kleidung und schließlich bis hin zum Bürgermeister.

Den linken Parteien, deren Wählerschaft sich traditionell aus Werktätigen, unterdrückten Massen und Menschen an der Peripherie der Stadt zusammensetzte, war mit den Militärputschen die Luft zum Atmen genommen worden.

Als Bülent Ecevit 1995 mit seiner neuen Partei der Demokratischen Linken DSP wieder in die Politik zurückkehrte, erhielt er nur noch 15 Prozent, und die sozialdemokratische CHP blieb bei 11 Prozent stecken. Demgegenüber erreichte Erbakan, der sich 1987 mit seiner islamistischen Wohlfahrtspartei RP erneut auf den Weg gemacht und 7 Prozent geholt hatte, 1991 dank der Unterstützung des »heiligen Bündnisses« der türkischen Nationalisten mit den Islamisten bereits 16 Prozent. Statt links wählten die Massen, die mit dem System nicht konformgingen, nun die Islamisten. Das war zum Teil auch der jungen frommen Generation geschuldet. 1970 belief sich die Anzahl der Imam-Hatip-Schulen auf einhundert, Ende der 1990er waren es über eintausend. Vor diesem soziopolitischen Hintergrund fanden 1994 die Kommunalwahlen statt, bei denen Erdoğan zum Oberbürgermeister von Istanbul gewählt wurde.

Von heute aus betrachtet, wird deutlich, dass Erdoğan eher nicht gewann, sondern dass man ihn gewinnen ließ: In Istanbul waren von Mitte-rechts und Mitte-links je drei Kandidaten aufgestellt. Während die Mitte-rechts-Kandidaten insgesamt 37 Prozent der Stimmen bekamen, holten die beiden Mitte-links-Kandidaten gemeinsam 33,5 Prozent. Hätte man sich auf einen einzigen Kandidaten verständigen können, hätte Mitte-links die Wahl mühelos für sich entschieden, doch sie war gespalten, so dass sie Erdoğan, der auf 25 Prozent kam, die Wahl quasi schenkten.

Unmittelbar vor den Wahlen, Erdoğan lag in den Umfragen vorn, hatte Premierministerin Tansu Çiller eine alte Akte aufgemacht und erklärt: »Ich halte Dokumente eines illegalen Gebäudes in Händen, das er auf einem Waldgrundstück errichten ließ.« Tatsächlich war Erdoğan 1986 verurteilt worden, weil er ein Grundstück einer Kommune, die von seiner Partei regiert wurde, illegal bebaut hatte. Die Meldung aber, die als »Bombe zur Wahl« lanciert wurde, stand im Widerspruch zur damaligen Soziologie. Denn ein Großteil der Neubürger Istanbuls lebte wie Erdoğan in illegal errichteten Bauten. Gegen den Anwurf der reichen Ministerpräsidentin, die in einer Villa am Bosporusufer lebte, wehrte Erdoğan sich mit den Worten: »Ja, ich bin einer von den Hunderttausenden, die in Häusern ohne Baugenehmigung leben müssen, weil sie keine leitenden Positionen innehaben.« Mit dieser Verteidigung zurrte er sein Image fest, die Stimme aus den Vorstädten gegen das Zentrum zu sein.

Bei einer Versammlung trat er in den Tagen, als er in Istanbul von Tür zu Tür ging, mit einem Umschlag auf. Er nahm einen Ring und einen Zettel heraus. Auf den Zettel hatte ein junges Mädchen geschrieben: »Verehrter Vorsitzender, mein Ring soll der Auftakt für den Wahlkampf sein.« In emotionalem Ton fragte Erdoğan ins Publikum: »Können die Milliarden der Holdings diese Hingabe, diese Begeisterung übertrumpfen?« Allerdings war die Ära nicht weit, da er sich auf die Milliarden der Holdings stützen und den Ring vergessen sollte, mit dem er damals wucherte.

Dass Istanbul »fiel«, löste in laizistischen Kreisen einen Schock aus. Bei denselben Wahlen ging auch die Hauptstadt Ankara verloren, weil auch dort die Stimmen von Sozialdemokraten und liberalen Rechten gespalten waren. Mein Büro in Ankara lag unmittelbar neben dem *Anıtkabir*, dem Mausoleum Atatürks. Am Wahlabend sahen wir mit Fahnen der Wohlfahrtspartei geschmückte Autos eingebildet hupend das Grabdenkmal umkreisen. Die Triumphkorsos kündeten nachgerade von dem bevorstehenden Konflikt.

Wahlgewinner Erbakan verhehlte seine islamistische Identität ebenso wenig wie die neuen Bürgermeister der Metropolen. Ganz im Gegenteil, geradezu provozierend attackierten sie die ohnehin beunruhigten laizistischen Kreise.

Kurz nach der Wahl hielt Erbakan im Parlament die unglücklichste Rede seiner politischen Laufbahn: »Die ›gerechte Ordnung‹ wird kommen, das ist unabdingbar. Wird die Übergangsphase weich oder hart sein? Blutig oder unblutig? Das wird sich erweisen.«

Nach ihm sprach Erdoğan, sein Adept. Er bezeichnete sich als »Imam von Istanbul«. Er nahm jene aufs Korn, die panisch fürchteten, der Laizismus komme abhanden, und sagte: »Wenn diese Nation es will, kommt der Laizismus natürlich abhanden.« Auch sagte er, für ihn sei die Demokratie nicht das Ziel, sondern ein Vehikel. Das Ziel, das er an jenem Tag nicht aussprach, »um gewisse Stellen nicht zu beunruhigen«, war die islamische Republik. Zu diesem Ziel sollte die Demokratie als Vehikel dienen.

Die Parlamentswahl von 1995 gab der Kühnheit der politischen Islamisten weiter Auftrieb und beunruhigte das Militär noch mehr. Wieder überholte die Wohlfahrtspartei die gespaltenen Parteien von Mitte-rechts und Mitte-links, die insgesamt 17 Punkte verloren, und wurde mit 21 Prozent stärkste Partei. Ein Jahr nachdem der politische Islam mit Unterstützung der Nationalisten die Herrschaft über die Metropolen übernommen hatte, stellte er erstmals in seiner Geschichte einen Ministerpräsidenten.

Von einer womöglich blutigen Phase des Übergangs zur Regierung des politischen Islams und von der Beseitigung der laizistischen Ordnung per Volksentscheid zu reden, bedeutete einen Schlag ins Gesicht des Militärs, das ohnehin auf Hab Acht war. Jeder, der sich einigermaßen in der türkischen Geschichte auskannte, konnte sich vorstellen, welchen Effekt derartige fundamentalistische Vorstöße in den militärischen Stäben haben würde. Es sah so aus, als wäre es wieder einmal Zeit für die Tradition »alle zehn Jahre ein Putsch« in den Köpfen der Generäle, die 1983 die Macht an Zivilisten abgetreten hatten.

Die Armee war beunruhigt, und ich wurde in jenem Jahr Vater. Mein Großvater war in Kinderjahren, als es nach der Ausrufung der Konstitution zum Aufstand der Fundamentalisten kam, vermutlich wisperte man damals: »Die Armee ist beunruhigt.« Die Armee griff ein und schlug den islamistischen Aufstand nieder.

Als mein Vater Kind war und die Fundamentalisten sich bei Ausrufung der Republik erhoben, wuchs er vermutlich mit dem gleichen Wispern auf: »Die Armee ist beunruhigt.« Wieder griff die Armee ein und schlug den islamistischen Aufstand nieder.

In meiner Jugend las man bei uns zu Hause von Fundamentalisten, die linke Studenten niedergestochen hatten, und sagte: »Die Armee ist beunruhigt.« Als ich studierte, demonstrierten die Fundamentalisten dagegen, dass Israel Jerusalem zur Hauptstadt erklärt hatte. Die Armee griff ein und unterdrückte den islamistischen Aufstand.

Als übernähme sie einen verfluchten Staffelstab, bereitete sich bei uns zu Hause nun die vierte Generation darauf vor, mit einer Bewegung, die nach der Scharia rief, und einer beunruhigten Armee aufzuwachsen. Und diesmal hatte die beunruhigende Bewegung auch noch die Wahl gewonnen und teilte sich die Macht mit dem Militär.

In Afghanistan hatten unterdessen die Taliban die Macht übernommen. Den neuen Ministerpräsidenten Erbakan führte eine seiner ersten Auslandsreisen nach Libyen, wo Gaddafi ihn drängte, die Zusammenarbeit mit »dem zionistischen Israel« aufzukündigen. Erbakan löste Proteste aus, als er in seinem Amtssitz die Scheichs religiöser Orden zu einem Gastmahl zum Fastenbrechen lud. Als in einer Kreisstadt bei Ankara bei einer Al-Quds-Veranstaltung nach der Scharia gerufen wurde, bezogen Panzer aus der nahe gelegenen Panzerdivision zur Warnung Stellung auf dem Stadtplatz. Ehe die Regierung ein Jahr im Amt war, kündigte sich ein erneuter Putsch an.

Diesmal aber verfolgten die Offiziere eine andere Methode als bei den drei vorangegangenen Coups. Statt direkt einzugreifen, wählten sie einen indirekten Weg: Die Zivilgesellschaft wurde mobilisiert. Der Reihe nach organisierten Frauenvereine, Berufsverbände, Universitäten Kundgebungen unter dem Motto »Nein zur Scharia«. Anschließend unterbreiteten der Generalstabschef und die Kommandeure der Teilstreitkräfte bei der Sitzung des Nationalen Sicherheitsrats, in dem die strategischen Beschlüsse des Staates gefasst wurden, dem Ministerpräsidenten eine Liste mit Forderungen, was gegen die Gefahr des Fundamentalismus zu tun sei. Religiöse Orden sollten verboten, Religionsschulen dem Staat unterstellt und die Schulpflicht angehoben werden. Mit Bajonetten wurde Erbakan gezwungen, seine eigene Politik zu verbieten. Er steckte in der Klemme zwischen politischer Tradition und politischer Zukunft. Der Druck war stark, er unterzeichnete die Forderungen.

Unmittelbar darauf wurde ein Verbotsverfahren gegen die regierende Wohlfahrtspartei eingeleitet. Erbakan trat notgedrungen zurück. Seine Partei wurde verboten. Ihm selbst wurde erneut verboten, sich politisch zu betätigen.

Die Generäle hatten die Regierung gestürzt, ohne die Macht zu übernehmen. Diese Militärintervention »von weitem«, wie sie der Neuzeit entsprach, ging als »postmoderner Putsch« in die Geschichte ein.

In meinen Zeitungskolumnen sprach ich mich damals gegen Partei- und Politikverbote aus. Ich war ebenso sehr gegen den politischen Islam wie gegen die Vorherrschaft des Militärs. Meines Erachtens wurden verbotene Parteien und Politiker im Untergrund nur umso attraktiver und würden sich im Kostüm des Opfers nur umso schneller organisieren und groß werden. Diese Meinung vertrete ich auch heute noch. Doch nachdem ich den Sturm des Populismus gesehen habe, der sich wie ein Virus in Europa ausbreitet, sehe ich deutlicher, dass jede nur mögliche gesetzliche Vorkehrung gegen jene getroffen werden muss, die die Demokratie benutzen, um sie abzuschaffen, und dass der Protest aus der Gesellschaft viel stärker sein muss. Die Demokratie muss sich gegen jene wehren, die sie untergraben. Sonst wird sie zum Vehikel in der Hand von Leuten, die sie mit einem Zug vergleichen, dessen Endstation Auto-kratie heißt.

Das Militär, das die Wohlfahrtspartei verboten und Erbakan abgesetzt und mit Verbot belegt hatte, ebnete den Weg für Erdoğan, der auf seine Zeit gewartet hatte. Das Establishment der Türkei wie auch die damalige US-Regierung war nach der schwierigen Erfahrung mit Erbakan auf der Suche nach einem gläubigen politischen Akteur, der kontrollierbar und verständigungsbereit war und zudem fähig, Zustimmung in der Gesellschaft zu generieren. Erdoğan sah, was seinem Idol, den er als Meister betrachtete und »Hodscha«, geistiger Führer, nannte, seiner Partei, die er als Zuhause empfand, seiner von Jahr zu Jahr gewachsenen Bewegung, widerfuhr, zog seine Lehren daraus und plante nun seinerseits einen Coup. Er merkte, dass allmählich die Zeit nahte, selbst in den Vordergrund zu treten, und bereitete sich darauf vor, die Bewegung zu übernehmen. Er musste vorsichtiger sein, die Karten klüger ausspielen und sich in der neuen Ära einen neuen Weg bahnen, ohne die Militärs, die als »böse Geister« der Politik galten, aufzuscheuchen und ohne sich den Unmut der Altvorderen seiner verbotenen Partei zuzuziehen. So sah sein Plan aus, doch er ließ sich von seinen Ambitionen hinreißen und tat das Gegenteil.

Ende 1997 trat er bei einer Kundgebung in Siirt auf, rief angesichts der Menge, die ihm lauschte, im Eifer des Gefechts am Rednerpult: »Mein Bezugspunkt ist der Islam«, und rezitierte das Gedicht, das sein Schicksal ändern sollte:

»Minarette sind Bajonette, Kuppeln Helme,
Moscheen sind unsere Kasernen, die Gläubigen Soldaten …
Dieses göttliche Heer wacht über meine Religion.
Allah-u Ekber, Allah-u Ekber …«

Die Anklage wegen Volksverhetzung folgte auf dem Fuße.

Vor Gericht stellte er sich hinter seine Worte. Und wurde zu einem Jahr Haft verurteilt. Gegen das Urteil protestierte er mit folgenden Worten:

»Ich habe kein schändliches Verbrechen begangen, bloß meine Gedanken geäußert. Andere Intellektuelle, Künstler und Politiker der Türkei wurden wegen ähnlicher Vorwürfe verurteilt. Dabei sollten auch die Menschen in meinem Land wie in entwickelten Ländern ihre Gedanken frei und furchtlos äußern dürfen. Hier erhebt der Patriotismus Anspruch auf die Demokratie.«

Später, als er selbst an der Macht war, würden dieselben Argumente gegen ihn vorgebracht werden.

Im Herbst 1998 wurde die Haftstrafe rechtskräftig. Ihm wurde der Bürgermeisterposten entzogen und verboten, sich politisch zu betätigen. Jetzt konnte er »nicht mal mehr Bezirksvorsteher werden«, wie eine Zeitung damals titelte.

Aus den USA und Europa kam Protest gegen das Urteil. Der US-Generalkonsul besuchte ihn im Amt und übergab ihm eine Solidaritätsnote, EU, Europarat und Amnesty International protestierten. Die *Süddeutsche Zeitung* kommentierte, die türkische Regierung drängte islamistische Oppositionelle in die Radikalität und Illegalität.

Beim Abschied von seiner Frau, bevor er in Begleitung der großen Menge, die sich vor seiner Tür versammelt hatte, ins Gefängnis ging, sagte Erdoğan: »Mach dir keine Sorgen. Ich werde ihnen zeigen, dass Tayyip nicht so leicht abtritt. Sie werden sehen und die ganze Welt wird sehen, dass ich eigentlich jetzt erst richtig da bin. Wir fangen ganz neu an.«

Als das 20. Jahrhundert endete, fing die Türkei genau wie er ganz neu an.

Krise und Chance

Der Weg nahezu aller bedeutenden Politiker, die die Türkei regiert haben, führte auf die eine oder andere Weise durch eine »Strafanstalt«. Manche (wie Atatürk) wurden eine Weile in Gewahrsam genommen, andere (wie Demirel) wurden zu einem Zwangsaufenthalt genötigt, und einige (wie Menderes, Bayar, Ecevit, Türkeş und Erbakan) waren eine Zeitlang im Gefängnis.

Nun war die Reihe an Erdoğan. Doch im Vergleich zu den anderen hatte er mehr Glück. Denn die insgesamt 119 Hafttage verbrachte er in einer luxuriösen Atmosphäre in einer als Büro eingerichteten Sonderzelle.

Damit dem Staatschef der Zukunft im Gefängnis nichts zustieße, war als »Betreuer« ein Killer engagiert worden, der in den 1980er-Jahren an diversen Morden beteiligt gewesen war, es war dafür gesorgt worden, dass Hasan Yeşildağ wegen Scheckbetrugs kurz vor Erdoğan in dasselbe Gefängnis kam. Yeşildağ, den Erdoğan im Gegenzug für diesen Dienst sein Leben lang an seiner Seite behalten und mit dem Zuschlag bei Ausschreibungen reich machen sollte, renovierte die Zelle, in der sein Führer sitzen würde, komplett und verwandelte sie in ein »Homeoffice«, in dem Erdoğan in Ruhe arbeiten konnte. Dort sollte der glückliche Häftling wohnen, arbeiten, die Gäste empfangen, für die sein Sekretariat draußen die Termine machte, Dinner geben, an denen auch die Anstaltsleitung teilnahm, und im Fernsehen Fußball gucken. Darüber hinaus nahm er Sprachunterricht, verfolgte aufmerksam die Politik und schmiedete Pläne für die Zukunft.

Die Haftanstalt Pınarhisar war quasi ein Kokon, in dem Erdoğan sich erneuerte. Er hatte begriffen, dass er unter den gegebenen Umständen mit islamistischer Politik nicht vorankommen würde. Erbakan und sein Stab von Altvorderen waren außerstande, die veralteten Stereotype in ihren Köpfen hinter sich zu lassen, sie erkannten den Veränderungsbedarf nicht und gaben Neuen keine Chance. Die von ihnen gegründeten Parteien wurden allesamt aus den gleichen Gründen verboten, es gab Politikverbote, jeden gekippten Wagen ersetzten sie aber rasch nur durch einen neuen. Doch das Militär stoppte jedes Mal auch den neuen Wagen. Auch Erbakans jüngste Gründung, die Tugendpartei, erwartete dasselbe Schicksal.

Die Politik war verworren. Bei den Kommunalwahlen 1999, die Erdoğan im Fernsehen in der Zelle verfolgte, kam keine Partei über 20 Prozent. Die parlamentarische Demokratie, die man mit ständigen Eingriffen auf Linie zu bringen versuchte, war zu einem Museum geworden, in dem ermattete Parteien der Mitte ausgestellt wurden, die sich kaum noch voneinander unterschieden. Das System steckte in der Sackgasse, die Wähler waren erschöpft.

Erdoğan war mittlerweile fünfundvierzig. Er erkannte, dass die Zeit gekommen war, sich von seinem »Vaterhaus« in der Politik zu verabschieden und seinen eigenen Weg zu planen. Er wusste, was zu tun war: eine »muslimisch-demokratische« Partei nach dem Vorbild der christlich-demokratischen Parteien im Westen gründen, Stil und Schaufenster ändern, um Unterstützung vom Westen zu bekommen und sich zugleich breiteren Kreisen zu öffnen, Mittel und Wege suchen, um das Militär aus dem Weg zu räumen …

Als er neu in die Politik eingestiegen war, hatte er in einer Rede einmal erklärt: »Wenn meine Kommandozentrale mir sagt: Zieh eine Mönchskutte an, dann ziehe ich die Mönchskutte an und erfülle damit meine Aufgabe.«

Für einen Islamisten war das eine ungewöhnliche Rhetorik. Wer war seine »Kommandozentrale«? Welche Aufgabe hatte sie ihm gegeben? Das blieb unklar. Deutlich aber wurde, dass es an der Zeit war, »die Mönchskutte anzuziehen«, um die politische Bühne zu betreten. Die Zeit erforderte nicht Dogmatismus, sondern Rationalismus und Pragmatismus.

Nach wie vor ist strittig, ob der Wandel, den Erdoğan im Kokon durchmachte, der aufrichtige Versuch einer Erneuerung aufgrund einer persönlichen Bilanz war oder ein den Umständen geschuldeter strategischer Täuschungsplan. Betrachtet man den Punkt, an dem wir heute stehen, scheint letztere These zu stimmen. Erdoğan war mit radikaler Rhetorik aufgebrochen, aber als er sah, dass er mit diesem Diskurs nicht weiterkam, schlüpfte er in »die Mönchskutte« und gab sich als liberaler Politiker, der einen gemäßigten Islam vertrat. Kaum hatte er dank diesem Erscheinungsbild aber den Weg gebahnt und die Hindernisse ausgeräumt, setzte er die radikalen Ansichten um, mit denen er einst aufgebrochen war.

Offenbar war er nicht der Einzige, der diese Strategie verfolgte: Während ein Flügel des Staates ihn mit Verboten belegte und hinter Gitter brachte, um seine politische Karriere zu beenden, sorgte die »Kommandozentrale« des anderen Flügels dafür, dass er es im Gefängnis bequem hatte, sich für die Zukunft aufstellte und ihm der Weg geebnet wurde.

Ein hervorragendes Beispiel für diese Doppelstruktur des Staates wurde auf ATV gesendet, dem Sender, für den ich damals tätig war: eine Video-Aufzeichnung von Fethullah Gülen. Der religiöse Führer erläuterte seinen Anhängern, wie wichtig es sei, die staatlichen Kader unter der Hand zu übernehmen, und betonte, man müsse sich vor allem innerhalb Zivilverwaltung und Justiz unbemerkt und ohne Konflikte mit dem Staat breit organisieren. Seine Worte verrieten taktische Schritte einer langfristigen Strategie:

»Wo kein Kräftegleichgewicht herrscht, geht ihr nicht mit Stärke vor. Die Muslime müssen auf diese Weise ihren Dienst leisten, bis sie eine gewisse Dichte erreichen. Wenn sie ohne den nötigen Abstand Vorstöße unternehmen, nennen wir es ›zu früh losschlagen‹, wird die Welt wie in Algerien ihre Köpfe zerschmettern.« (In Algerien war die Islamische Heilsfront nach ihrem Wahlsieg infolge eines Militärputsches verboten, ihre Anführer verhaftet worden.)

»Angesichts der staatlichen Strukturen in der Türkei wäre jeder Schritt zu früh, den ihr unternehmt, ehe ihr die Macht in allen verfassungsgemäßen Einrichtungen auf eure Seite gebracht habt.«

Gülens Botschaft lautete ganz offen: »Wartet mit der Machtübernahme, bis ihr den Staat von innen übernommen habt; handelt ihr zu früh, vernichtet euch das Militär.« Diese Rede hatte die Qualität eines Beweises für alle, die sagen, die Gülen-Bewegung habe sich jahrelang arglistig vor allem in Justiz, Bildungswesen, Polizei und Administration organisiert und eine »parallele Staatsstruktur« geschaffen. Es war nicht mehr lange hin, bis sich das »Kräftegleichgewicht« ändern, die Bewegung »Dichte« gewinnen würde und die »verfassungsgemäßen Einrichtungen« übernommen sein würden.

Als die Staatsanwaltschaft wegen der Rede Ermittlungen einleitete, war Gülen bereits in die USA ausgereist. Seither lenkt er die Bewegung von Pennsylvania aus und setzte sie in dem Augenblick in Bewegung, als er meinte, die Zeit sei reif.

Erdoğan wusste, wie stark die Bewegung war, hielt sich aber auf Abstand. Er war allein, die Bewegung hingegen verfügte über jahrzehntelang aufgebautes Humankapital, ausgebildete Kader und reichte bis in die Verwaltung hinein. Er dachte an Kooperation, traute Gülen aber nicht.

Als er im Sommer 1999 aus der Haft entlassen wurde, stand

die Roadmap: Er würde die Machtzentren der türkischen Politik eine nach der anderen besuchen und sie davon überzeugen, dass es an der Zeit für einen Wandel wäre und er der Mann, der diesen Wandel vollziehen würde. Obwohl ihm politische Tätigkeit noch verboten war, reiste er unter dem Vorwand von Dankesbesuchen durchs Land. Er traf die Scheichs der religiösen Orden, die Anführer religiöser Gemeinschaften, Vertreter des Großkapitals, ausländische Botschafter und schließlich Generäle im Ruhestand. Überall erzählte er, die Blockade in der Politik könne allein mit einem neuen, integrativen Ansatz für das ganze Land überwunden werden. Er reiste auch in die USA, besuchte Fethullah Gülen und bat ihn um Unterstützung. Auf Einladung des Amerikanisch-Jüdischen Komitees führte er Gespräche in Thinktanks der jüdischen Lobby und der Neokonservativen, erläuterte ihnen seine Vision von der Türkei.

Der »Fanatiker Erdoğan«, der noch bis vor kurzem die Juden als größte Bedrohung angesehen hatte, Frauen nicht die Hand gab, seiner Frau verbot, Männern die Hand zu schütteln, Ballett als anstößig bezeichnete, nichts von Laizismus hielt, die Demokratie als Vehikel auf dem Weg zur Scharia benutzte, den Namen Atatürk nicht in den Mund nahm und glaubte, dass Allah und nicht das Volk der Souverän sei, war dem »Demokraten Erdoğan« gewichen, der von Aussöhnung mit Militär, Justiz, Kapitel, System und der ganzen Welt sprach.

Das Establishment blieb angesichts dieser Verwandlung nicht gleichgültig. Dank der Unterstützung hochrangiger Beamter und höchster Richter wurden die Korruptionsermittlungen gegen ihn eingefroren, Prozesse fallengelassen und das Politikverbot wurde aufgehoben.

Erdoğan war loyal: Nachdem er an die Macht gekommen war, belohnte er den Richter, der damals die Ermittlungen gegen ihn gestoppt hatte, mit dem Staatsratsvorsitz, den Richter, der ihn freisprach, mit dem Vorsitz des Obersten Gerichtshofs und den Beamten, der diese Operation geleitet hatte, mit einem Sitz im Parlament.

Zu dieser Zeit wurde auch gegen die Tugendpartei als vierte Partei der politischen Islamisten (nach der Partei der Nationalen Ordnung, der Nationalen Heilspartei und der Wohlsfahrtspartei) ein Verbotsverfahren eingeleitet. Necmettin Erbakan war inzwischen über siebzig. Erdoğan erklärte, für Politiker sollte ein Höchstalter von 65 Jahren gelten, wer älter war, sollte sich nicht mehr zur Wahl stellen dürfen, und sagte damit Erbakan offen den Kampf an.

Im 100. Jahr der Republiksgründung sollte er als Staatschef dann selbst knapp siebzig sein, natürlich wagte niemand, ihn an seine Worte von damals zu erinnern …

Seit Anfang 1999 regierte der inzwischen 74-jährige Bülent Ecevit das Land mit einer Minderheitsregierung. Niemand gab der schwachen Regierung eine Chance, doch einen Monat nach ihrem Amtsantritt ging sie mit einer Nachricht aus Kenia in die Geschichte ein:

Abdullah Öcalan, den die Türkei zum Staatsfeind Nummer eins erklärt hatte, war in Kenia gefasst worden. Die offizielle Version lautete, der Nationale Sicherheitsrat habe beschlossen, Syrien zur Ausweisung Öcalans zu veranlassen, auf den Druck hin habe das Regime in Damaskus ihn dann ausgewiesen. Der PKK-Chef sei zunächst nach Griechenland, dann nach Russland geflogen, als er dort keine Aufnahme fand, aber nach Rom weitergereist und dort verhaftet worden. Allerdings stellte der Anführer einer Organisation, die für den Tod von beinahe zehntausend Menschen verantwortlich gemacht wurde, für jedes Land eine Gefahr dar. Die Türkei setzte alle Hebel diplomatischen Drucks in Bewegung. Als die Krise eskalierte, verbrachte der griechische Geheimdienst Öcalan nach Kenia und brachte ihn dort in der griechischen Botschaft unter. Der Druck von türkischer Seite ging weiter. Daraufhin wurde Öcalan gesagt, die Niederlande seien bereit, ihn aufzunehmen, ein Flugzeug warte auf ihn. Auf dem Weg zum Flugzeug nahmen ihn türkische Sicherheitskräfte in Empfang, die gekommen waren, um ihn zu holen. Dem Kommandanten, der ihn im Flugzeug mit »Willkommen in der Heimat, Abdullah Öcalan« begrüßte, sagte er, er sei bereit, der Türkei zu dienen. Genau 137 Tage war er auf der Flucht gewesen. Das nächste Vierteljahrhundert seines Lebens sollte er in einer Zelle auf der türkischen Gefängnisinsel Imralı verbringen.

Die Hintergründe kamen Jahre später ans Licht: Die »Operation Öcalan« war ein ›Geschenk‹ der CIA an die Türkei. Als der PKK-Chef in Nairobi war, informierte der Türkeichef der CIA den für den türkischen Geheimdienst MIT zuständigen Staatssekretär: »Washington hat beschlossen, der Türkei bei der Ergreifung Öcalans zu helfen.« Allerdings unter einer Bedingung: »Öcalan erhält einen fairen Prozess und wird auf keinen Fall hingerichtet.« Ankara akzeptierte die Bedingung. Das »Paket«, wie die Chiffre in der Geheimnote lautete, wurde am Flugplatz von Nairobi dem türkischen Geheimdienst ausgehändigt.

Am nächsten Morgen gab Premier Ecevit die Neuigkeit auf einer Pressekonferenz bekannt: »Seit heute früh 03.00 Uhr ist der Chef der separatistischen Terrororganisation PKK Abdullah Öcalan in der Türkei.«

Ich hatte Öcalan im März 1993 im syrischen Bekaa-Tal getroffen, sechs Jahre später, im Juni 1999, sah ich ihn auf der türkischen Insel Imralı wieder. Diesmal führte er seine Verteidigung in einer kugelsicheren Glaskabine. Die Bänke der Kläger und Zuschauer im Saal waren mit Familien gefüllt, die Angehörige durch Terror verloren hatten. In Europa führten PKK-Anhänger

Protestaktionen durch, in der Türkei hingegen lautete der Ruf auf etlichen Demonstrationen: »Todesstrafe, Todesstrafe!« Doch Ankara hielt das Washington gegebene Wort, Öcalan wurde zwar zum Tode verurteilt, doch das Urteil wurde nicht vollstreckt. Bald darauf wurde die Todesstrafe per Gesetzesänderung abgeschafft. Die Parlamentarier gaben ihre Stimmen ab, um die Hinrichtung des Mannes zu verhindern, der ihrer Meinung nach die Todesstrafe wohl am meisten verdient hatte. Damit wurde eine der gesetzlichen Voraussetzungen geschaffen, die die EU für den Beitritt zur Bedingung gemacht hatte.

Es blieb die Frage: Warum machten die USA dieses »Geschenk«?

Die einen sagen, Washington wollte einen Konflikt innerhalb der NATO vermeiden. Andere meinen, vor der geplanten Irak-Operation sollte Öcalan, der im Clinch mit den irakischen Kurden lag, aus dem Weg geräumt werden. Eine weitere These lautet, man wollte Ankara bei der Öffnung neuer Energiekorridore im Hinterhof Russlands an seiner Seite haben.

Was auch immer zutrifft, diese Operation stärkte den alternden Ecevit politisch. Der Siegestaumel der Türken war derart dominant, dass ATV meinen Kommentar nicht sendete, der lautete: »Auch wenn Öcalan gefasst ist, ist die PKK nicht am Ende, sie könnte sogar noch gefährlicher werden.« Diese Prophezeiung sollte sich allerdings schon bald als richtig erweisen.

Ecevit, der »Eroberer von Zypern« von 1974, ging 1999 als »Eroberer von Kenia« in die Wahlen und machte seine Partei mit 22 Prozent zur Nummer eins. Als er aus der Haft kam und wieder in die Politik ging, war Ecevit völlig allein gewesen, siebzehn Jahre darauf saß er erneut auf dem Sessel des Ministerpräsidenten. Als Koalitionspartner wählte er die nationalistische MHP, die er jahrzehntelang bekämpft hatte, und die Mitte-rechts-Partei ANAP. Diese schwierige Koalition sollte die letzte Station seiner langen politischen Laufbahn sein und die letzte Regierung vor der AKP. Sie führte das Land mit Konflikten, Katastrophen und Krisen ins 21. Jahrhundert und bereitete den Boden für Erdoğans Regierung.

Der erste Konflikt brach bei der Vereidigung im Parlament aus. In der Plenarsitzung durfte kein Kopftuch getragen werden. Die Abgeordnete der Tugendpartei Merve Kavakçı aber erschien trotz Verbot mit Kopftuch zur Vereidigung und löste damit eine landesweite Krise aus.

Das Thema »Kopftuch« stand in der Türkei seit langem auf der Tagesordnung. In öffentlichen Einrichtungen war es verboten. Studentinnen mit Kopftuch durften die Universitäten nicht betreten. Je weiter das Verbot ausgedehnt wurde, umso heftiger waren die Gegenreaktionen. Laizistische Kreise betrachteten das Kopftuch als »Fahne des politischen Islams«. Frauen mit Kopftuch konterten, sie verhüllten sich nach Vorgabe ihres Glaubens, und forderten die Beachtung der Kleidungsfreiheit. Die Debatte spaltete das Land in zwei Teile. Am Eingang der Universitäten wurden »Überzeugungsräume« eingerichtet, abgewiesene Studentinnen wurden dort gedrängt, das Kopftuch abzulegen. Kavakçı goss Benzin ins Feuer, als sie in diesem Klima mit Kopftuch ins Parlament kam. Kavakçı wurde von der Generalversammlung ausgeschlossen, weil sie Kopftuch trug, später wurde sie zudem ausgebürgert, weil sie verheimlicht hatte, dass sie auch die amerikanische Staatsangehörigkeit besaß. Diese Auseinandersetzung »schenkte« den Vertretern des politischen Islams ein Opfer, das sie jahrelang benutzen sollten. Fortan klagte Erdoğan bei fast jeder Kundgebung, dass seine Töchter im Ausland studieren müssten, weil sie Kopftuch trugen, er wurde als Politiker dargestellt, der die Kopftuch tragenden Frauen befreien würde.

Es mag seltsam wirken, dass im 21. Jahrhundert noch immer der Staat bestimmte, wer welche Kleidung tragen durfte. Doch die Sache ging weit darüber hinaus. Damals unterrichtete ich an der Universität, die ich selbst absolviert hatte. Ich hatte auch Studentinnen mit Kopftuch. Entgegen der Anordnung der Universitätsleitung wies ich sie nicht aus dem Unterricht. Die Universität war doch der Ort, an dem der Inhalt des Kopfes von Interesse sein sollte, und nicht die äußere Hülle. Hinzu kam, dass die meisten der jungen Mädchen nur dank des Kopftuchs das Haus verlassen, an der Universität ein soziales Umfeld finden und mit »den anderen« in Kontakt kommen konnten, das wusste ich. Sie nach Hause zu schicken, hätte bedeutet, sie in die Arme von Vätern und älteren Brüdern zu treiben, die Druck auf sie ausübten, damit sie das Kopftuch trugen. Ich erinnere mich daran, darüber heftig mit meiner Frau diskutiert zu haben. Sie teilte meine Auffassung überhaupt nicht, sondern meinte, auf diese Weise würde ich nur zur Verbreitung des Kopftuchs und zur Gefangenschaft der Frauen beitragen. Sei dem Kopftuch einmal Tor und Tür geöffnet, würde es bald schwierig sein, ohne Kopftuch zu studieren.

Heute ist das Kopftuchtragen freigestellt. Es gibt Frauen mit Kopftuch im Parlament, in der Justiz, bei der Polizei. Auch die Oppositionsparteien haben akzeptiert, dass Kopftuchtragen in den Rahmen der Kleidungsfreiheit fällt. Das Kopftuch ist kein politisches Thema mehr. Doch wo andere Freiheiten extrem eingeschränkt sind, schafft das Erringen der Freiheit, Kopftuch zu tragen, ein politisches Klima zuungunsten der Unverhüllten. Tele-Prediger, die auf allen Kanälen den Frauen zum Kopftuch raten, Fanatiker, die auf der Straße Frauen mit Dekolleté attackieren, Männer, die Verhüllung empfehlen, um Missbrauch zu entgehen, haben zunehmend den Boden für ein Klima bereitet, in dem die Sorgen meiner Frau sich als berechtigt herausstellten. Der beliebte Slogan der laizistischen Kundgebungen der 1990er-Jahre: »Die Türkei wird nicht Iran werden«, hat heute noch einmal mehr Bedeutung gewonnen.

Ecevits Koalitionsregierung ist vor allem mit zwei Katastrophen im Gedächtnis geblieben.

Eine war eine Naturkatastrophe: Das Erdbeben vom 17. August 1999 mit Zentrum in Gölcük forderte 17 500 Menschenleben und zog eine starke Wirtschaftsflaute nach sich. Das Haushaltsdefizit wuchs, die Inflationsrate stieg auf beinahe 70 Prozent.

Unter diesen Umständen ereignete sich die zweite Katastrophe, diesmal menschengemacht: Im Februar 2001 gerieten Premier Ecevit und Staatspräsident Ahmet Necdet Sezer heftig aneinander. Wie Sezer, der Präsident des Verfassungsgerichts gewesen war, bevor er zum Staatspräsidenten gewählt wurde, später erklären sollte, ging es um das Verbot der Tugendpartei. Ecevit hatte erklärt, er finde ein Verbot falsch, und Sezer gebeten, die Mitglieder des höchsten Gerichts entsprechend zu informieren. Als Sezer sich weigerte, eskalierte die Diskussion.

Nach dem Streit warf Ecevit Sezer vor, ihn in ungehöriger Weise schwer angeschuldigt zu haben, woraufhin sich an den ohnehin beunruhigten Märkten Panik breitmachte. An der Börse schoss der Einlagesatz auf dreitausend Prozent hoch. Binnen zwei Wochen wurden sieben Milliarden Dollar ins Ausland transferiert. Die Regierung versuchte zwar, mit verdeckter Abwertung das Feuer zu löschen und ein neues Wirtschaftsregime zu errichten, doch es war zu spät.

Das Vertrauen in die Regierung war vertan, die Arbeitslosigkeit stieg; als Ecevit, der aus Altersschwäche nicht mehr laufen konnte, ins Krankenhaus kam, löste sich während seines

Klinikaufenthalts seine Partei auf. Die Mitte-rechts-Parteien wurden unterdessen von Korruptionsskandalen erschüttert.

Es brach nicht bloß eine Partei, eine Regierung zusammen, sondern ein ganzes System.

Zwei Monate nach dem Verbot der Tugendpartei befreite Erdoğan sich von der Vormundschaft der Altvorderen und gründete im August 2001 seine eigene Partei. Die Partei für Gerechtigkeit und Entwicklung AKP mit dem Emblem einer Glühbirne bezeichnete sich selbst als konservativ-demokratisch. Parteichef Erdoğan stand nach wie vor unter Politikverbot. Aus seiner Ecke heraus beobachtete er, wie die alte Ordnung zusammenbrach, und wartete darauf, gerufen zu werden.

Und so kam es.

Bei den Parlamentswahlen 2002 trug der Wähler, wohl zum ersten Mal in der türkischen Geschichte, fast alle Mitte-rechts-Parteien zu Grabe. Sieben Parteien blieben unter der 10-Prozent-Hürde. Die Hürde sorgte dafür, dass 45 Prozent der Stimmen nicht im Parlament repräsentiert waren. Zum ersten Mal seit den ersten Wahlen im Mehrparteiensystem 1946 gab es nur zwei Parteien im Parlament: die Republikanische Volkspartei CHP, die knapp 20 Prozent geholt hatte, und die Partei für Gerechtigkeit und Entwicklung AKP, die auf rund 35 Prozent gekommen war.

Ein politisches Erdbeben hatte dazu geführt, dass Unten und Oben auf den Kopf gestellt worden waren.

Am Wahlabend war ich in der Zentrale der abgewählten DSP. Als das Ergebnis feststand, ging ich in Ecevits Büro. Der 77-jährige »schwarze Junge«, der mit 45 Jahren politischer Laufbahn der türkischen Geschichte seinen Stempel aufgedrückt hatte, saß völlig erschlagen im Sessel. »Uns ist schon alles Mögliche zugestoßen«, sagte er. »Aber so schlimm habe ich es doch nicht erwartet.« Innerhalb von drei Jahren war seine Partei von 22 auf 1 Prozent abgestürzt. Wie Ecevit wirkte auch die Partei wie am Ende. Es war wie die Schlussszene einer Ära.

Die neue Ära wurde von euphorischen Massen ein paar Kilometer entfernt im brandneuen Gebäude der Partei für Gerechtigkeit und Entwicklung gefeiert.

Honeymoon

Erdoğans gut zwanzig Regierungsjahre lassen sich in zwei Phasen unterteilen: die Phase mit Make-up und die ohne.

Die erste ist im Grunde die Vorbereitung auf die zweite Phase, es hatte rund zehn Jahre gebraucht, um das System zu ändern. In der zweiten Dekade zeitigte der unter massivem Druck vonstattengegangene Anlauf dann das erwartete Ergebnis.

Wir können die beiden Dekaden auch bezeichnen als die Phase, in der er sich beliebt machen wollte, und die, in der es ihm darum ging, Angst zu verbreiten.

Was die beiden Phasen ziemlich genau mittig voneinander trennt, waren die Operationen der Gülen-Bewegung 2012 und die Gezi-Proteste 2013. Als Erdoğan nach diesen beiden Brüchen 2016 auch noch mit einem Putschversuch konfrontiert war, sah er seine Macht bedroht und startete durch, um das Repressionsregime zu errichten, das er hinausgezögert hatte, weil die Bedingungen zuvor noch nicht gegeben waren.

Resümieren wir zunächst die Honeymoonphase mit Make-up, in der es ihm darum ging, sich beliebt zu machen:

Nachdem die Parteien der Mitte sich mit scheiternden Koalitionen und der Wirtschaftskrise selbst abgeschafft hatten, stand nur noch ein Hemmnis vor Erdoğan: die Armee. Das war kein kleines Hindernis, die Armee war seit achtzig Jahren auf die eine oder andere Weise an der Regierung beteiligt, hatte, wenn ihr die zivile Regierung nicht gefiel, interveniert und schwebte gleich einem Damoklesschwert über dem Kopf eines jeden Ministerpräsidenten. Meinungsumfragen wiesen sie regelmäßig als die Institution aus, die in der Bevölkerung das größte Vertrauen genoss. Sie war sakrosankt; dass sie nicht nur mit dem

Schutz der Grenzen betraut war, sondern auch mit der Bekämpfung des Terrorismus, zementierte ihre Unantastbarkeit. Andererseits hatte sich die Türkei aufgrund ihrer Interventionen von der Demokratie entfernt und glich einem halbmilitärischen Regime, zudem war der EU-Beitritt ins Stocken geraten.

Also galt es, im Inneren wie im Äußeren Maßnahmen zur Ausschaltung der Armee zu ergreifen. Im Inneren konnte Erdoğan das mit demokratischen Initiativen tun, die der Armee den Trumpf der Sicherheit nehmen würden, und mit Schritten, die ihr Ansehen untergraben würden; im Äußeren mit den EU-Adaptionsgesetzen, die Druck zum Übergang zu einem zivilen Regime schaffen würden. Auf diese Weise würde er darüber hinaus Unterstützung von einigen linksliberalen Kreisen erhalten, die im Visier der Putsche gestanden hatten.

Heute zeigt sich, dass diese langfristige Investition hervorragend funktioniert hat.

Auf der Pressekonferenz am Abend seines Wahlsiegs sagte Erdoğan: »Der Souverän ist einzig und unabdingbar das Volk, genau wie Atatürk gesagt hat.« Und versprach, einen politischen Willen zu bilden, der die Lebensweise aller Bürger respektiert, den Aufnahmeprozess der Türkei in die EU beschleunigt und die Integration in die Weltgemeinschaft stärkt.

Der Wahlsieger jenes Tages war weder der Erdoğan von vor sieben Jahren, der den Namen Atatürk nicht in den Mund nahm und erklärte, Allah und nicht das Volk sei der Souverän, noch der Erdoğan, der zwanzig Jahre später den Weg der Türkei nach Europa und zur internationalen Integration verminen und sich in den Lebensstil der Menschen einmischen sollte. Er sagte, was er in einer schwierigen Phase des Übergangs sagen musste, und bemühte sich um die Unterstützung der ganzen Türkei, Europas und der Welt.

Das war nicht schwer. Denn die internationale Konjunktur gab ihm Rückenwind. Nach den Anschlägen vom 11. September führten die USA der islamischen Welt die Türkei als Modell gegen die radikalen Dschihadisten vor. Erdoğan hatte den Anschlag als Schmerz bezeichnet, den eine Handvoll Terroristen den USA zugefügt hatten. Richard Perle, eine einflussreiche Persönlichkeit der amerikanischen Neokonservativen, bezeichnete Erdoğan nach einer längeren Unterredung als »von Demokratie überzeugte Person« und sagte, er führe sein Land in eine neue Richtung, die Türkei habe so eine neue, junge Führung gebraucht. Ein Berater Erdoğans sagte in einer Rede am American Enterprise Institute: »Er ist ein ehrlicher Mann. Benutzen Sie ihn, statt ihn kleinzuhalten und wegzufegen.« Und das taten sie. Die USA bereiteten gerade die Militäroperation im Irak vor. Statt über den Süden des Landes wollte das Pentagon von der Türkei aus operieren. US-Präsident Bush forderte, 125 000 US-Soldaten in der Türkei zu stationieren und für den Transport dieser Kräfte in den Nordirak die Stützpunkte, Häfen und Flugplätze in der Türkei benutzen zu dürfen. Damit fiel Erdoğan die erhoffte Chance in den Schoß. Sogleich ließ er einen Ermächtigungsbeschluss ausstellen, damit ausländische Streitkräfte den türkischen Luftraum nutzen durften. Da ihm aber noch immer politische Betätigung verboten war, saß nicht er auf dem Sessel des Ministerpräsidenten, sondern der zweite Mann der Partei, Abdullah Gül, und Gül weigerte sich, ebenso wie zahlreiche andere AKP-Mitglieder, die US-Operation in einem islamischen Nachbarland zu unterstützen. Erdoğans Ermächtigungsbeschluss wurde trotz Druck aus den USA im Parlament abgelehnt. Erdoğan erlitt den ersten Rückschlag seiner Führungszeit, hatte sich aber mit seiner Initiative Gunst in Washington erworben.

Als nach der Besetzung des Iraks das Projekt »Großraum Mittlerer Osten« aufgelegt wurde, öffnete sich ihm eine weitere

Tür. Im Bericht der RAND Corporation für Bush hieß es, würden die Muslime nicht auf die Linie der Werte der westlichen Demokratie und der globalen Ordnung gebracht, sei die Wahrscheinlichkeit eines Kampfes der Kulturen hoch. Es wurde aufgelistet, was zu tun wäre, um die islamische Welt unter Kontrolle zu bringen. Laut Rapport sollten gemäßigt islamische Länder wie die Türkei gegen die Radikalen unterstützt und geeignete Führungspersönlichkeiten für dieses Modell aufgebaut werden.

Der türkische Generalstabschef protestierte gegen diese Formulierung: »Die Türkei ist ein laizistisches Land. Ein Staat kann nicht zugleich laizistisch und gemäßigt islamisch sein.« Erdoğan aber, der nach Aufhebung des Politikverbots nun Premierminister war, erkannte die Chance und forderte den Ko-Vorsitz in dem Projekt. Das Resultat verkündete er in einer Rede, die er heute aus den Archiven zu tilgen versucht:

»Die Türkei hat eine Aufgabe im Mittleren Osten. Wir sind einer der Ko-Vorsitzenden des Projektes Mittlerer Osten und Nordafrika.«

Die USA waren gewonnen. Die Reihe kam an Europa.

Ende 2002, einen Monat nach dem Wahlsieg der AKP, wurde auf dem EU-Gipfel dem Beitritt von zehn Kandidaten zugestimmt, die Türkei aber auf die Wartebank gesetzt. Beitrittsverhandlungen wurden in Aussicht gestellt, falls sie bis Ende 2004 die Kopenhagener Kriterien erfüllte. Daraufhin wurden etliche Gesetzesänderungen zur Adaption an EU-Recht umgesetzt. Bei den meisten handelte es sich um Reformen, die die bestehende Gesetzgebung in den Bereichen Demokratie, Rechtsstaatlichkeit, Meinungsfreiheit und Menschenrechte stärkten und garantierten. Die Todesstrafe wurde abgeschafft, für Folter Nulltoleranz eingeführt, das Vereinsrecht erweitert. Ein Teil der

Reformen stärkte Erdoğans politische Position gegenüber dem Militär, etwa die Degradierung des Nationalen Sicherheitsrats, der der Armee Einmischung in die Politik ermöglichte, zu einem beratenden Organ, die Öffnung seines neu geschaffenen Generalsekretariats für Zivilisten, die Abschaffung der Staatssicherheitsgerichte, das Erschweren von Parteiverboten.

Mit Unterstützung von EU-Fonds und IWF hatte die türkische Wirtschaft große Fortschritte gemacht, gewaltige Investitionen waren getätigt worden, der Wohlstand im Land wuchs. 2003 hatte die Wachstumsrate bei 5,8 Prozent gelegen, 2004 stieg sie auf 9,8 Prozent.

Im Dezember 2004 appellierte das Europäische Parlament an die EU, den Beginn der Beitrittsverhandlungen mit der Türkei nicht weiter hinauszuzögern. Ein historisches Foto zeigt europäische Abgeordnete, die mit »Ja«-Schildern für den EU-Beitritt der Türkei demonstrierten. Die EU-Staatschefs beschlossen, 2005 die Verhandlungen mit der Türkei über die Vollmitgliedschaft aufzunehmen. Zwar mühsam, aber endlich war das Tor zur EU geöffnet.

Was das für meine Generation bedeutete, möchte ich so beschreiben:

Als die Türkei den ersten Antrag auf Aufnahme in die europäische Familie stellte, war ich noch nicht auf der Welt. Als ich im Kindergarten war, wurde das erste Assoziierungsabkommen unterzeichnet. Als die Vollmitgliedschaft beantragt wurde, hatte ich bereits mein Studium abgeschlossen. Als mein Sohn in den Kindergarten ging, wurde der Türkei Kandidatenstatus zuerkannt. Als er in die Grundschule kam, waren die Verhandlungen eingeleitet. Ich hatte ein halbes Leben hinter mich gebracht, die Türkei aber war auf ihrem Weg zur EU-Mitgliedschaft keinen Schritt vorangekommen. Dass die Türkei sich demokratischen Reformen widersetzte, spielte dabei eine ebenso große

Rolle wie die Tatsache, dass Europa nicht wirklich gewillt war, ein Mitglied mit einer derart großen muslimischen Bevölkerung aufzunehmen. Dennoch schien die Tür nun endlich einen Spalt offen zu stehen.

Wie in Europa lösten die Reformen auch in liberalen Kreisen der Türkei Freude aus, die Erdoğan zunächst skeptisch begegnet waren. Endlich eine Zivilregierung, dachte man, mit der Perspektive der EU-Mitgliedschaft wird das Kuratel des Militärs zurückgedrängt und die Türkei demokratisiert. Wer hingegen warnte, es könnte sich um eine Täuschung handeln, die Erdoğan ermöglichte, seine geheime Agenda umzusetzen, dem wurde vorgeworfen, antieuropäisch zu sein, an Verschwörungsmythen zu glauben und ein Freund von Putschen zu sein.

Der Generalsekretär des Nationalen Sicherheitsrats, damals eine der mächtigsten Positionen im Land, sagte auf einem Symposium in Istanbul: »Ich teile die Auffassung, dass die Europäische Union, die ein Christenclub ist, die Türkei niemals aufnehmen wird. Deshalb muss die Türkei sich, ohne insbesondere Amerika außer Acht zu lassen, in einer Weise orientieren, die auch Russland und den Iran mit einbezieht.« Dies war der erste ernstzunehmende Auftritt des für Eurasien optierenden Flügels in der Armee. Der Machtkampf zwischen EU-Anhängern und ihren Gegnern innerhalb des Staates war zutage getreten. Damals hätte sich niemand träumen lassen, dass Erdoğan, der sich damals gegen die nach Russland orientierten Offiziere unter den EU-Schirm flüchtete, zwanzig Jahre später, als er die Macht in der Hand und andere Interessen hatte, gegen Europa auf die Seite Russlands wechseln würde.

In jener Zeit begann das Blutvergießen von Neuem.

Das erste Opfer der neuen Ära war der Priester einer katholischen Kirche in Trabzon. Ein 16-jähriger Gymnasiast erschoss den Priester beim Gebet in der Kirche, anschließend sagte er, er habe unter dem Eindruck der Proteste gegen die Veröffentlichung der Mohammed-Karikaturen in Dänemark gehandelt. Später kam allerdings heraus, dass das Telefon des Priesters seit drei Monaten von der türkischen Polizei abgehört worden war.

In den Tagen des Priestermords nahm eine islamistische Zeitung auf der Titelseite die Mitglieder des Staatsrats ins Visier. Angeblich hätten sie verhindert, dass eine Lehrerin, die in der Öffentlichkeit ein Kopftuch trug, Rektorin wurde. Ein paar Monate nach dieser Pressemeldung stürmte ein bewaffneter Attentäter den Staatsrat und erschoss ein Mitglied. Die Türkei empörte sich. Zehntausende demonstrierten und skandierten: »Die Türkei ist laizistisch und bleibt laizistisch! Mullahs in den Iran!« Staatspräsident Sezer warnte, nicht bloß der Staatsrat stehe im Fokus, sondern der laizistische Staat.

Nach dem Mord begann die Presse von der Existenz einer Organisation namens »Ergenekon« zu schreiben. So hieß die Organisation, die wir Ende der 1990er-Jahre enthüllt und als Staat im Staat beschrieben hatten.

Am 19. Januar 2007 versetzte mir eine Fernsehmeldung einen Schock: Der armenische Journalist Hrant Dink, mit dem ich befreundet war, war erschossen worden. Drei Monate zuvor hatte ich ihn in meiner Fernsehsendung zu Gast, weil er ständig Drohungen erhalten hatte und mit Prozessen überzogen worden war. Damals ahnte ich natürlich nicht, dass es sein letzter Fernsehauftritt sein würde. Bei seinem Beerdigungszug, an dem auch ich teilnahm, riefen etliche zehntausend Türken: »Wir sind alle Armenier!« Das Verfahren zu diesem Attentat ist noch immer nicht abgeschlossen, es wurde größer und größer und zu einem konkreten Beleg dafür, wie der »tiefe Staat« sich vom Geheimdienst zur Polizei, vom Soldaten bis zum Killer organisiert.

Die Jagdsaison war eröffnet. Nach dem Mord an Hrant Dink wurde der auf Bücher über das Christentum spezialisierte

Zirve-Verlag in Malatya überfallen, drei Mitarbeitern wurden die Kehlen durchgeschnitten.

In dieser blutigen Atmosphäre im Frühjahr 2007 sollte ein neuer Staatspräsident gewählt werden. Die AKP hatte Außenminister Abdullah Gül aufgestellt. Gül war als »Gehirn hinter Erdoğan« bekannt. Er hatte u. a. in Großbritannien studiert, bei der Islamischen Entwicklungsbank gearbeitet, sich nach seinem Einstieg in die Politik zunächst den »Erneuerern« angeschlossen, die Erbakan den Kampf angesagt hatten, und war dann zu den Gründern der AKP gestoßen. Er war in Europa bekannt, weil er bei der parlamentarischen Versammlung des Europarates tätig gewesen war. Das Militär aber war dagegen, dass ein Mann mit islamistischen Wurzeln in den Präsidentenpalast einzog, zudem einer wie Gül, dessen Frau das Kopftuch trug.

Vor der Wahl erklärte der Generalstabschef: »Ich hoffe, es wird ein Staatspräsident gewählt, der den Grundwerten der Republik, dem Einheitsstaat und dem laizistischen demokratischen Staat nicht bloß dem Worte nach, sondern dem Wesen nach verbunden ist.«

Die Türkei stand auf. Hunderttausende versammelten sich bei sogenannten Republik-Meetings und schworen, den Laizismus zu bewahren. In der Redaktion des politischen Magazins *Nokta* wurde auf Beschluss eines Militärgerichts eine Razzia durchgeführt, weil es geschrieben hatte, diese Kundgebungen seien als psychologische Kriegsführung gegen die Regierung von der Armee organisiert.

Wieder lag ein Putsch in der Luft. In der Nacht des 27. April, an dem die erste Runde der Präsidentschaftswahl stattfand, stellte das Militär ein Memorandum auf seine Website. Darin erklärte der Generalstab, die Entwicklung antilaizistischer, als »Religionsgeschacher« eingestufter Vorgänge in zahlreichen

Gegenden des Landes sei bedenklich und werde als Herausforderung des Regimes betrachtet, die türkischen Streitkräfte würden nicht zögern, die ihnen qua Gesetz zufallende Pflicht zu erfüllen und ihre Befugnisse auszuüben.

Die Mahnung war entsprechend der Technologie der Zeit auf einer Website veröffentlicht worden und ging als »e-Memorandum« in die Putschgeschichte ein. Sie unterschied sich noch in einem weiteren Punkt: Sie blieb ohne jede Konsequenz. Im Gegenteil, sie ging nach hinten los. Allen voran protestierten die AKP-Verantwortlichen scharf gegen die Erklärung. Gül verkündete, er ziehe seine Kandidatur nicht zurück. Viele Intellektuelle äußerten, die Armee müsse endlich beiseitetreten, Erdoğan kündigte vorgezogene Neuwahlen an.

Die Gegenreaktion, die sich im Allgemeinen mehrere Jahre nach einem Putsch an der Wahlurne gezeigt hatte, stellte sich diesmal unmittelbar ein. Bei den Parlamentswahlen am 22. Juli erhöhte die AKP ihren Stimmenanteil um zwölf auf 46,6 Prozent. Gleich darauf, im August, wurde Abdullah Gül zum Staatspräsidenten gewählt. Das Militär hatte sich mit einer absurden Intervention Unmut zugezogen, sein Ansehen untergraben und dabei auch noch Erdoğan gestärkt. Nun stand die AKP an der Spitze des Staates.

Ermutigt setzte Erdoğan noch im gleichen Jahr ein Referendum für eine Gesetzesänderung an, aufgrund derer der Staatspräsident künftig vom Volk direkt gewählt werden sollte. Sie wurde mit 69 Prozent angenommen. Nun war die Ausschaltung der Armee an der Reihe.

Im Juni desselben Jahres traf ich mit einigen anderen Journalisten Abdullah Gül bei einem Abendessen, noch vor seiner Wahl zum Staatspräsidenten. Wir stellten Fragen zur Wahl, er aber sprach von Sprengstoff, der in Istanbul im illegal errichteten

Haus eines Unteroffiziers beschlagnahmt worden sei, und sagte unter der Bedingung, dass wir es nicht veröffentlichten: »Behaltet diese Bomben im Blick. Da kommt noch was nach.« Was er schon wusste, worüber wir aber nicht schreiben durften, waren die Ergenekon-Ermittlungen. Erdoğan glaubte, nun genug Macht zu haben, und setzte zum Gegenangriff auf den tiefen Staat an. Der Ergenekon-Prozess sollte zehn Jahre dauern, die Armee als politische Kraft vollständig ausschalten und die Richtung der Türkei ändern.

Über einige Putsche hatte ich Dokumentationen gedreht, einige hatte ich selbst miterlebt, und ich hatte gesehen, wie jede Militärintervention der türkischen Demokratie schadete. Wir wollten, dass sich das Militär endlich aus der Politik zurückzog. Wir machten Sendungen, damit die Strukturen des Staats im Staat und die mit Anschlägen beauftragten Banden ausgehoben wurden. Die AKP versprach, genau dies mit den Ergenekon-Ermittlungen zu tun. »Wir haben den tiefen Staat auf frischer Tat ertappt«, hieß es. Tag für Tag wurden nach immer neuen Razzien immer neue Putschpläne veröffentlicht. Die Regierung setzte einen Staatsanwalt mit Sondervollmachten ein, um die Geheimorganisation aufzulösen, er ließ Hunderte verhaften. Es entstand der Eindruck, nun werde Gladio auch in der Türkei aufgedeckt.

Am 26. Februar 2008 wurde ich von Zekeriya Öz, dem Staatsanwalt im Ergenekon-Prozess, zur Vernehmung einbestellt. Er besaß die Macht, selbst jene, die als absolut unantastbar galten, hinter Gitter zu bringen. Mich hatte er aufgrund des Buches, das ich Jahre zuvor über die Organisation, über die er nun ermittelte, als Zeugen geladen. Als ich sein Büro betrat, wurde mir klar, dass es gar nicht um die Organisation ging, über die ich geschrieben hatte. Während der zweieinhalbstündigen Vernehmung saß er lässig im Sessel, ließ die Gebetskette durch die Finger gleiten und gab mir einige Informationen aus den 125 Ordnern preis, die er zusammengestellt hatte. Es handelte sich um Details wie aus einem Agententhriller, von in die AKP eingeschleusten Agenten bis zu Journalisten, die als ausländische Geheimagenten erfasst waren, vom Projekt der Organisation, chemische Waffen herzustellen, bis zu Kirchen, die sie zu Stützpunkten gemacht hatte ... Als ich aus der Vernehmung kam, hatte ich begriffen, dass es sich bei den Ergenekon-Ermittlungen um eine Säuberungsaktion handelte, durchgeführt von Mitgliedern der Gülen-Bewegung, die die Justiz infiltriert hatten. Unter den Verhafteten befanden sich auch Putschisten und Bandenmitglieder, die ich tatsächlich für schuldig hielt, letztlich aber sollten die Gegner der AKP entfernt werden, während es hieß: »Die Türkei reinigt ihr Gedärm.« Ein Teil der Personen wurde aufgrund von gefälschten Unterlagen oder elektronischen Spuren verhaftet, die bei Durchsuchungen in Wohnungen oder an Arbeitsplätzen von Polizisten der Gülen-Bewegung installiert worden waren. Am Ende wurde ein gigantischer Prozess gegen 86 Angeklagte wegen Umsturzversuch und Anstiftung zum bewaffneten Aufstand eröffnet.

Unter denen, die wegen Gründung und Leitung einer bewaffneten Terrororganisation angeklagt wurden, befanden sich auch der Chefredakteur der Zeitung *Cumhuriyet,* der Rektor der Universität Istanbul und der Vorsitzende der Arbeiterpartei. Im Laufe des Verfahrens erhöhte sich die Zahl der Angeklagten auf rund 400, darunter Bürgermeister, Abgeordnete, Akademiker, Medizinprofessoren. Zuletzt wurde auch der Generalstabschef wegen Leitung einer terroristischen Vereinigung verhaftet und musste für 26 Monate ins Gefängnis. Die Armee, die nur wenige Jahre zuvor noch als der eigentliche Machthaber im Land galt, war auf einmal zum Papiertiger geworden.

Als der Prozess begann, wurde ich als Zeuge zur Verhandlung geladen. Unter den Angeklagten in dem großen Gerichtssaal waren Personen, gegen die ich Artikel geschrieben hatte, von deren Schuld ich überzeugt war, aber auch solche, von denen ich dachte, sie seien nur verhaftet worden, weil sie Regierungsgegner waren. Ich wollte in diesem von Erdoğan inszenierten »Theater der Bestrafung von Gegnern« keine Rolle übernehmen. Am Ende der zweitägigen Vernehmung riskierte ich, verhaftet zu werden, als ich sagte: »Zwischen dem Ergenekon, das ich in meinem Buch zu enthüllen bemüht war, und der Organisation, die Sie hier anklagen, besteht keinerlei Verbindung. Tatsächlich werden hier Oppositionelle abgestraft, indem Angeklagte, die nichts miteinander zu tun haben, in einen Topf geworfen werden.« Der Richter schloss die Verhandlung Hals über Kopf.

Am Ende der Verhandlungen, die sich über Jahre hinzogen, ging der Ergenekon-Prozess 2013 mit Haftstrafen für 83 Personen zu Ende, 17 davon bekamen lebenslänglich. Viel wichtiger aber war eine andere Folge des Prozesses: Unter dem Anschein, Putschisten zu bestrafen, wurden Regierungsgegner aus zahlreichen Bereichen wie Armee, Polizei, Medien, Universitäten, Politik und Justiz entfernt. Damit bekam Erdoğan die politische wie auch psychologische Dominanz in die Hand, mit dem Referendum von 2010 zementierte er dann seine Vorherrschaft über die Justiz. Clever hatte er in die Paragraphen des Referendums einen Absatz eingefügt, der erlaubte, die Putschisten vom Zwölften September vor Gericht zu stellen, und sich damit die Unterstützung des Westens und einiger Liberaler in der Türkei gesichert. Der Volksentscheid, dessen Resultat als »großer Schritt für die Demokratisierung« hingestellt wurde, brachte nicht die Bestrafung der Putschisten, die ohnehin an der Schwelle zum Tod standen, sicherte Erdoğan aber die volle Kontrolle über das Gremium, das für die Ernennung von Richtern und Staatsanwälten zuständig ist.

Nachdem Erdoğan sich die Kontrolle über Judikative, Legislative und Justiz gesichert hatte, die drei Gewalten, die den Staat aufrechterhalten, und zudem die Zügel der Armee in die Hand bekommen und die Kommunalwahlen gewonnen hatte, befasste er sich mit der »vierten Macht«, den Medien. Den größten Medienzar der Türkei schaltete er mit der schwersten Steuerstrafe der türkischen Wirtschaftsgeschichte (4,5 Milliarden Dollar) aus und ließ loyale Unternehmer die Mainstreammedien aufkaufen. An die Spitze der Operation setzte er seinen Schwiegersohn. Die ehemals oppositionellen Zeitungen und Fernsehsender applaudierten nun ihm.

Dann war die Opposition an der Reihe.

In der Nacht des 6. Mai 2010 tauchten auf einer Videoplattform Aufnahmen aus einem Schlafzimmer auf. Zu sehen waren eine unbekleidete Frau und ein halb nackter Mann. Bei dem Mann handelte es sich um den Vorsitzenden der führenden Oppositionspartei CHP, Deniz Baykal, bei der Frau um seine Sekretärin. Eine Kamera war in einer Steckdose installiert worden, sie nahm das Video auf, anschließend stellte jemand es unter dem Titel »Varan 1« ins Internet. Ganz offensichtlich gab es eine Fortsetzung. Baykal erklärte, bei der Kassette handele es sich um ein mit Wissen der Regierung geschmiedetes Komplott, und trat zurück.

Als Erdoğan sich wenige Jahre später mit der Gülen-Bewegung überwarf, hieß es, die Staatsanwälte, die den Ergenekon-Prozess angestrengt hatten, die Inspektoren, die harte Steuerstrafen gegen bestimmte Medien verhängt hatten, wie auch die Polizisten, die die Kamera in der Wohnung von Baykals

Sekretärin installiert hatten, gehörten der Bewegung an, und Erdoğan wusch seine Hände mit den Worten »Sie haben uns reingelegt« in Unschuld.

Ein Video, das uns damals zugespielt wurde, zeigte die Macht der Organisation, die hinter all diesen Machenschaften steckte: Erdoğan schaut am Computerbildschirm die Schlafzimmeraufnahmen seines Kontrahenten, des Chefs der Oppositionspartei. Seine Computerkamera zeichnete heimlich auf, wie Erdoğan die heimlich aufgezeichneten Aufnahmen anschaute.

Die Organisation, die Erdoğan benutzte, um seine Widersacher auszuschalten, sammelte, ohne es ihn merken zu lassen, Material, um ihn auszuschalten.

Mit einer geknebelten Armee, einer zerstreuten Opposition, gekauften Medien und mit einer gekaperten Justiz ging die Türkei 2011 in die Wahlen. Erdoğan, der die gesamte Macht auf sich konzentriert hatte, steigerte seinen Stimmenanteil auf 49,8 Prozent. Das war nach den Wahlsiegen von Menderes 1954 und Demirel 1965 das höchste je erzielte Ergebnis.

Erdoğan war auf dem Gipfel angekommen. Auf einem Waldgrundstück in Ankara, das den Namen Atatürks trug, ließ er einen gigantischen Palast für sich errichten. Bald sollte er dort einziehen und sein Sultanat ausrufen. Doch genau an dem Punkt, als er diesen Gipfel erreicht hatte, sollte mit der Selbstüberschätzung auch der Abstieg einsetzen. Als er glaubte, alle besiegt zu haben, vergaß er die Macht der Gülen-Bewegung, die die Stufen zu seinem Triumph gebaut hatte. Bald sollte die Türkei einen blutigen Konflikt innerhalb der Macht erleben.

Ein Mann, eine Partei

Die zweite Dekade von Erdoğans Regierungszeit markierte die Phase, in der die Autokratie an die Stelle der Demokratie in der Türkei trat. In der ersten Dekade hatte er mit einer cleveren Strategie und ständigem Wechsel der Verbündeten seine Kontrahenten einen nach dem anderen ausgeschaltet. Nun ging es an die »innere Säuberung«. Er wollte die Bewegung loswerden, die an seiner Regierung teilhatte. Dieser Prozess sollte allerdings nicht so leicht sein wie die erste Phase, im Laufe der zweiten Dekade sollte die Türkei den »Bürgerkrieg« ideologischer Brüder erleben, als sähe sie einen Thriller mit permanent steigender Spannungskurve.

Die Gülen-Bewegung war die unsichtbare Macht in der Türkei. Vor allem durch die Leitung von Schulen und Nachhilfeinstituten hatte sie ein enormes Humankapital aufgebaut. Geheimdienstberichten zufolge verfügte sie landesweit über 460 Nachhilfeinstitute und Kurse, mehr als 200 Privatschulen, rund 500 Schüler- und Studentenwohnheime sowie einige tausend private Gemeinschaftsunterkünfte, sogenannte Lichthäuser. Außerhalb der Türkei hatte sie in 134 Ländern nahezu 400 Privatschulen, 38 Schüler- und Studentenwohnheime und eine Vielzahl von Vorbereitungskursen für Universitäten aufgemacht und damit weltweit Einfluss bekommen. Es hieß, die finanzielle Potenz dieser Schulen, an denen über siebentausend Lehrerinnen und Lehrer unterrichteten und etliche zehntausend Schülerinnen und Schüler ausgebildet wurden, belaufe sich auf fünf Milliarden Dollar. Die Schulen stellten für die Regierung im Inland eine gewaltige Ressource an Menschen dar und eine starke Lobby im Ausland.

Fethullah Gülen, der seit langem in Pennsylvania residierte, achtete auf gutes Einvernehmen mit den USA. Nachdem Erdoğan 2009 auf dem Davos-Gipfel Israels Gaza-Offensive kritisiert und aus der Sitzung gestürmt war, an der auch der israelische Präsident Schimon Peres teilgenommen hatte, stoppte Israel mit Gewalt ein türkisches Schiff, das versuchte, die Blockade von Gaza zu durchbrechen. Gülen aber sagte: »Man hätte sich das von Israel genehmigen lassen müssen«, und setzte damit einen Kontrapunkt zu Erdoğan. Die Führung in Moskau hatte 2003 die Schulen der Gülen-Bewegung in Russland geschlossen und ihr Lehrpersonal ausgewiesen, nachdem gemunkelt worden war, die USA nutzten die Schulen für nachrichtendienstliche Zwecke.

Ohne je politische Verantwortung zu übernehmen, hatte die Bewegung breite politische Kompetenzen, enorme wirtschaftliche Stärke und bedeutenden internationalen Einfluss erlangt, parallel dazu erhöhte sie ihre Erwartungen und Forderungen. Erdoğan liebte den überaus gierigen Partner, der ständig mehr vom Kuchen abhaben wollte, nicht, hatte aber auch nicht den Mut, diese einflussreiche Gruppe auszuschalten, die seine sämtlichen schmutzigen Geschäfte kannte, Verwaltung, Polizei und Justiz vollständig kontrollierte und spüren ließ, dass sie die USA hinter sich hatte. Dennoch reichte es ihm irgendwann, und er traf Vorbereitungen zur Übernahme der Nachhilfeinstitute. Die Bewegung reagierte unverzüglich. Beim ersten Krach ging es um die kurdische Frage.

Im März 2009 hatte Staatspräsident Gül in Bezug auf die kurdische Frage angekündigt, sehr gute Dinge stünden bevor. Die Sache war zunehmend zum Geschwür geworden, weil keine Regierung sich traute, sie anzugehen, vor allem im Südosten der Türkei kostete der Konflikt weiter zahlreichen Menschen das Leben. Zweieinhalb Monate nach Güls Aussage verkündete die PKK einen Waffenstillstand. Und Ende Juli erklärte die Regierung, sie plane eine Friedensinitiative. Journalisten, Schriftsteller und Künstler wurden um Unterstützung des Prozesses gebeten. Offenbar liefen Vorbereitungen. Wie die aussahen, erfuhren wir bald darauf: Als Resultat geheimer Kontakte seit 2005 hatten im September 2008 direkte Gespräche zwischen der PKK und der Führung des türkischen Geheimdienstes in Oslo begonnen. Erdoğan spielte die vielleicht ambitionierteste Karte seines Lebens. Er hoffte, am Ende der Verhandlungen als politischer Führer dazustehen, dem es gelungen war, ein Jahrhundertproblem zu lösen, die Unterstützung der Kurden zu gewinnen, die Rolle der Armee drastisch zu reduzieren und zugleich Beistand aus dem Westen zu bekommen.

Im Oktober 2009 folgten 34 PKK-Guerillakämpfer dem Aufruf von PKK-Chef Öcalan und stellten sich an der Grenze den türkischen Autoritäten, damit war bewiesen, dass in den Verhandlungen Fortschritte erzielt wurden.

2010 folgte die Gegenleistung der Regierung: Privatsender durften auf Kurdisch senden, an Universitäten durften Institute für Kurdisch eingerichtet werden. Parallel dazu wurden die Straßenkontrollen, die das Leben im Südosten lähmten, und die Verbote, die Bergalmen zu betreten, reduziert.

Die »kurdische Karte« war so historisch wie riskant. Die nationalistische Opposition, die gegen die PKK kämpfende Armee wie auch die noch nicht voll unter Kontrolle gestellten höchsten Gerichte waren gegen den sogenannten Lösungsprozess. Während ein Flügel des Staates in Oslo mit der PKK verhandelte, ließ der andere Flügel die PKK-Kämpfer verhaften, die sich vereinbarungsgemäß gestellt hatten, verbot die legale Partei der Kurden DTP und bombardierte mit Kampfjets die kurdische Region im Irak.

Die eigentliche Bombe aber explodierte im September 2011:

Ein Tonmitschnitt der Verhandlungen in Oslo tauchte im Internet auf. Darin sprach der neue Geheimdienstchef Hakan Fidan mit PKK-Vertretern. Dieser aus dem Militär stammende Geheimdienstler war drei Jahre im NATO-Hauptquartier in Deutschland tätig gewesen, absolvierte währenddessen einen Studiengang an der Universität Maryland und wurde, nach einer Zeit als Chefberater des Premierministers, 42-jährig mit der Leitung des Geheimdienstes betraut. Auf dem Tonband erklärte er, er nehme als Sondergesandter des Ministerpräsidenten an der Sitzung teil, habe vor einem Monat »Herrn Öcalan« auf Imralı getroffen, und sagte: »Der Ministerpräsident (Erdoğan) meint es mit der Lösung ernst und ist bereit, das politische Risiko auf sich zu nehmen.«

Mit diesem Leak waren die Pläne der Regierung enthüllt. Öcalan, der noch bis vor wenigen Jahren als »Kopf der Terroristen« bezeichnet worden war, wurde jetzt »Herr« genannt und verhandelte mit dem Staat. Die Opposition empörte sich: »Armeekommandeure sitzen im Gefängnis, Öcalan aber ist Partner geworden!« Es gab ein politisches Beben, bei dem die alten Tabus stürzten und sich das Kräfteverhältnis vollkommen änderte. Das Leak eines Tonmitschnitts der unter höchster Geheimhaltung stattfindenden Gespräche zeigte, dass eine einflussreiche Gruppe im Staat versuchte, den Prozess zu sabotieren. Da die Armee aus dem Prozess herausgehalten wurde, konnte es sich nur um eine Gruppe in Polizei oder im Geheimdienst handeln. Der Regierung zufolge war es »die Bewegung«, die das große Geheimnis enthüllt hatte.

Am 7. Februar 2012 legte die Bewegung noch eins drauf, und zwar mit einer Szene, wie man sie aus Agententhrillern kennt:

Der Oberstaatsanwalt bestellte unvermutet den Staatssekretär und zwei Verantwortliche des Geheimdienstes zur Vernehmung ein. Er warf ihnen vor, in Oslo mit der Terrororganisation zu verhandeln. Dass die Vorladung für genau diesen Tag erfolgte, hatte einen besonderen Grund: Erdoğan sollte an diesem Tag operiert werden. Während er unter Narkose stand, sollte der Geheimdienstchef verhaftet werden. Doch da seine Operation nicht zur vorgesehenen Stunde begann, bekam Erdoğan Wind von der Sache. Er durchschaute den Plan sofort und wies Geheimdienstchef Hakan Fidan an, der Vorladung auf keinen Fall zu folgen. Später berichtete er folgendermaßen von jenem Tag:

»Sie überspannten den Bogen. Sie glaubten, sie wären der Staat im Staat und könnten jeden bis rauf zum Staatspräsidenten einbestellen, wann immer sie wollen. Dabei bin ich es, der ihm (Fidan) Anweisungen erteilt. Wollt ihr ihn verhaften, verhaftet mich.«

Erdoğan hatte erkannte, dass die Gefahr an ihn heranrückte. Er traf unverzüglich Vorkehrungen: Er enthob den zuständigen Staatsanwalt des Amtes, fortan konnten Staatsanwälte mit Sondervollmachten nur noch mit Genehmigung des Ministerpräsidenten Ermittlungen einleiten. Auf diese Weise nahm er die Fäden der Justiz unmittelbar in die Hand. Mit einem neuen Gesetz erhielt der Geheimdienst die Befugnis, mit jedweder Einrichtung und Person Kontakt aufzunehmen. Auch die dem Generalstab unterstehende Kommandantur Elektronische Systeme wurde dem Geheimdienst MIT übertragen.

Die Reaktion der Bewegung fiel harsch aus:

Am Morgen des 17. Dezember 2013 leitete sie eine der größten Anti-Korruptions-Operationen in der Geschichte der Republik ein. Unter den wegen Vorwürfen wie Bestechung, Amtsmissbrauch, Konspiration bei Ausschreibungen und Schmuggel Verhafteten befanden sich auch Söhne von drei Ministern aus Erdoğans Kabinett und der Generaldirektor einer Bank. Im Haus des Bankdirektors wurden 4,5 Millionen Dollar in Schuhkartons sichergestellt, im Haus eines der Ministersöhne eine

Geldzählmaschine. Angeblich waren insgesamt 87 Milliarden Euro gewaschen worden.

Die Bewegung hatte Schach geboten. Als Erdoğan davon erfuhr, rief er sofort seinen Sohn Bilal an und forderte ihn auf: »Bring alles raus, was zu Hause ist.« Schlaftrunken entgegnete Bilal: »Was soll bei mir schon sein, Papa? Dein Geld ist im Tresor.« Da wurde Erdoğan ärgerlich und sagte, er solle alles »auf null setzen«. Ihm war klar, dass nach den Razzien bei den Ministern auch sein Haus durchsucht werden würde, und wollte das im Haus befindliche Geld retten. In darauffolgenden Telefonaten sagte Bilal, sie hätten nicht alles »auf null setzen« können: »Da ist noch eine Summe von etwa dreißig Millionen Euro, die konnten wir noch nicht auflösen.« Sein Vater ermahnte ihn, am Telefon nicht offen zu reden. Denn der Ministerpräsident vermutete, dass Polizisten der Bewegung auch sein Privattelefon abhörten. Und er täuschte sich nicht. Mitschnitte dieser unglaublichen Telefonate tauchten später im Internet auf. Nun sprach die ganze Türkei über das Geld im Haus des Premierministers.

Ich war damals Moderator und Redakteur der Hauptnachrichten eines Fernsehsenders. Als uns die »Bänder des Oberdiebs«, wie es damals hieß, zugespielt wurden, überlegten wir in einer langen Sitzung, was wir tun sollten. Als wir uns überzeugt hatten, dass die Aufnahmen echt waren, beschlossen wir, sie zum Nutzen der Öffentlichkeit zu senden. In den Sendern, die Erdoğan unter seine Kontrolle gebracht hatte, würden sie selbstverständlich nicht vorkommen. Und wir sollten teuer dafür bezahlen, dass wir sie veröffentlichten. Wegen dieser Sendungen und der Artikelserie, in der ich später darstellte, wie Bilal Erdoğan mit einer Gruppe Unternehmer teure Grundstücke vereinnahmte und wie diesen Unternehmern im Gegenzug für große Ausschreibungen Zeitungen und Fernsehsender zugeschanzt wurden, wurde ich wegen Präsidentenbeleidigung angeklagt und verurteilt.

Als ich eine Dokumentation über jene kritischen 24 Stunden drehte, bekam ich die Gelegenheit, Erdoğans Charakter und seine Verfassung bei Entscheidungsprozessen zu studieren. Zuerst regt er sich fürchterlich auf, dann beruhigt er sich und ergreift Maßnahmen, anschließend geht er zum Stadium der Rache über und versucht, die Situation zu seinen Gunsten zu wenden. So war es auch diesmal: Er war unterwegs und verfolgte die Ereignisse am Telefon, auf einer Parteiversammlung sagte er: »Dieses Land reicht für uns alle.« Damit lautete seine Botschaft an die Bewegung: »Was gibt es, das wir nicht teilen könnten?« In Bezug auf die Bewegung formulierte er später den Satz: »Was haben sie gewollt, das wir nicht gegeben hätten?« Unterdessen enthob er die Polizeichefs und Staatsanwälte, die maßgeblich an der Sache beteiligt waren, des Amtes und leitete umfassende Säuberungen in Polizei und Gerichten ein. Da er diese Einrichtungen aber jahrelang der Bewegung überlassen hatte, mangelte es an Personal, das die entfernten Kader hätte ersetzen können.

Noch bevor das Feuer des Skandals vom 17. Dezember gelöscht war, kam es zu zwei weiteren Skandalen. Der erste war eine Tonaufnahme aus der »Kammer des Schreckens« des Staats: Außenminister Ahmet Davutoğlu konferierte in seinem Amtszimmer mit dem Staatssekretär des Geheimdienstes, dem Vize-Vorsitzenden des Generalstabs und dem Staatssekretär im Außenministerium. Es ging um die geplante türkische Militäroperation in Syrien. Doch mit welchem Motiv? An einer Stelle der Aufnahme sagt Geheimdienstchef Hakan Fidan: »Ich schicke vier Männer rüber (über die Grenze nach Syrien) und lasse sie acht Raketen auf freies Gelände schießen. Das ist nicht das Problem. Ein Motiv lässt sich schaffen. Die Frage ist, ob man das will …« Hier erläuterte der Geheimdienst eines Staates, wie man mit Sabotage einen Vorwand für den Einmarsch in ein Nachbarland schaffen würde. Sein nächster Satz lautete: »Wir haben fast zweitausend Lastwagen rübergeschickt.« Damit bestätigte er die seit langem diskutierte These, dass die Türkei Waffen auf Lastwagen nach Syrien lieferte.

Im Internet klickten Millionen den Mitschnitt an, kein Presseorgan aber traute sich, ihn aufzugreifen. Die Aufsichtsbehörde für Rundfunk und Fernsehen verhängte unter dem Vorwand, die nationale Sicherheit sei gefährdet, unverzüglich eine Nachrichtensperre. Die Staatsanwaltschaft nahm Ermittlungen über das Leak aus dem abhörsicheren Raum auf. Ein paar Jahre später wurde das Rätsel gelöst: Das Abhörgerät war in der Dokumentenmappe des Vize-Generalstabschefs versteckt und ohne sein Wissen mit ihm ins Amtszimmer des Ministers »geschickt« worden.

Die in der Sitzung erwähnten Waffenladungen per Lkw wurden genau in jenen Tagen aufgedeckt. Am 1. Januar 2014 stoppte Gendarmerie einen Lastwagen auf dem Weg nach Syrien, auf der Ladefläche wurden, unter Medikamentenschachteln versteckt, Mörsergranaten und Mörsermunition gefunden. Als der Lkw-Fahrer festgenommen werden sollte, stellte sich heraus, dass er dem Geheimdienst angehörte. Als Polizei hinzukam, eskalierte die Sache, die drei bewaffneten Kräfte des Staates zogen gegeneinander Waffen. Bei diesem Skandal auf einer belebten Autobahn wurde die Regierung, die verdächtigt worden war, den Dschihadisten in Syrien illegalerweise Waffen zu liefern, auf frischer Tat ertappt.

Erdoğan musste einen Schlag nach dem anderen einstecken. Die Waffenlieferungen über den Geheimdienst konnte er nicht dementieren. Er sagte, es handele sich dabei um eine Intrige jener, die den türkischen Staat als Unterstützerin von Terrororganisationen hinstellen wollten. Er behauptete, die Waffen seien nicht für den IS, sondern für die Turkmenen bestimmt gewesen. In der Zeitung *Cumhuriyet,* die ich damals leitete, veröffentlichten wir erstmals Aufnahmen der Rüstungsgüter auf den Lastwagen und bewiesen, dass diese an die Nusra-Front geliefert wurden. Diese Publikation brachte die Regierung zur Weißglut. Erdoğan trat vor die Fernsehkameras und erklärte, für diese Meldung würde er mich einen hohen Preis bezahlen lassen, er würde mich nicht davonkommen lassen. Nun, er hielt Wort. Aber nicht sofort.

Er hatte gerade auch Kummer wegen eines Aufstands, der seinen Ausgang 2013 in Istanbul nahm. Als er den Plan bekanntgab, im Gezi-Park im Stadtzentrum ein Einkaufszentrum zu errichten, eilten junge Umweltschützer in den Park am Taksim-Platz, um ihn zu schützen. Sie stellten sich vor das anrückende Räumgerät, retteten die Bäume, schlugen im Park Zelte auf und hielten Mahnwachen. Als die Polizei eines Nachts den Park stürmte und die Zelte niederbrannte, eskalierte die Sache. Als die jungen Leute, denen es um nichts anderes gegangen war, als die Bäume zu schützen, mit Tränengas vertrieben und brutal verprügelt wurden, brach im ganzen Land Protest los. So begann der größte Aufstand der türkischen Geschichte. In jenem Sommer protestierten Menschen in nahezu jeder Stadt des Landes. Angesichts des Machtkampfes an der Staatsspitze, der Übernahme der republikanischen Institutionen, der Einmischung in jeden Lebensbereich, ob Kleidung oder Musik, der massiven Einschränkung von Rechten und Freiheiten und weil die Medien all den Problemen gegenüber indifferent blieben, hatte sich unterschwellig eine Menge Unmut aufgestaut. Jetzt trat er zutage.

»Gezi« war in kürzester Zeit viel mehr als der Name eines Parks, das Wort bezeichnete längst die Proteste, an denen sich vor allem in den Metropolen Millionen beteiligten. Der Taksim-Platz in Istanbul war von Demonstranten belagert, bald lautete ihr Slogan: »Erdoğan, tritt zurück!« Zehntausende Menschen, die gleich mir jeden Tag in den Park kamen, erlebten nachgerade eine Karnevalsatmosphäre und beobachteten stolz, wie sich die unpolitisch geglaubte Jugend ihrer Parks, ihrer Rechte und Freiheit bemächtigte. Gezi war zu einem Land der Utopie geworden, trotz der Hasskampagnen der Regierung bewies es, dass Menschen unterschiedlichster Meinung friedlich miteinander leben können.

Unter dem Druck der Schläge, die er einen nach dem anderen hatte einstecken müssen, stand Erdoğan vor einem Scheideweg: Entweder hörte er auf Staatspräsident Abdullah Gül, der sagte: »Die jungen Leute stellen keine großen Forderungen, stornieren wir das Bauprojekt«, und ging den Weg der Verständigung, oder er zeigte Autorität und schlug den Aufstand nieder.

Er wählte den zweiten Weg. Er wies die Polizei an, in den Park zu gehen, die Demonstranten zu vertreiben, nötigenfalls auch zu schießen. Mit Zelten, provisorischen Büchereien, gemeinsamem Essen an langen »Tafeln« auf dem Erdboden war der Park zu einem Festplatz geworden; Panzerfahrzeuge der Polizei und Tränengas zerstörten ihn.

An dem Abend im Juni, als der Polizeieinsatz begann, erlebte ich die brutale Polizeigewalt am eigenen Leib. Gemeinsam mit jungen Leuten aus dem Park hatte ich mich in ein nahe gelegenes Hotel geflüchtet, die Polizei warf eine Tränengasgranate hinein; Frauen, Kinder drohten zu ersticken. Ein Plastikgeschoss der Polizei streifte meinen Kopf und schlug in der Hoteltür ein. Später erfuhr ich, dass Claudia Roth, die sich damals in Istanbul aufhielt, aus einem Fenster im Obergeschoss des Hotels die Ereignisse beobachtete. Die Livesendung, in der ich von der Polizeigewalt an jenem Abend berichtete, wurde später im sogenannten Gezi-Prozess als Beweis gegen mich verwendet.

Durch die entsetzliche Polizeigewalt kamen in verschiedenen Städten acht junge Menschen ums Leben, es gab beinahe zehntausend Verletzte. Dass CNN Türk eine Doku über Pinguine sendete, während die Fernsehsender in aller Welt live berichteten, spiegelte die Situation der türkischen Medien wider. Die Artikel, die ich jeden Tag aus dem Park schrieb, sorgten für Unruhe in meiner Zeitung. Die Redakteure rieten mir, mich eine Zeitlang mit anderen Themen zu beschäftigen. Ich besuchte den Tahrir-Platz in Kairo. Die »Gezi-Geschwister« waren vor allem in der arabischen Welt mit ähnlichen Forderungen nach Freiheit auf die Straße gegangen. Ich schrieb über die gemeinsamen Punkte von Gezi und Tahrir, das gefiel der Zeitung auch nicht. Bei meiner Rückkehr rief mich der neue Inhaber des Blattes an. Er wolle in der Zeitung keine Artikel mehr lesen, die sich gegen den »Herrn« (so nannte er Erdoğan) richteten. Meine Artikel würden ihm und seinen kommerziellen Interessen schaden. Schließlich hatte Erdoğan ihm bei einem Besuch meine Artikel vorgelegt und ihn dafür zur Verantwortung gezogen. »Danach konnten wir nicht länger zusammenarbeiten.«

Gezi führte dazu, dass die Türkei ihre ohnehin eingeschränkte Freiheit, die Jugend ihre Hoffnung auf morgen und ich meine Arbeit verlor.

Die Jahre 2012–2013 änderten nicht bloß Erdoğans Schicksal, sondern das der Türkei. Es setzte eine Phase noch schärferer Repression ein. Erdoğan war derart blindwütig, dass er seine Anhänger sogar eine Mutter ausbuhen ließ, deren Sohn durch Polizeikugeln getötet worden war.

In diesen beiden Jahren war ihm klar geworden, dass er jeden Augenblick gestürzt werden konnte. Neben einigen einflussreichen Mächten im Staat war auch ein nicht unerheblicher Teil der Bevölkerung gegen ihn. Er glaubte, die Gezi-Proteste wären von ausländischen Kräften organisiert worden, deren Ziel es sei, ihn zu stürzen und die aufstrebende türkische Wirtschaft zu zersetzen. Er beschuldigte die USA, Europa, die westlichen Medien, das ausländische Kapital und George Soros. Ab jetzt würde er diese »inneren und äußeren Feinde« mit aller Macht bekämpfen.

Ein Prozess wurde eröffnet, bei dem für 16 Personen insgesamt 47 000 Jahre Haft gefordert wurden, weil sie angeblich den Gezi-Aufstand provoziert hätten. Einer der Angeklagten war ich. Außer meinen Artikeln lagen keine Beweise gegen mich vor. Mir wurde vorgeworfen, gemeinsam mit dem Hauptangeklagten, dem Unternehmer Osman Kavala, versucht zu haben, eine Medienalternative zu den »Pinguin-Medien« aufzubauen. Erdoğan setzte Kavala mit Soros gleich. Obwohl er wusste, dass Kavala keinerlei Verantwortung für Gezi trug, hält er ihn seit sechs Jahren im Gefängnis fest, als Botschaft für den Westen und um die anderen Bürgerrechtler, die er im Zuge des Gezi-Prozesses verhaften ließ, sowie seine Widersacher abzuschrecken.

Nach all dem Wirrwarr fand im August 2014 erstmals die Wahl statt, bei der das Volk direkt über den Staatspräsidenten abstimmen sollte. Erdoğan wurde mit 51,8 Prozent gewählt. Bald darauf verlegte er seinen Amtssitz von Atatürks Palais in Çankaya in den extra für sich erbauten Palast Beştepe. In den zehn Jahren seit seinem Amtsantritt als Ministerpräsident hatte er der Reihe nach das Parlament, die Administration, die Justiz und die Medien unter seine Fuchtel gestellt, die Armee ausgeschaltet, die Kurden an den Verhandlungstisch gebracht, seinen ehemaligen Partner, die Gülen-Bewegung, beseitigt, die Gezi-Proteste niedergeschlagen und sich schließlich anstelle von Abdullah Gül, den er als Konkurrenten in der eigenen Partei betrachtete, als »der einzige Mann« auf dem Gipfel eingerichtet.

Er glaubte, endlich alle Gefahren überwunden und die Fäden vollständig in der Hand zu haben.

Was er vergaß:

Der Gipfel ist auch der Punkt, an dem der Abstieg beginnt.

Der letzte Schlag

»Sicherheit oder Freiheit?«

Speziell seit den Anschlägen vom 11. September lautete überall, wo der »Sicherheitsstaat« errichtet worden war, die Antwort der Massen auf diese Frage:

»Sicherheit hat Vorrang.«

Die Menschen waren dermaßen in Angst und Schrecken versetzt worden, dass die Sorge, einer Bedrohung ausgesetzt zu sein, überall das Bedürfnis nach Schutz geweckt hatte. Dafür verzichteten die breiten Massen, die um ihr Leben fürchteten, auf Grundrechte wie Versammlungsfreiheit, Protest und freie Meinungsäußerung und flüchteten sich unter die Fittiche einer starken Führerpersönlichkeit. Autokraten merkten, dass ihnen das Klima der Angst dienlich war, und setzten folglich alles daran, dieses Klima aufrechtzuerhalten, provozierten es auch selbst. Die Demokratie erstickte in einem Strudel, der noch mehr Angst und noch mehr Repression mit sich brachte.

Ein schlimmes Beispiel eines solchen Strudels erlebte die Türkei 2015.

Der in Oslo eingeleitete Lösungsprozess der kurdischen Frage war allen Behinderungen zum Trotz vorangekommen und so weit gelangt, dass ein Übereinkommen unterzeichnet werden sollte. Ende Februar kam eine Gruppe HDP-Abgeordnete, die in Verbindung zu PKK-Chef Abdullah Öcalan standen, mit dem stellvertretenden Premierminister und dem Innenminister als Repräsentanten des Staates im Istanbuler Dolmabahçe-Palast zusammen, ein gemeinsames Foto wurde geschossen, eine Deklaration verkündet. Öcalan forderte die PKK auf, die Waffen niederzulegen, Staatspräsident Erdoğan betonte, wie wichtig dieser Appell für die Herstellung von Frieden war, und

Ministerpräsident Davutoğlu verkündete, von nun an werde die Sprache der Politik gesprochen. Am 21. März sollte bei den Newroz-Feiern in Diyarbakır eine Grußbotschaft von Öcalan verlesen und das Ende des 30-jährigen blutigen Kriegs gefeiert werden.

Als unser Flugzeug in Diyarbakır landete, ereilte uns die unfassbare Nachricht, Erdoğan habe die von ihm selbst in die Wege geleiteten Verhandlungen abgebrochen. Er akzeptierte den Text des Übereinkommens nicht, sagte, er halte das Treffen im Dolmabahçe-Palast nicht für richtig. Dabei hatte er selbst bis ins Detail bestimmt, wer bei dem Treffen wo sitzen und welcher Text verlesen werden sollte.

Der Regierungssprecher sagte: »Wir hätten es nicht ohne sein Wissen tun können, er wusste genau Bescheid.« Was war geschehen? Warum verzichtete Erdoğan im letzten Augenblick auf den Titel »Friedensstifter«, der ihm doch ungeheures Prestige eingebracht hätte? Diese Frage wartet nach wie vor auf Antwort. Ich denke, bei seinem Gesinnungswandel spielte die Rede eine Rolle, die Selahattin Demirtaş vier Tage vor Newroz gehalten hatte. Demirtaş ist Erdoğans wohl stärkster Kontrahent. Er war Ko-Vorsitzender der Demokratischen Partei der Völker HDP, der drittgrößten Partei im Parlament. Er war ein äußerst beliebter Politiker, ist ein überzeugender Redner, ein Mensch voller Humor, ein ehemaliger Rechtsanwalt, ein guter Schriftsteller und darüber hinaus Amateur-Musiker und -Maler. Die HDP repräsentierte bei den Verhandlungen mit dem Staat den legalen Flügel der Kurden. In den Tagen, als die Türkei sich auf die Wahlen vom 7. Juni konzentrierte und Erdoğan Vorbereitungen für den Übergang zu einem Präsidialsystem nach amerikanischer Art traf, hatte Demirtaş in seiner Fraktion eine sehr kurze Rede gehalten. Sie bestand aus folgenden drei Sätzen:

»Wir machen dich nicht zum Präsidenten.
Wir machen dich nicht zum Präsidenten.
Wir machen dich nicht zum Präsidenten.«

Dieser Satz aus Demirtaş' kurzer Ansprache wurde innerhalb kürzester Frist zum Wahlkampfslogan der Opposition. Man wusste, dass die Rede Erdoğan, der davon träumte, die parlamentarische Demokratie in ein Präsidialsystem umzuwandeln und darin selbst die Position des Präsidenten zu bekleiden, furchtbar geärgert hatte. Vielleicht stand auch seine Präsidentschaft im »Friedensabkommen«, oder er hatte darauf gehofft.

Demirtaş avancierte zu Erdoğans Hauptfeind, zwanzig Monate nach der kurzen Rede wurde er verhaftet, seit 2016 sitzt er im Gefängnis.

Bei den allgemeinen Wahlen im Juni 2015 blieb die AKP zwar mit 40 Prozent an der Regierung, hatte aber zum ersten Mal seit 2002 die Mehrheit im Parlament eingebüßt. Erdoğans Partei verlor fünf Millionen Stimmen. Mit 13,1 Prozent war die HDP die größte Wahlgewinnerin, sie schickte achtzig Abgeordnete ins Parlament. Das Wahlergebnis machte eine Koalition unumgänglich und war eine große Enttäuschung für Erdoğan. In jener Nacht, die wir in der Redaktion der *Cumhuriyet* verbrachten, waren wir alle froher Hoffnung. Wir glaubten, am Ende einer schwierigen Ära zu stehen. Ministerpräsident Davutoğlu gelang es nicht, eine Regierung mit den Nationalisten, die den Lösungsprozess mit den Kurden ablehnten, zu bilden, anschließend versuchte er es mit der CHP, doch auch die Bemühungen um eine große Koalition liefen ins Leere. Hals über Kopf wurde beschlossen, die Wahlen zu wiederholen. Für den 1. November wurden Neuwahlen angesetzt.

Auf einen Schlag brach die Hölle los. Die Türkei erlebte die

blutigsten fünf Monate ihrer Geschichte. Als hätte eine unsichtbare Hand den Startschuss gegeben, herrschte auf einmal Krieg.

Der erste Anschlag galt am 20. Juli einem Konvoi der sozia-
listischen Jugend in Urfa, mit dem humanitäre Hilfe in das vom
IS bedrohte Kobani in Nordsyrien gebracht werden sollte. Der
Selbstmordattentäter riss 33 Menschen in den Tod.

Zwei Tage darauf wurden in Urfa zwei Polizisten in ihren
Wohnungen durch Kopfschüsse getötet. Der Friedensprozess
war torpediert, der auf Sicherheit setzende Flügel des Staates,
der seit geraumer Zeit den Verhandlungsprozess mit Ärger und
Argwohn verfolgt hatte, startete erneut Operationen gegen die
PKK. Die PKK ihrerseits beendete den Waffenstillstand und
kündigte an, einige Gebiete mit mehrheitlich kurdischer Bevölkerung würden sich künftig selbst verwalten. Die Gefechte
waren zurück, heftiger als zuvor. Am 6. September kamen bei
einem PKK-Anschlag in Dağlıca 16 Soldaten ums Leben. Am
8. September wurden im ganzen Land Anschläge auf Parteige-
bäude der HDP verübt. Und am 10. Oktober kam es in Ankara zum blutigsten Anschlag der türkischen Geschichte, als
sich zwei Selbstmordattentäter bei einer Friedenskundgebung
vor dem Hauptbahnhof in die Luft sprengten, 102 Menschen
starben.

Die Bilanz dieser fünf Monate belief sich auf 862 Tote. Angesichts der terroristischen Anschläge, die das Land unversehens
in ein Schlachtfeld verwandelten, gerieten die Massen in Panik und Premier Davutoğlu erklärte: »Laut Meinungsumfragen
nach den Anschlägen sind unsere Stimmen im Aufwärtstrend.«
Man erinnerte sich an Erdoğans Spruch: »Gebt mir 400 Abgeordnete, damit die Sache friedlich gelöst wird.« Die fünf Millionen Wähler, die der AKP ihre Stimmen im Juni vorenthal-
ten hatten, kehrten fünf Monate später zu ihr zurück. Aus den
Wahlen vom 1. November ging Erdoğans AKP mit 49,5 Prozent

und 317 Abgeordneten hervor und stellte erneut allein die Regierung. Das war eine der höchsten bei Wahlen in der Türkei je errungenen Quoten.

Mit dem Messer an der Kehle mit der Frage »Sicherheit oder Freiheit« konfrontiert, folgten die Millionen vor lauter Angst dem Ruf des »starken Mannes« und flüchteten sich in seine Obhut. Nun stand Erdoğan nichts mehr im Weg. Eine für alle Oppositionellen bedrohliche Ära der Repression setzte ein.

In der Wahlnacht harrten wir wieder bis zum Morgen in der Redaktion der *Cumhuriyet* aus, deren Chefredakteur ich damals war. Niemand sagte einen Ton. Als wir die Seite mit Erdoğans Wahlsieg für die Ausgabe am Folgetag planten, sagte ein befreundeter Redakteur: »Morgen kommen sie dich holen«, und riet mir, noch in derselben Nacht außer Landes zu gehen. Als ich nach Hause fuhr, gab meine Frau mir denselben Rat. Ich fand ihre Sorge zwar berechtigt, hielt es aber für unter meiner Würde, mich wie ein Verbrecher davonzumachen.

Eine Woche nach der Wahl war ich auf einem Literaturfestival in Essen eingeladen. Von dort fuhr ich weiter nach Straßburg, um den Press Freedom Award entgegenzunehmen, den Reporter ohne Grenzen unserer Zeitung verlieh. Auch die Freunde dort sagten: »Geh nicht zurück, in der Türkei verrottest du im Gefängnis. Wenn du hierbleibst, kannst du dich hier frei weiter engagieren.«

Dennoch ging ich zurück. Für uns alle begann eine »Prüfungsphase«, wie ich meinen Leitartikel für die Zeitung an jenem Tag postulierte, und wir würden tun, was wir tun mussten.

Kurz darauf kam die erwartete Vorladung vom Staatsanwalt. Normalerweise wurden Dissidenten im Morgengrauen aus dem Haus geholt, doch ich war freiwillig aus dem Ausland heimgekehrt war, also erkannte man keine Fluchtgefahr und bestellte mich zur Vernehmung ein. Es ging um meinen Bericht über die Waffenlieferungen des Geheimdienstes MIT an die Dschihadisten. Dem Gesetz nach hätte das Verfahren innerhalb von vier Monaten eröffnet werden müssen, doch inzwischen waren sechs Monate vergangen. Erst jetzt waren die politischen Umstände reif. Zu Fuß hatte ich das Gerichtsgebäude betreten, in einem Polizeiauto verließ ich es als Häftling. Ich wurde nach Silivri gebracht, in das größte Journalistengefängnis der Welt. Später sagte der Mafiaboss Sedat Peker, der gemeinsame Sache mit der Regierung machte: »Du kannst Erdoğan danken, dass er dich nur eingesperrt hat, ich hätte dich hängen lassen.«

Am Anfang des Buches hatte ich bereits erwähnt, dass Europa, vor allem Deutschland, damals weniger mit der Meinungs- und Pressefreiheit beschäftigt war als vielmehr damit, den Flüchtlingsstrom nach Europa aufzuhalten. Im Februar 2016 kam Kanzlerin Merkel erneut in die Türkei. Im Fernsehen in der Zelle verfolgte ich ihre gemeinsame Pressekonferenz mit dem türkischen Premier Ahmet Davutoğlu. Die beiden Staatschefs sangen ein Loblied auf die türkische Flüchtlingspolitik, als ein Journalist sie nach den schweren Menschenrechtsverletzungen im Land und den inhaftierten Journalisten (wobei er auch meinen Namen nannte) fragte. Ich klebte geradezu am Bildschirm. Die Bundeskanzlerin hatte 2012 Putin ins Gesicht gesagt, man sollte sich nicht vor unterschiedlichen Ideen fürchten, 2014 hatte sie die chinesische Regierung ermahnt, das Recht auf freie Meinungsäußerung zu achten, 2015 war sie als »Führerin der freien Welt« vom *Time*-Magazin zur »Person des Jahres« gekürt worden. Welche Botschaft in Sachen Pressefreiheit mochte sie jetzt für die türkische Regierung haben?

Sie sagte:

»Ich glaube, dass wir ein Gesprächsformat haben, in dem wir über alle Themen sprechen. Wir haben zum Beispiel über die Frage der Arbeitsbedingungen von Journalisten gesprochen; vielleicht wird der Premierminister auch selber noch etwas dazu sagen.«

Kein Wort mehr.

Davutoğlu nahm das Zuspiel an und erklärte, allein die Tatsache, dass die Frage gestellt werden könne, sei doch ein Beweis für Pressefreiheit in der Türkei, anschließend behauptete er, kein Journalist säße »aufgrund journalistischer Tätigkeit« im Gefängnis.

Sie können sich vorstellen, wie einem Journalisten zumute war, der einzig und allein aufgrund journalistischer Tätigkeit im Gefängnis saß, nämlich wegen eines – nicht dementierten – Berichts, als er in seiner Einzelzelle diese Lüge vernahm. Nach Angaben des türkischen Journalistenverbands waren in jenem Jahr 148 Journalisten in der Türkei inhaftiert, laut Reporter ohne Grenzen war die Türkei mit diesem Rekord »das größte Journalistengefängnis der Welt«.

Wie es weiterging? Ein Jahr später wurde Deniz Yücel, der auf der Pressekonferenz die entscheidende Frage gestellt hatte, wegen des Vorwurfs der Terrorpropaganda verhaftet, die deutsche Regierung, die damals auf seine Frage geschwiegen hatte, bemühte sich ein Jahr lang um seine Freilassung. Davutoğlu, der es als Beweis für die Freiheit der Presse erachtet hatte, dass die Frage ihm gestellt werden konnte, wurde drei Monate nach der Pressekonferenz von Erdoğan aus dem Amt gejagt. Heute ist einer der schärfsten Gegner des Erdoğan-Regimes im Lager der Opposition. Und Mafiaboss Peker, der mich damals am liebsten aufgehängt hätte, enthüllt mit Videos aus den Vereinigten Arabischen Emiraten, wohin er sich geflüchtet hat, ein schmutziges Geheimnis Erdoğans nach dem anderen.

Und ich …

Ich schrieb Kanzlerin Merkel einen offenen Brief im *Spiegel:*

»Wir wissen, warum Sie verstummt sind. Weil Erdoğan die Angst benutzt, die der Strom der Flüchtlinge in Deutschland auslöst, um sein repressives Regime zu stärken. Der schmutzige Deal hat Millionen Flüchtlinge zu Geiseln eines autoritären Systems gemacht – und er reduziert Deutschland zu einem Land, das aus politischem Kalkül fundamentale westliche Werte aufgegeben hat.«

Doch vergebens. Wichtiger als die von Erdoğan eingesperrten Journalisten waren damals die Flüchtlinge, die er nicht nach Europa weiterschickte.

Ende Februar 2016 kam ich aufgrund eines überraschenden Urteils des Verfassungsgerichts frei. Das noch nicht von Erdoğan kontrollierte höchste Gericht stellte fest, es handele sich bei dem, was der wegen desselben Vorwurfs inhaftierte Ankara-Vertreter unserer Zeitung, Erdem Gül, und ich getan hatten, nicht um eine terroristische, sondern um eine journalistische Tätigkeit, unsere Haft sei rechtswidrig, wir seien unverzüglich freizulassen. Am selben Abend kamen wir frei. Auf seiner Pressekonferenz sprühte Erdoğan vor Wut: »Ich erkenne dieses Urteil nicht an. Ich halte mich nicht an das Urteil, ich respektiere es auch nicht.« An jenem Tag aber war er gezwungen, sich daran zu halten. Auf dem Rechtsweg hatte man mich nicht zum Schweigen bringen können, also versuchte man einen anderen Weg: Am 6. Mai wurde vor dem Gerichtsgebäude Çağlayan, wo die Verhandlung gegen mich stattfand, auf mich geschossen. Ich kam nur dank der schnellen Reaktion meiner Frau davon. Es stellte sich heraus, dass der Killer einer der Regierung nahestehenden Mafiabande angehörte. Nach ein paar Monaten Haft kam er wieder frei. Wir ersetzten die Tür zu meinem Büro in der Redaktion durch eine Stahltür, und ich lebte fortan mit einem Bodyguard.

Nach all dem Trubel ließ ich mich im Frühsommer für einen Monat von der Zeitung beurlauben und reiste nach Spanien, um das Buch zu beenden, an dem ich damals schrieb. Am Abend des 15. Juli rief mich ein Kollege aus der Redaktion an: »Auf der Bosporusbrücke geht etwas Ungewöhnliches vor. Soldaten haben sie für den Verkehr gesperrt. Die Rede ist von einem Putsch.« Das Schicksal der Türkei wie auch unseres stand kurz vor einer Wende. Ich verfolgte das Geschehen aus der Ferne und rief meine Sekretärin an, damit sie für mich den ersten Flug nach Istanbul am nächsten Morgen buchte.

Seit Jahren wird darüber diskutiert, ob es sich bei dem, was in jener Nacht geschah, tatsächlich um einen Putschversuch von Anhängern der Gülen-Bewegung in der Armee handelte oder doch um etwas wie einen »türkischen Reichstagsbrand«, den Erdoğan inszeniert hatte, um seine Macht zu konsolidieren. Für beide Thesen gibt es glaubhafte Belege.

Im August sollte der für Beförderungen in der Armee zuständige Oberste Militärrat tagen. Im Vorfeld hatte der Geheimdienst der Regierung eine Liste mit Kommandanten überreicht, die möglicherweise der Gülen-Bewegung angehörten. Diese sollten bei der Ratssitzung entfernt werden. Eine »goldene Generation«, wie Gülen den von seiner Bewegung ausgebildeten Nachwuchs nannte, die im Laufe von Jahrzehnten bis in die höchsten Ränge gebracht worden war, drohte kurz vor dem Gipfel ausgeschaltet zu werden. In dieser Situation beschloss eine Gruppe von Offizieren den Putsch. Die Operation sollte in den ersten Morgenstunden des 16. Juli starten. Doch es kam etwas dazwischen: Am Mittag des 15. Juli ging ein Major zum Geheimdienst und unterrichtete ihn über die Putschvorbereitungen. Als die Offiziere merkten, dass ihr Plan enthüllt war, entschieden sie, statt aufzugeben schneller zu handeln. Doch die Mobilisierung der Panzer, Flugzeuge und Einheiten, die ursprünglich erst nach Mitternacht in Bewegung gesetzt werden sollten, geriet in Verwirrung. Und die Regierung wartete mutmaßlich ab, dass sich alle Putschisten zeigten, statt den Putsch im Keim zu ersticken. Letztlich stürmten 33 Soldaten der Spezialkräfte am 15. Juli um 21.00 Uhr das Hauptquartier des Generalstabs und nahmen den Generalstabschef gefangen. Als Staatspräsident Erdoğan anrief, saß der Generalstabschef geknebelt und gefesselt in seinem Büro.

So begann eine der längsten und blutigsten Nächte der türkischen Geschichte. Vier Sikorsky-Hubschrauber brachten den Generalstabschef auf den Stützpunkt der Putschisten, während Cobra-Helikopter die Zentrale des Geheimdienstes angriffen. Gegen Mitternacht wurde auf der Bosporus-Brücke gekämpft, waren die Führungskader der Armee bei einer Hochzeitsfeier gefangen genommen worden, war die Sondereinsatzzentrale der Polizei bombardiert und die Erklärung der Putschisten im staatlichen Sender TRT verlesen worden. Nun hieß das Ziel Erdoğan.

Erdoğan machte zu diesem Zeitpunkt Urlaub in seiner Sommerresidenz in Marmaris, er erklärte, nicht vom Geheimdienst, sondern von seinem Schwager über den Putschversuch informiert worden zu sein. Wie er dem Spezialteam, das ihn festnehmen wollte, entkam, wie er nach Istanbul fliegen konnte, während die Jets der Putschisten in der Luft waren, ist bis heute ein Rätsel. Eine Maßnahme, die er unter den Bedingungen des Coups ergriff, sollte Hunderte das Leben kosten, ihm aber das Leben retten: Über Facetime schaltete Erdoğan sich in die Livesendung von CNN Türk zu und rief die Bevölkerung gegen die Soldaten auf die Straße. Kurz darauf wiederholten 85 000 Moscheen den Aufruf. Millionen Menschen gingen auf die Straße. Auch die Befehlskader der Armee stellten sich gegen die Putschisten. Bei einem Teil derjenigen, die auf die Straße gingen, handelte es sich angeblich um Milizionäre der paramilitärischen Gruppe SADAT-Defence, die, von einem General a. D. gegründet, als Erdoğans »Privatarmee« gilt. Die Revolte wurde in den Morgenstunden niedergeschlagen.

Die Armee, in die das Volk im Laufe der Geschichte stets das größte Vertrauen gesetzt hatte, kämpfte dank Einmischung von Religion und Politik nun gegen die Bevölkerung. Infolge des Zerwürfnisses zweier religiöser Gruppierungen, die jahrelang Partner an der Macht gewesen waren, kämpften jetzt Polizisten gegen Polizisten, Soldaten gegen Soldaten, Geheimdienstler gegen Geheimdienstler, war die Türkei in Brand geraten.

Die Bilanz war schlimm: 264 Tote, 1585 Verletzte unter den Zivilisten.

Am Morgen ging Erdoğan zum Gegenangriff über, den Putschversuch bezeichnete er als »Gottesgeschenk«. Bei der folgenden Hatz im ganzen Land wurden über sechstausend Soldaten festgenommen. Die Staatsanwaltschaft in Ankara ließ 2740 Staatsanwälte und Richter festnehmen. Die Listen hatten offensichtlich bereits vorgelegen. Unter denen, die festgenommen werden sollten, war auch Zekeriya Öz, der Staatsanwalt im Ergenekon-Prozess, der eine Säuberung in der Armee nach sich gezogen hatte. Doch er hatte rechtzeitig erkannt, dass die Verschwörung, die er mit der Regierung gemeinsam angezettelt hatte, nun ihn selbst schlucken würde, und war untergetaucht. Ebenso wurden die beiden Richter am Verfassungsgericht verhaftet, die für meine Freilassung gestimmt hatten. Das war ein Anzeichen dafür, dass die Justiz vollkommen ausgesetzt und auch das höchste Gericht gefallen war. Im Internet tauchte eine Liste mit den Namen der Journalisten auf, die verhaftet werden sollten. Mein Name stand ganz oben darauf. Gegen Morgen sprach ich mit meinen Anwälten. »Stornier deinen Flug«, sagten sie. »Du wirst direkt am Flugplatz verhaftet, wenn du zurückkommst. Dann kommst du nicht mehr raus.« Ich war mit einem Koffer voller Bücher und ein paar T-Shirts nach Europa gekommen. Und blieb. Seitdem lebe ich in Deutschland.

Friedrich Nietzsches Spruch »Was mich nicht umbringt, macht mich stärker« erwies sich am Beispiel der Türkei einmal mehr als wahr. Das »Gottesgeschenk« stärkte Erdoğan und bot ihm die Chance, das erträumte »Ein-Mann-Regime« zu errichten.

Der in derselben Woche verhängte Ausnahmezustand dauerte zwei Jahre an. In diesen zwei Jahren wurden 130 000 Personen aus dem öffentlichen Dienst entfernt, über 4500 Richter und Staatsanwälte entlassen, 20 000 Soldaten aus der Armee ausgeschlossen, die Hälfte der Generäle gefeuert.

Das Gros der Führungsriege der für den Putsch verantwortlich gemachten Gülen-Bewegung flüchtete ins Ausland. Einige derer, die nicht gehen konnten, wurden in Polizeigewahrsam schwer gefoltert und verschwanden für Jahre im Gefängnis, bevor sie dem Richter vorgeführt wurden.

Im Zusammenhang mit dem Putschversuch wurden in über 50 Städten mehr als 100 000 Ermittlungen geführt und 289 Prozesse eröffnet. 4551 Personen wurden verurteilt.

Drei Wochen nach dem Putschversuch fand in Istanbul eine der größten Kundgebungen der Geschichte statt. Nun stellten sich sogar Oppositionelle an die Seite Erdoğans, des »Retters der Demokratie«, der die Putschisten unterworfen hatte, überall wehten die starken Winde des Nationalismus.

Wer Erdoğan daran erinnerte, dass er mit den Kadern, die er nun des Verrats bezichtigte, jahrelang kooperiert hatte, dass er der Bewegung gegeben hatte, was sie forderte, dass er nie auf jene gehört hatte, die ihn seit Jahren vor der Parallelstruktur gewarnt hatten, dass er vielmehr in Kooperation mit ihr seine Gegner vernichtet hatte, bekam lediglich zu hören: »Man hat uns getäuscht.«

Neun Monate nach dem Putschversuch wurde mit 51,4 Prozent eine Verfassungsänderung angenommen, die das 70-jährige parlamentarische System durch ein Präsidialsystem ersetzte.

Bei den Präsidentschaftswahlen 2018 wurde Erdoğan mit 52,6 Prozent zum ersten Staatspräsidenten des neuen Systems gewählt. Selahattin Demirtaş, der seinen Wahlkampf aus der Zelle geführt hatte, wurde Dritter.

Der »starke Präsident« wurde zum Alleinherrscher über Legislative, Exekutive, Justiz, Medien, Partei, Armee, Polizei, Kapital, Hochschulwesen, Kommunalverwaltungen, Diplomatie und Zivilgesellschaft.

Doch während er immer mehr Stimmen erhielt, bekam die AKP immer weniger, bei den Kommunalwahlen 2019 verlor sie die Metropolen, allen voran Istanbul und Ankara. Und sie fuhr die Wirtschaft gegen die Wand. 2017 hatte die Wachstumsrate 7,5 Prozent betragen, sank 2018 auf 3 Prozent und 2019 auf unter 1 Prozent. Während das Land verarmte, war Erdoğan reich geworden, doch nun bekam er gesundheitliche Probleme, er hatte Mühe beim Gehen, dämmerte in Livesendungen kurz weg.

Dennoch war es ihm mit der ein Vierteljahrhundert zuvor ausgetüftelten Strategie gelungen, eine Republik, die 100 Jahre lang für Verwestlichung, Säkularisierung und Demokratisierung gekämpft hatte, in ein islamistisches Repressionsregime östlicher Prägung zu transformieren.

Unter diesen Umständen geht die türkische Republik in ihr zweites Jahrhundert.

Fazit

Nun haben Sie hundert Jahre Geschichte gelesen, geschrieben im Schmerz über die Putsche, Konflikte und Gefechte, Sabotageakte, Massaker, Anschläge, staatlichen Morde, die angeklagten, eingesperrten, hingerichteten Ministerpräsidenten, die zum Schweigen gebrachten, ermordeten Intellektuellen.

Eine Gesellschaft mitten im Kampf der Kulturen, im Schatten der Traumata der Vergangenheit, in Feindschaft entzweit ...

Ein System in der Zange von Strukturen eines tiefen Staates, eines parallelen Staates, von ausländischen oder reaktionären Kräften, von Verschwörungsmythen ...

Eine »rissige Brücke« im Gezeitenwechsel von Ost und West, Moschee und Kaserne, Bajonett und Knüppel, Demokratie und Autokratie ...

Eine Erfolgsgeschichte, einerseits: die einzige laizistische Demokratie in der islamischen Welt. Ein Projekt der Modernisierung in nur hundert Jahren, im Westen hatte es Jahrhunderte gedauert. Eine mächtige Regionalmacht, der Entwicklung gelang, obwohl sie Länder wie Russland, Iran, Irak, Syrien, Griechenland und Zypern zu Nachbarn und Ketten an den Füßen hat. Eine der zwanzig größten Ökonomien der Welt ...

Andererseits: eine Demokratie, der Militärputsche mehrfach die Entwicklung abschnitten, deren Aufklärungsbestreben durch religiösen Fanatismus gehemmt wurde, deren soziale Genetik sich durch vier Millionen Geflüchtete wandelt, die der Alleinherrschaft eines einzigen Mannes ausgeliefert ist, die blutet und mit dem Tod ringt, aber sich wehrt ...

Das Tauziehen zweier Pole auf einer zwischen zwei Kontinente gespannten Brücke: der eine zieht nach Europa, der andere nach Asien ...

Genau wie die Briten beim Brexit oder die Amerikaner bei Trump ist die Bevölkerung der Türkei je zur Hälfte gespalten in Erdoğan-Anhänger, die wollen, dass er weitermacht, und Erdoğan-Gegner, die sagen, es reicht …

Als die zwei Jahrhunderte lang Richtung Westen marschierende Gesellschaft auf einmal Richtung Osten umschwenkte, fielen die, die ganz vorn gingen, nach hinten und setzten sich die, die unwillig das Schlusslicht gebildet hatten, an die Spitze.

Hoffnung macht allein, dass die Hälfte der Bevölkerung sich nach wie vor gegen das Repressionsregime wehrt, obgleich die Demokratie bei jeder Intervention der Armee zurückgeworfen wurde, obwohl Institutionen zerstört wurden, die Zivilgesellschaft eingeschüchtert, der Staat zum Parteienstaat und obwohl seit Jahrzehnten in die Heranbildung einer religiösen Generation investiert wurde.

Das Problem ist, dass nach Erdoğans Wiederwahl 2023 die Hälfte der Bevölkerung in eine Depression stürzte, als wäre nicht eine Wahl, sondern ein Land verloren. Große Teile der Bevölkerung, vor allem die jungen Leute, haben ihre Hoffnung auf Demokratie, Wahlen und Zukunft eingebüßt. Nach sechzehn gegen Erdoğan verlorenen Wahlen in 21 Jahren entstand der Eindruck, Wandel durch Wahlen sei unmöglich. Lassen sich Wahlen gegen einen Autokraten gewinnen, der den Staat mit sämtlichen Institutionen in den Dienst der Partei stellt, die Justiz kontrolliert, oppositionelle Medien verbietet, die unter seiner Fuchtel stehenden Medien als Propagandamaschine benutzt, und die Möglichkeit hat, Wahlergebnisse zu manipulieren? Angesichts der »Wahlautokratien« unserer Tage ist das die größte Frage. Welche Alternative bleibt, wenn die Antwort »Nein« lautet?

Ein Militärputsch? Was ein Coup die Türkei kostet, ist bekannt …

Ziviler Widerstand? Gegen eine Regierung, die, wie bei den Gezi-Protesten erlebt, keine Hemmungen hat, auf das eigene Volk schießen zu lassen?

Internationaler Druck? Von westlichen Regierungen, die sagen: »Solange er uns nützt, interessiert uns nicht, was er im Inland macht«?

Ein Crash der Wirtschaft? Haben wir nicht in zahlreichen Ländern gesehen, dass Armut die Bevölkerung, wo sie nicht organisiert ist, nur umso stärker verzweifeln lässt und Diktatoren in die Arme treibt?

Wie aber dann, mit welchen Mitteln lässt sich die Herrschaft von Autokratie aufhalten, die Demokratie schützen, die Freiheit verteidigen?

In der globalisierten Welt scheint das in einem einzelnen Land, auf regionalem Maßstab unmöglich zu sein. Denn Autokraten werden groß, indem sie voneinander lernen und einander unterstützen. Populistische Strömungen breiten sich wie ein unaufhaltsames politisches Virus aus. Bald aus Sorge vor Flüchtlingsströmen, die ihre Grenzen bedrohen, bald aus Angst vor einem Krieg oder einzig aus politischen, militärischen oder kommerziellen Interessen haben die starken Demokratien des Westens keine Skrupel, Autokraten zu unterstützen, Zugeständnisse an sie zu machen.

Bei der Lektüre wird Ihnen aufgefallen sein, welche Rolle die westliche Welt bei der Entwicklung der Türkei zu dem, was sie heute ist, gespielt hat. Um kurzfristiger Interessen willen mischten sich die USA in die Politik ein und setzten gegen den Kommunismus auf die Islam-Karte, ohne die Verhältnisse in der Region zu kennen; die NATO machte jahrzehntelang mit verdeckten Operationen einer Geheimorganisation ihren Einfluss auf die Politik geltend; die EU hielt ihre Tore viele Jahre verschlossen; in der NATO wurden der Türkei militärische Aufgaben übertragen, die Europäische Union aber bot ihr keine gleichberechtigte Mitgliedschaft, hielt sie vielmehr mit Verhandlungen über mehrere Jahrzehnte hin; in den letzten zwanzig Jahren unterstützte sie nicht die demokratischen Kräfte im Land, sondern Erdoğan in seinem »liberalen« Kostüm; als man die Wahrheit erkannte, verschloss man um eigener Vorteile willen die Augen vor seinem Repressionsregime; die Menschen aber, die sich für Demokratie einsetzen, wurden alleingelassen. All das trug dazu bei, dass die Türkei sich von der Demokratie entfernt hat.

Auch die Zugeständnisse, die das Ausland in den letzten sechs, sieben Jahren an Erdoğan machte, zunächst aufgrund des Flüchtlingsstroms, dann wegen der Ukraine-Krise, gaben ihm die Kraft, sein repressives Regime im Inland zu festigen. Damit der Getreidekorridor geöffnet wurde, nahm man hin, dass er das Embargo gegen Russland unterlief. Ein Land wie Schweden war bereit, die eigene Verfassung nach Erdoğans Wünschen zu ändern, um seine Zustimmung zum NATO-Beitritt zu bekommen. Die britische Premierministerin Theresa May leistete Erdoğan Beistand, indem sie ihn zwei Monate vor dem für ihn schwierigsten Referendum besuchte, Bundeskanzler Olaf Scholz, indem er ihn am Morgen nach der Wahl nach Deutschland einlud. Auch am Beispiel des indischen Premiers Narendra Modi sehen wir, wie aus strategischer Relevanz und aktuellen Interessen repressive Regime von Autokraten, ethnische Diskriminierung, Verletzung von Menschenrechten geduldet werden. Es sei dahingestellt, inwieweit solche interessengeleiteten Kooperationen Europa nützen, unzweifelhaft ist, dass sie Autokraten umso freiere Hand dabei geben, ihre Repressionen zu erhöhen, die Opposition zu unterdrücken und der Demokratie den Garaus zu machen.

Der Westen unterstützte die Errichtung eines autoritären Regimes, indem man Erdoğan auf der einen Seite verschämt kritisierte, auf der anderen aber weiter mit ihm kooperierte, sich aus Angst, er könnte die Flüchtlinge durchlassen, jeder Erpressung von ihm beugte und mit Protest so lange wartete, bis er eigene Staatsbürger verhaftete. Deshalb wurden die hin und wieder gemachten Vorhaltungen nicht ernst genommen.

Die rüde Haltung nach dem Motto: »Verteidige unsere Interessen in der Region, hüte unsere Südostflanke, öffne deinen Markt für unsere Waren, halte die Flüchtlinge fest, damit sie nicht nach Europa kommen, dir aber erlaube ich ohne Visum keinen Schritt nach Europa und nehme dich auch nicht in unsere Gemeinschaft auf«, hat die Menschen in der Türkei dem Westen entfremdet. Früher war Europa die Heimat der Prinzipien, die in der Türkei abgeschafft wurden. Es stand für Unabhängigkeit der Justiz, Pressefreiheit, Partizipation, Zivilgesellschaft, Gleichberechtigung von Mann und Frau, Gewaltenteilung. Für Demokratie, Freiheit, Säkularität. Die Vollmitgliedschaft in der EU war gar nicht so wichtig, viel wichtiger waren die im Laufe des Annäherungsprozesses umgesetzten demokratischen Reformen.

Doch während wir wollten, dass in der Türkei europäische Werte und Prinzipien herrschten, ging Europa Zugeständnisse bei den Werten ein, die es ausmachen, und igelte sich ein. Nun dachte man bei Europa nicht länger an Zivilisation und Kultur, sondern an Imperialismus und Ausbeutung. Angesichts der anrollenden populistischen Woge gerieten wir in die Position, Europa an seine Werte und Prinzipien zu erinnern. Die Zustimmung zur EU-Vollmitgliedschaft sank in der Türkei von rund 75 auf 35 Prozent. Erdoğan benutzte die antieuropäische Stimmung, um die Türkei Russland, dem Nahen Osten und der türkisch-islamischen Geographie anzunähern, wo durchweg autoritäre Regime herrschen.

Dabei wäre ein EU-Mitglied Türkei eine einzigartige Gelegenheit, in einer vom »Kampf der Kulturen« polarisierten Welt zu zeigen, dass die Europäische Union kein »Christenclub« ist, dass Zusammenleben möglich ist und zum Frieden beiträgt. Zugleich würde es einen wichtigen Beitrag zum Kampf gegen antiwestliche Stimmung in der islamischen Welt und gegen Islamophobie in der westlichen Welt leisten.

Die Türkei mag, wie von Europa gewünscht und von ihr finanziert, vier Millionen Geflüchtete beherbergen, den Preis dafür aber bezahlt sie teuer: Ihre demographische Struktur und kulturelle Identität wandeln sich, Fremdenfeindlichkeit und soziale Spannungen nehmen zu.

Dass die meisten europäischen Politiker bei Türkei-Besuchen den Oppositionsparteien keinen Besuch abstatten, vor Repressionen die Augen verschließen, die Hälfte der Gesellschaft ignorieren und Interessen vor Prinzipien und Werte stellen, um Erdoğan nicht zu verärgern, empört die prowestlichen Kreise in der Türkei. Dabei beherbergen etliche europäische Länder, allen voran Deutschland, doch eine nicht unerhebliche Anzahl von Menschen mit Türkei-Hintergrund und können es nicht fassen, dass diese Menschen in der Türkei zum großen Teil einen Autokraten wie Erdoğan wählen, obwohl sie doch in einem demokratischen Land leben. Niemand sieht, dass Erdoğan die Europafeindlichkeit, an der Europa nicht unschuldig ist, für Propagandazwecke benutzt und sich das Image eines Staatschefs von Weltrang verschafft, der dem Westen die Stirn bietet und die Europäer nach seiner Pfeife tanzen lässt, wie dieses Image bei den diskriminierten, ausgegrenzten Massen in den Ländern, in die er reist, ein falsches Überlegenheitsgefühl weckt und wie dieses Gefühl von den in alle Welt reichenden Erdoğan-Medien zementiert wird.

Auf den Punkt gebracht:

Wir verlieren die Türkei.

Richtig, da ist immer noch der NATO-Wächter, das Auffanglager für Flüchtlinge, die stabile Autokratie, der große, für das europäische Kapital unverzichtbare Konsumentenmarkt; von Atatürks moderner, demokratischer, laizistischer Republik aber blieb nichts übrig.

Als ich vor ein paar Jahren Edzard Reuter traf, berichtete er besorgt, bei seinem letzten Türkei-Besuch habe er eine drückende, autoritäre Atmosphäre gespürt, die ihn an das Deutschland der 1930er Jahre erinnerte.

Dass immer mehr Grundrechte und Freiheiten wegbrechen, die Demokratie untergraben wird, die Repression zunimmt, Fanatismus sich auf den Straßen breitmacht, die Armut extrem wächst, der Reihe nach Wahlen verlorengingen und eine Welle tiefer Hoffnungslosigkeit nach sich zogen, führt dazu, dass immer mehr Menschen das Land verlassen. Mit dem Braindrain der letzten Jahre geht der Türkei ihr bester Nachwuchs verloren. Und ein Teil der Nachwachsenden sind Fanatiker, die in Erziehung und Ausbildung Gehorsam statt Hinterfragen gelernt haben, die, um es mit einer Formulierung von Erdoğans Schwiegersohn zu sagen, »es glauben würden, wenn die AKP sagt, sie baut auf dem Mond eine zweispurige Autobahn«.

Eine von der demokratischen Welt losgelöste Türkei, die sich Putins Russland, Orbáns Ungarn, Lukaschenkos Belarus annähert, ist, fürchte ich, nicht bloß für die türkische Gesellschaft ein ungeheurer Verlust, sondern auch für Europa.

Bestünde die Spaltung heute zwischen Putin-Orbán-Erdoğan auf der einen und den Staatschefs der demokratischen Länder auf der anderen Seite, hätten wir es leichter. Die Sache ist aber komplizierter: Auf der einen Seite stehen jene, die in westlichen Demokratien leben und um ihrer Interessen willen Autokraten unterstützen und sich der gesellschaftlich geforderten Veränderung verweigern; auf der anderen Seite jene, die in Ländern mit repressiven Regimes leben und unter Lebensgefahr gegen Autokraten für Demokratie kämpfen. Jene, die sich angesichts willenloser Parlamente für die Souveränität des Volkes einsetzen, für Pressefreiheit angesichts gelenkter Medien, für eine unabhängige Justiz angesichts regierungstreuer Richter, für ein freiheitliches Bildungssystem angesichts von Rektoren mit Parteibuch, für das Recht, Vereinigungen zu bilden, angesichts gelber Gewerkschaften …

In der derzeitigen Konjunktur, in der sich westliche Regierungen und Unternehmen und autokratische Staatschefs in einer »Win-win«-Spirale gegenseitig unterstützen und anfüttern, zu erwarten, dass sie mit demokratischen Kräften kooperieren, ist illusorisch. Es gibt aber eine Macht, mit der wir der globalen Kooperation mit Autokratien entgegentreten können: die globale Kooperation der demokratischen Kräfte …

Seit ich in Berlin bin, arbeite ich in einem Büro mit deutschen Kollegen des Recherchezentrums Correctiv zusammen. Wir führen gemeinsame Projekte durch, erstellen gemeinsam Berichte. Was in der Welt geschieht, spüren wir im Büro sofort: Erst stießen afghanische Kollegen zu uns, dann iranische, russische, ukrainische. Ebenso wie die Autokraten, die uns ins Exil zwangen, sich gegenseitig unterstützen, voneinander lernen und zusammenarbeiten, tauschen auch wir in einer Kräftegemeinschaft unsere Erfahrungen aus und erkunden die Möglichkeiten, gemeinsam Widerstand zu leisten.

Die neue Generation Emigranten ist für die Türkei zwar ein großer Verlust, für diese Art der Zusammenarbeit aber eine unerwartete Chance: Wie die deutschen Wissenschaftler, die in den 1930er Jahren aus Deutschland emigrieren mussten, sich gewaltig anstrengten, die Entwicklung in der Türkei voranzubringen, wird auch der Einfluss der neuen Migrantinnen und Migranten in Deutschland bald spürbar sein. Wir werden gemeinsam entwickelte Computerprogramme, Verlage, Laborstudien, Filmprojekte zu sehen bekommen. Unabdingbar ist, dass sich diese Kooperation im Inneren zu einer länderübergreifenden Kräftegemeinschaft ausweitet. Sagen wir, die deutsche Regierung ist gezwungen, mit Erdoğan zu kooperieren, warum rücken die deutschen Sozialdemokraten unter dem Dach der Sozialistischen Internationale nicht mit den Sozialdemokraten der Türkei näher zusammen? Warum leistet die stärkste grüne Bewegung Europas nicht dem Engagement der Grünen in der Türkei Beistand? Warum wird die in der Türkei stark unter Druck stehende LGBTI+-Bewegung nicht von den queeren Verbänden in Europa unterstützt? Warum streben Gewerkschaften, Frauenorganisationen, Medieneinrichtungen, Universitäten, Jugendverbände, Kommunalverwaltungen, Migrantenvereine, Menschenrechtsorganisationen keine engere und effektivere Zusammenarbeit an?

An einem Punkt, an dem die Ost-West-Unterscheidung und nationale, ethnische, religiöse Identitäten ihre Bedeutung verloren haben, findet der Kampf zwischen den Vertretern von Autokratie und Demokratie statt. Hier müssen wir von unten ein Solidaritätsnetz, ein Fundament für Zusammenarbeit, eine Kampfgemeinschaft aufbauen.

Die Türkei ist nicht gleich Erdoğan, in der »Türkei der anderen« gibt es 25 Millionen Wählerinnen und Wähler, die gegen die Autokratie gestimmt haben und sich für Laizismus und Freiheit einsetzen. Auch wenn sie heute nicht organisiert, wehrlos und verzweifelt sind, kämpfen sie doch bis aufs Blut dafür, dass die Türkei sich nicht komplett in einen Polizeistaat, eine fundamentalistische Gesellschaft, ein Repressionsregime verwandelt. Genau wie die iranischen Frauen, die ukrainischen

Widerstandskämpfer, die afghanischen Menschenrechtsaktivisten … Eine globale Solidarität, die diese demokratischen Kämpfe umfasst, kann das Vakuum der erstarrten und funktionslos gewordenen internationalen Institutionen füllen. Mit Städtepartnerschaften, gemeinsamen Forschungsprojekten an Universitäten, einander Beistand leistenden Organisationen, Regionalverwaltungen, die ihre Kräfte gegen die Zentralregierung vereinen, kulturellen Strukturen, die sich mit Verbot belegter Sprachen, Werke, Musik, Künstlerinnen und Künstler annehmen, kann eine »Gegenwelt« aufgebaut werden, in der sich niemand allein fühlt. Und die Menschen der Türkei können als Teil der großen Familie ihren Kampf fortführen.

Bei der Lektüre des Buches haben Sie bemerkt, dass es im Verlauf der Geschichte der Türkei etwa alle zehn Jahre eine Zäsur gab. Ein Gezeitenszenario, bei dem Militärinterventionen, Wahlen, Regierungen im Wechsel von zehn Jahren kamen und gingen. 2003 wurde Erdoğan Premierminister. 2013 war seine Macht auf dem Gipfel, aufgrund einiger Geschehnisse in jenem Jahr begann aber auch der Abstieg. Mit 34 Prozent war die AKP einst aufgebrochen, auf der Hälfte des Weges erreichte sie 50 Prozent. Bei den jüngsten Wahlen kehrte sie mit 35 Prozent an den Ausgangspunkt zurück. Trotz des Siegestaumels in der Regierung und der gedrückten Stimmung der Niederlage in der Opposition sieht es doch danach aus, als wäre Erdoğans Partei am Ende des Weges angelangt. Auch für Erdoğan, der zum letzten Mal gewählt wurde, beginnt die Ära des Niedergangs. Und ein starker Thronfolger, der seinen Platz einnehmen könnte, ist nicht in Sicht.

Auch wenn die türkische Republik ihren einhundertsten Geburtstag unter der Führung eines Autokraten begeht, der die Errungenschaften der Republik ablehnt und ihre Werte missachtet, hat die Bevölkerung der Türkei den Willen bewiesen, trotz des 20-jährigen Repressionsregimes nicht vor der Autokratie zu kapitulieren. Das in Zehn-Jahres-Perioden ausschlagende Pendel der Geschichte ist an der Seite angekommen, an die es im Autoritarismus gelangen konnte. Ich hoffe, im zweiten Jahrhundert schlägt das Pendel der Geschichte in Richtung Demokratie aus.

Am 16. Oktober 1939 notierte Stefan Zweig in seinem Exil-Tagebuch: »Ich bin unfähig, an ›Siege‹ zu glauben. Überall sehe ich den Verlust von Millionen Leben und das menschliche Elend.« Sechs Wochen zuvor war der Zweite Weltkrieg ausgebrochen. Zweieinhalb Jahre später ertrug er nicht länger, was er mitansehen musste, und setzte fern der Heimat seinem Leben ein Ende.

Beim Schreiben dieser Zeilen geht mir auf, dass ich jetzt in dem Alter bin, in dem Zweig sich das Leben nahm. Es ist mein siebtes Jahr im Exil. Die Welt ist nicht so furchtbar wie damals im Krieg, die Türkei ist nicht das Deutschland der 1930er Jahre, doch noch immer leiden Millionen und wenn man ihr Leid sieht, verliert man den Glauben an Siege. Allerdings verkünden die Museen, die ich in Berlin besucht habe, die Geschichtsbücher, die ich las, die Reste der Mauer, an denen ich vorüberkomme, die frohe Botschaft, dass jede Finsternis endet, jedes Repressionsregime eines Tages stürzt und, wenn es an der Zeit ist, jede Mauer fällt.

Mit dieser Hoffnung wünsche ich, den nächsten Tag der Republik in der freien Türkei feiern zu können.

Oktober 2023
Berlin

Dank

Ich danke Wolfgang Hörner für den Anstoß zu dem Buch und für sein späteres Lektorat.

Ich danke zwei alten Freunden, die bei der Sachprüfung des Buches mitgeholfen haben, ebenso Oliver Klemp, dem Team von Galiani Berlin und Malte Fuhrmann. Meiner Übersetzerin Sabine Adatepe danke ich für ihren bedingungslosen Einsatz und ihr unbestechliches Auge; Elisabeth Ruge für ihre stete und nicht mit Gold aufzuwiegende Zugewandtheit und meiner Frau dafür, dass sie meine erste Leserin und meine strengste Kritikerin ist.

Zeittafel zur Türkischen Republik

Vor 1923   Niederlage im Ersten Weltkrieg, Zerfall des Osmanischen
Reichs. Bevölkerungsrückgang, Wirtschaftskrise, Kampf gegen Besatzungsmächte, bürgerkriegsähnliche innere Kämpfe.

1923   Vertrag von Lausanne, der die internationale Anerkennung
der Türkei bedeutet.

29. Oktober   Ausrufung der Republik Türkei; Mustafa Kemal von der
Republikanischen Volkspartei (CHP) wird erster Präsident.

1924   Verabschiedung der ersten Verfassung; Abschaffung des Kalifats, Verbannung der osmanischen Herrscherfamilie.

1925–1929   Verbot religiöser Orden, Abschaffung des Islams als
Staatsreligion, Schrift- und Sprachreform; Verbot des Fez,
Wechsel zum gregorianischen Kalender, Musikreform; Übernahme europäischer Gesetze; Gleichstellung der Frau nebst
Einführung des Frauenwahlrechts, Abschaffung des Religi-
onsunterrichts. Bau der neuen Hauptstadt Ankara. Gründung
erster dagegen gerichteter Partei und deren Verbot. Zahlreiche Aufstände und ihre Niederschlagung bis Atatürks Tod.

1929   Weltwirtschaftskrise.

1930   Gründung einer zweiten Partei unter Führung von Atatürks
Freund Fethi Bey, die aber auch bald aufgelöst wird, islamis-
tischer Aufstand »Vorfall von Menemen« und seine brutale
Niederschlagung.

1934   Gesetz über die Einführung von Familiennamen; Mustafa Kemal erhält den Namen Atatürk (Vater der Türken).

1937   Laizismus als Attribut der Republik.

1938 Tod von Atatürk am 10. November im Alter von 57 Jahren. Ismet Inönü wird Nachfolger.

1939–1945 Inönü vermeidet Parteinahme im Zweiten Weltkrieg. Erst 1945 erklärt die Türkei dem Deutschen Reich der Krieg; die Türkei wird Gründungsmitglied der Vereinten Nationen.

1945 Sturm auf die Zeitung *Tan* in Istanbul. Dritter Versuch des Mehrparteiensystems, Gründung der DP unter Führung von Adnan Menderes. Wiedereinführung von Religionsunterricht, Gründung einer theologischen Fakultät in Ankara.

1949 Die Türkei wird Mitglied des Europarates.

1950 Die Demokratische Partei (DP) von Adnan Menderes gewinnt die Parlamentswahlen mit absoluter Mehrheit; Ende der Einparteienherrschaft der CHP; Inönü wird Oppositionsführer. Einführung des *Gesetzes über strafbare Handlungen gegen Atatürk*.

1952 NATO-Mitgliedschaft.

1955 Zypernkrise, gewalttätige Ausschreitungen gegen christliche Minderheiten in Istanbul, Tausende Griechen verlassen das Land.

1955–1959 Menderes wird immer autokratischer. Wirtschaftskrise.

1959 Antrag auf Assoziierung an die EWG 1960.

1960 Am 27. Mai erster Putsch der türkischen Armee gegen die Regierung, Militärregierung unter General Cemal Gürsel. Hunderte von Anklagen, darunter Menderes und zwei seiner Minister, die später hingerichtet werden.

1961 »Zweite Republik«; Verabschiedung einer neuen Verfassung.

1961–1971 Herausbildung eines Mehrparteienspektrums. Die Gerechtigkeitspartei (AP) unter Süleyman Demirel, die CHP unter Inönü als stärkste Kräfte der Mitte; Republikanische Bäuerliche Nationalpartei (CKMP) unter Alparslan Türkes und die Partei der Nationalen Ordnung (MNP) unter Necmettin Erbakan als nationaltürkische und islamistische Gruppierungen.

1963/64 Zypernkrise; Stationierung von Friedenstruppen der Vereinten Nationen.

1965 Demirel wird Ministerpräsident.

1963 Unterzeichnung des Assoziationsabkommens mit der EWG.

1969 Als »Blutsonntag« bekannte Zusammenstöße mit zwei Toten und 114 Verletzten auf dem Taksim-Platz.

1970 Arbeiterproteste. Kriegsrecht. Wirtschaftsprobleme.

1971 Die Militärführung zwingt Demirel zum Rücktritt. Entführungen, Unruhen.

1972–1980 In rascher Folge wechselnde Koalitionsregierungen, weitere Radikalisierung des öffentlichen Lebens mit gewaltsamen Auseinandersetzungen.

1973 Das Parlament widersetzt sich der Ansicht, einen der vom Militär gewünschten Kandidaten zum Präsidenten zu machen.

1974 Nach Pogromen an Türken besetzen türkische Truppen den Norden Zyperns; endgültige Teilung der Insel.

1978 Die Arbeiterpartei Kurdistans (PKK), eine marxistische kurdische Untergrundorganisation unter Führung von Abdullah Öcalan, wird gegründet. In Kahramanmaras werden bei gewaltsamen Übergriffen gegen Aleviten über hundert Menschen ermordet.

1979 Drohender Staatsbankrott, der nur durch eine internationale Hilfsaktion im Rahmen der OECD abgewendet werden kann.

1980 Am 12. September dritter Putsch des Militärs unter Kenan Evren, Kriegsrecht, Auflösung aller Parteien, langjähriges Berufsverbot für zahlreiche führende Politiker. Übergangsregierung unter Admiral i. R. Bülent Ulusu, Verhaftung Tausender Politiker, Journalisten und Intellektueller. 50 Todesurteile vollstreckt.

1982 Neue Verfassung. Kenan Evren wird neuer Staatspräsident.

1983 Parlamentswahlen und Rückkehr zur zivilen Demokratie. Absolute Mehrheit für die Mutterlandspartei (AnaP) von Turgut Özal, weitgehende Öffnung der türkischen Wirtschaft zum Weltmarkt.

1984 Überfälle der PKK auf zwei Militärstationen im Südosten der Türkei, danach immer weitere gewaltsame Auseinandersetzungen zwischen der PKK und dem türkischen Militär.

1985 Kriegsrecht in 17 Provinzen. Rahsan Ecevit gründet stellvertretend für ihren mit Politikverbot belegten Ehemann die Demokratische Linkspartei (DSP).

1987 Antrag der Regierung Özal für einen Beitritt der Türkei zur Europäischen Gemeinschaft (EG). Aufhebung des Kriegsrechts und des Politikverbots für die seit 1980 damit belegten Politiker; Demirel, Ecevit, Erbakan und Türkes übernehmen wieder die Vorsitze ihrer Parteien.

1988 Gescheiterter Mordanschlag auf Turgut Özal.

1989 Turgut Özal wird zum neuen Staatspräsidenten gewählt; Yildirim Akbulut wird Ministerpräsident.

1990 Zweiter Irakkrieg; Präsident Özal stellt sich an die Seite der Alliierten gegen Saddam Hussein und provoziert den Rücktritt des Verteidigungs- und des Außenministers sowie des Generalstabschefs. Geheimgespräche von Abgesandten Özals mit PKK-Führer Öcalan zur Beendigung des Kurdenkonflikts.

1993 Tod von Präsident Özal; Demirel als neuer Staatspräsident, Tansu Çiller erste weibliche Ministerpräsidentin. Bis 1996 Anschläge auf zahlreiche andere Protagonisten und Unterstützer der Versöhnungspolitik. Pogrom an alevitischen Künstlern und Autoren in Sivas. Kurz danach verschärfte Kämpfe mit der PKK, auch im Nordirak.

1994 Schwere Währungskrise. Die islamistische Wohlfahrtspartei (RP) von Erbakan gewinnt bei den Kommunalwahlen Istanbul und Ankara. Recep Tayyip Erdoğan wird Bürgermeister von Istanbul.

1996 Zollunion mit der EU. Der Führer der islamistischen Wohlfahrtspartei Necmettin Erbakan wird Regierungschef. Die geheime Verbindung zwischen Politik, organisiertem Verbrechen und der Polizei, der »tiefe Staat«, wird zufällig durch einen Verkehrsunfall in Susurluk aufgedeckt.

1997 Der Nationale Sicherheitsrat versucht, die Regierung zur Eindämmung islamistischer Umtriebe zu zwingen, Rücktritt der Regierung.

1998 Verbot der RP durch das Verfassungsgericht; ersatzweise Gründung der Tugendpartei (FP). Festnahme von PKK-Führer Öcalan beim Verlassen der griechischen Botschaft in Nairobi. Verurteilung Recep Tayyip Erdoğans zu zehnmonatiger Haft wegen Volksverhetzung, Politikverbot für ihn.

1999 Ecevit bildet eine Koalitionsregierung. Kopftuchstreit im Parlament. Verurteilung Öcalans zum Tode, Intervention der EU, 2002 nach der Abschaffung der Todesstrafe Umwandlung in lebenslange Haftstrafe ohne die Möglichkeit einer Begnadigung. Schweres Erdbeben in der Region Izmit mit 17 500 Toten. Inflationsrate zeitweise bei 70 Prozent. Türkei offizielle Beitrittskandidatin zur EU.

2001 Streit zwischen Staatspräsident Ahmet Necdet Sezer und Premierminister Bülent Ecevit über das Verbot der islamistischen Tugendpartei. Schwere Finanzkrise, Hilfe des Internationalen Währungsfonds (IWF).

2002 Überlegener Wahlsieg der Partei für Gerechtigkeit und Entwicklung (AKP) Recep Tayyip Erdoğans, er wird Ministerpräsident, kann das Amt aber erst 2003 nach Aufhebung des Politikverbots antreten. Annäherung an die Beitrittsbedingungen der EU, u. a. neues Strafrecht, deutliche Verbesserung der Wirtschaftslage.

2003 3. Irakkrieg, Verweigerung der Erlaubnis, US-Truppen auf türkisches Gebiet zu lassen. Im Nordirak bildet sich ein weitgehend autonomes kurdisches Staatswesen.

2004 Scheitern des Annan-Plans zur Lösung des Zypernproblems. Zypern wird als geteilte Insel am 1. Mai Mitglied der EU.

2005 Beginn von Beitrittsverhandlungen der Türkei zur EU. Aufflammen nationalistischer Unruhen. Prozesse gegen Orhan Pamuk und Hrant Dink wegen »Verunglimpfung des Türkentums«.

2007 Ermordung Hrant Dinks. Beginn der »Ergenekon«-Untersuchungen gegen den »Staat im Staat«. Drohungen des Generalstabs gegen eine mögliche Wahl des AKP-Außenministers Abdullah Gül zum Staatspräsidenten. Großer Erfolg der AKP bei vorgezogenen Neuwahlen; Wahl Güls zum Staatspräsidenten der Republik. Entmachtung des Militärs durch Volksabstimmung über das Verfahren zur Wahl des Staatspräsidenten, die künftig eine Direktwahl durch das Volk sein soll.

2008 Die AKP entgeht knapp einem Verbotsverfahren. »Säuberung« des Staatsapparats im Rahmen der »Ergenekon«-Untersuchungen. 400 Angeklagte, darunter Bürgermeister,

Abgeordnete, Akademiker, Mediziner und der Generalstabs-chef.

2009 Die PKK verkündet einen Waffenstillstand, vorsichtige kur-disch-türkische Annäherung.

2010 Deniz Baykal tritt wegen der Veröffentlichung geleakter Sex-Videos als Vorsitzender der stärksten Oppositionspartei CHP zurück. Verfassungsänderung.

2011 Die AKP wird mit 49,83 Prozent der Stimmen stärkste Par-tei vor der CHP (25,9) und der MHP (13,1). Geleakte Mit-schnitte der Gespräche zwischen Regierung und PKK führen zu Unruhen.

2012 Untergründiger Machtkampf zwischen der Gülen-Bewegung und Erdoğans Regierung.

2013 Gezi-Proteste, bei denen 8 Demonstranten durch Polizeige-walt sterben, gefolgt von Protesten im ganzen Land. Haus-durchsuchungen wegen Korruptionsvorwürfen. Geleaktes Te-lefonat, in dem Erdogan seinen Sohn anweist, Geld aus dem Haus zu schaffen. Darauf Säuberungen im Polizeiapparat und bei der Justiz.

2014 Weitere Leaks, u. a. über Vorwände, in Syrien einzumarschie-ren und Waffenlieferungen der Regierung an syrische Dschi-hadisten, tauchen auf. Ein mit Waffen beladener Lkw, der an der Grenze zu Syrien gestoppt wird, liefert den Beweis, dass die Regierung syrische Dschihadisten unterstützt. Erdoğan gewinnt dennoch die Präsidentschaftswahl.

2015 Anschläge im ganzen Land mit 862 Toten.

2016 Putschversuch durch Teile des Militärs, dreimonatiger Aus-nahmezustand. In der Folge 130 000 Personen aus dem öffent-lichen Dienst entfernt, über 4500 Richter und Staatsanwälte entlassen, 20 000 Soldaten aus der Armee ausgeschlossen. Verhaftung vieler Militärs, Oppositioneller und Mitarbeiter des öffentlichen Dienstes, zunehmende Repressionen gegen Vertreter der Presse und Justiz. Säuberungen im gesamten Staatsapparat, fluchtartige Ausreise vieler Oppositioneller.

2017 Wahl zur Verfassungsänderung zugunsten des Umbaus vom parlamentarischen Regierungssystem zum Präsidialsystem.

2022/23 Wirtschaftskrise. Beteiligung am Syrienkrieg. Unterstützung der Ukraine bei gleichzeitiger Umgehung der Sanktionen gegen Russland. Weiteres rücksichtsloses Vorgehen gegen Kritiker.

2023 International als »unfair« bezeichnete Wahl, in der Erdogan 52,2 Prozent der Stimmen bekommt.

Namensregister

Abdülaziz [Sultan] 41
Ağar, Mehmet 151
Ağca, Mehmet Ali 149
Aksu, Abdülkadir 102
Albayrak, Berat 221
Ali Kemal 57
Ali, Sabahattin 77
Altan, Çetin 90
Amanullah Khan 71
Atatürk, Mustafa Kemal (bis
    1934: Mustafa Kemal Pascha)
    23, 39 ff., 43 f., 46 ff., 50–54,
    56–61, 63–74, 80 f., 85, 88, 103,
    133, 136, 156, 162, 166, 176,
    188, 200, 221
Aydın, Bahtiyar 144

Bahçeli, Devlet 21, 32
Bali, Rıfat 75
Batur, Muhsin 116
Bayar, Celal 78, 80, 90 ff., 162
Baykal, Deniz 187
Beckett, Samuel 13
Bilgi, Mustafa 101 f.
Birand, Mehmet Ali 126
Bismarck, Otto von 53
Bitlis, Eşref 145
Bolsonaro, Jair 8
Bozkır, Nuri Gökhan 20
Brandt, Willy 118
Bush, George W. 36, 177 f.

Carter, Jimmy 126
Çatlı, Abdullah 149 ff.
Chruschtschow, Nikita Sergeje-
    witsch 99
Churchill, Winston 69
Çiçek, Cemil 102
Çiller, Tansu 148, 151, 155
Clinton, Bill 98
Cohn-Bendit, Daniel 98
Colby, William 142
Coşkun, Ali 102

Davutoğlu, Ahmet 72, 195, 203 ff.,
    207 f.
Demirağ, Kartal 140 f.
Demirel, Süleyman 94–97, 102,
    108–113, 120, 139, 162, 188
Demirtaş, Selahattin 23, 203 f.,
    214
Dink, Hrant 181

Ebert, Carl 52, 77
Ecevit, Bülent 97, 117–120, 123 f.,
    126, 136, 142, 154, 162, 167 ff.,
    172 ff.
Eckstein, Albert 52
Elisabeth II. 92
Erbakan, Necmettin 103, 119,
    121, 128, 132, 137, 154, 156,
    158 ff., 162 f., 167, 182
Erdoğan, Bilal 194

Erdoğan, Recep Tayyip 8, 10 ff.,
    14–17, 19- 32, 34 ff., 38, 62,
    70 ff., 82, 87, 93, 96, 101 f., 105,
    110, 119, 121 f., 132, 152 f.,
    155 f., 160–166, 170, 173,
    175–183, 186–199, 202–214,
    216, 218–224
Erim, Nihat 113
Ersever, Cem 145
Esad 65
Evren, Kenan 127, 130, 136 f.,
    139, 142

Fidan, Hakan 192 f., 195

Gaddafi, Muammar al- 158
Gaulle, Charles de 92
Gerngross, Otto 52
Gezmiş, Deniz 98 f., 101, 113 ff.
Goebbels, Paul Joseph 35
Goethe, Johann Wolfgang von 53
Grew, Joseph Clark 66
Gül, Abdullah 102, 177, 182 f.,
    190, 198, 201
Gül, Erdem 209
Gülen, Fethullah 104, 133, 164 ff.,
    190
Güler, Ara 86
Gürler, Faruk 117
Gürsel, Cemal 94

Halis, Keriman 49
Hayes, William „Billy" 107 f.
Heine, Heinrich 147

Hekmatyâr, Gulbuddin 138
Henze, Paul 126
Hindemith, Paul 52
Hirsch, Ernst 80
Hitler, Adolf 74

İmamoğlu, Ekrem 23
İnce, Muharrem 29
İnönü, İsmet 60, 63, 65, 74 f., 79,
    88 f., 92, 94 f., 103, 117
İpekçi, Abdi 149

Johnson, Boris 58
Johnson, Lyndon Baines 99
Juncker, Jean-Claude 16 f.

Kahraman, İsmail 102
Kahveci, Adnan 145
Kavakçı, Merve 170
Kavala, Osman 200
Kemal, Mustafa (siehe: Atatürk)
Kennedy, John Fitzgerald 92
Kılıçdaroğlu, Kemal 26, 30, 34 f.
Kısakürek, Necip Fazıl 121
Kossygin, Alexei Nikolajewitsch
    109
Krause, Kurt 52
Kristersson, Ulf 21

Latife Hanım (Uşaklıgil) 57
Lindsay, Ronald Charles 9
Lukaschenko, Alexander
    Grigorjewitsch 221
Ludwig, Emil 51, 53 f.

236

May, Theresa 218
McCartney, Maxwell 58
Menderes, Adnan 78, 80, 87–90, 93, 95 f., 100, 109, 112, 162, 188
Merkel, Angela 15, 18, 207 f.
Modi, Narendra 218
Montesquieu 64
Mumcu, Uğur 144 f.

Nadolny, Rudolf 56
Napoleon III. 41, 53
Nâzım Hikmet (Ran) 77
Nesin, Aziz 146
Nietzsche, Friedrich 213
Nixon, Richard 108, 113

Öcalan, Abdullah 97, 134, 143, 167 ff., 191 f., 202 f.
Okyar, Fethi 60, 64 f.
Oomen-Ruijten, Ria 25
Öz, Zekeriya 184, 212
Özal, Korkut 141
Özal, Turgut 96, 128 f., 137, 139–145
Orbán, Viktor 35, 221

Parker, Alan 108
Pascha, Ismet (siehe: İnönü)
Pascha, Mustafa Kemal (siehe: Atatürk)
Peker, Sedat 207 f.
Peres, Schimon 190
Perle, Richard Norman 177

Pernot, Maurice 40, 43
Polatkan, Hasan 93
Porten, Max von 52
Putin, Wladimir 20 f., 207, 221

Renzi, Matteo 18
Reuter, Edzard 53, 221
Reuter, Ernst 53
Robespierre de, Maximilien 45
Roosevelt, Theodore 53
Roth, Claudia 198
Rousseau, Jean-Jacques 39, 64
Rushdie, Salman 146

Şahin, Mehmet Ali 102
Said [Scheich] 60, 61, 64, 66
Sazak, Gün 125
Scholz, Olaf 12, 218
Selenskij, Wolodymyr 20
Sertel, Mehmet Zekeriya 77
Sertel, Sabiha 77
Sezer, Ahmet Necdet 172, 181
Sincar, Mehmet 145
Soros, George 200
Stalin, Josef 75
Stone, Oliver 108

Türkeş, Alparslan 100, 162
Trump, Donald 8, 34, 216
Tusk, Donald 16 f.

Voltaire 64

Yeşildağ, Hasan 162
Yirmibeşoğlu, Sabri 86
Yücel, Deniz 208
Yüksekdağ, Figen 23

Zia-ul-Haq, Mohammed 127
Zorlu, Fatin Rüştü 92 f.
Zuckmayer, Eduard 52
Zweig, Stefan 225